国家民族事务委员会人文社会科学重点研究基地
西南民族大学中国西部民族经济研究中心

KUA YUE DE 70 NIAN

跨越的70年

云南经济发展研究

张小兰 著

中国经济出版社

北京

图书在版编目（CIP）数据

跨越的70年.云南经济发展研究／张小兰著.--北京：中国经济出版社，2019.10
ISBN 978-7-5136-5964-2

Ⅰ.①跨… Ⅱ.①张… Ⅲ.①区域经济发展-研究-云南 Ⅳ.①F127

中国版本图书馆CIP数据核字（2019）第221511号

项目统筹	李煜萍
责任编辑	王　帅
责任印制	巢新强

出版发行	中国经济出版社
印 刷 者	北京富泰印刷有限责任公司
经 销 者	各地新华书店
开　　本	710mm×1000mm　1/16
印　　张	21
字　　数	330千字
版　　次	2019年10月第1版
印　　次	2019年10月第1次
定　　价	88.00元

广告经营许可证　京西工商广字第8179号

中国经济出版社 网址 www.economyph.com 社址 北京市东城区安定门外大街58号 邮编 100011
本版图书如存在印装质量问题，请与本社销售中心联系调换（联系电话：010-57512564）

版权所有　盗版必究（举报电话：010-57512600）
国家版权局反盗版举报中心（举报电话：12390）　　　服务热线：010-57512564

"跨越的70年——民族地区经济发展研究"
编 委 会

主编单位
国家民族事务委员会人文社会科学重点研究基地
西南民族大学中国西部民族经济研究中心

主　编
郑长德

副主编
涂裕春　杨胜利

编　委（按姓氏笔画排序）
王永莉　王　鹏　朱　文　伍　艳　何雄浪
张小兰　姜太碧　黄　毅

FOREWORD 总　序

2019 年，是新中国成立 70 周年。70 年来，特别是改革开放以来，作为全国宏观区域经济重要战略组成部分的民族地区，在党中央、国务院的亲切关怀和党的民族政策光辉照耀下，各少数民族和民族地区与全国一道，发生了历史上最伟大、最深刻的社会变革，从封闭落后迈向开放进步，从温饱不足迈向全面小康，迎来了从站起来、富起来到强起来的伟大飞跃，正阔步走在中华民族伟大复兴的新征程上。

一

70 年来，在党中央、国务院的系列政策支持、大幅度的资金和人才支援下，在全国人民的大力支援下，民族地区各级政府、各族人民坚定不移地坚持中国共产党领导，坚定不移地贯彻执行党的民族政策，坚持和完善民族区域自治制度，始终坚持以发展为第一要务，把自力发展与中央关心、发达地区支援结合起来，经济发展取得了历史性成就，各族人民生活有了历史性改善。今日的民族地区，社会稳定、经济发展、民族团结、宗教和顺，各族人民安居乐业，各项事业欣欣向荣，处于历史上最好的繁荣发展时期。

经济总量的巨大飞跃。1952 年民族八省区地区生产总值总量为 57.89 亿元，2018 年增长到 90576.42 亿元，是 1952 年的 1566 倍，扣除物价上涨因素，增长了 250 多倍，年均增长 8.72%。分省区看，1952—2018 年，地区生产总值年均增长率分别为：内蒙古 9.31%、广西 8.61%、贵州 8.06%、云南8.42%、西藏8.74%、青海8.75%、宁夏9.42%、新疆8.45%。2018年民族八省区中经济总量超过2万亿元的为广西,在万亿元以上的有内蒙古、云南、贵州和新疆(见表1)。

表1　新中国成立70年来民族八省区经济总量的增长　　单位:亿元

年份	内蒙古	广西	贵州	云南	西藏	青海	宁夏	新疆	民族八省区
1952	12.16	12.81	8.55	11.78	1.32	1.63	1.73	7.91	57.89
1978	58.04	75.85	46.62	69.05	6.65	15.5	13.00	39.07	323.78
2000	1539.12	2080.04	1029.92	2011.19	117.46	263.6	295.02	1363.56	6688.72
2005	3905.03	3984.10	2005.42	3462.73	248.80	543.32	612.61	2604.14	13903.42
2010	11672.00	9604.01	4602.79	7224.18	507.46	1350.43	1696.39	5397.27	34830.35
2011	14359.88	11764.97	5725.99	8893.12	606.13	1670.44	2111.43	6577.41	42816.25
2012	15880.58	13090.04	6878.59	10309.47	701.65	1893.54	2352.71	7457.64	48254.75
2013	16916.50	14511.70	8116.34	11832.31	816.57	2122.06	2590.34	8380.25	53453.76
2014	17770.19	15742.62	9300.52	12814.59	921.73	2303.32	2766.76	9195.96	58001.10
2015	17831.51	16870.04	10541.00	13619.17	1027.43	2417.05	2927.01	9235.57	60849.61
2016	18632.57	18317.64	11792.35	14719.95	1151.41	2572.49	3167.99	9511.93	65146.38
2017	16096.21	20396.25	13540.83	16376.34	1310.92	2624.83	3443.56	10881.96	68294.56
2018	17389.22	20352.51	14806.45	17881.12	1477.63	2865.23	3705.18	12199.08	90576.42
年均增长率(1952—2018年,%)	9.31	8.61	8.06	8.42	8.74	8.75	9.42	8.45	8.72(算术平均)

数据来源:根据《新中国六十年统计资料汇编》《中国统计年鉴》和各省区统计公报数据整理。

经济结构的根本性转变。新中国成立70年来,民族地区产业结构不断优化,从以依赖单一产业为主转向三次产业共同带动。新中国成立初期,民族八省区地区生产总值的结构中,农业占比较高,工业和服务业相对薄弱,部分地区还处于现代工业的空白区。1952年,民族八省区第一、第二、第三产业增加值占地区生产总值的比重(算术平均)分别为73.1%、12.8%和14.1%。20世纪50—70年代,随着民族地区工业化建设的推进,第二产业比重不断提升。1978年,第一、第二、第三产业比重(算术平均）分别为36.5%、41.8%和21.8%。改革开放以来，随着工业化、城镇化快速发展，工业和服务业发展水平不断提高，20世纪90年代初民族地区第一产业产值比重稳定地低于第二产业和第三产业。党的十八大以来，民族地区第一、第二、第三产业协同发展，各省区第三产业增加值超过第二产业，成为国民经济第一大产业，2018年，民族八省区第一、第二、第三产业比重分别为11.7%、41%和47.4%。（各省区产业结构演变的基本态势如表2所示）随着生产结构的变化、现代产业的发展，传统产业比重下降必然会导致劳动力在部门间的重新配置，引起就业结构的变化。这种变化的一个基本趋势是，随着经济的发展，劳动力逐渐由农业部门向非农业部门转移，第二产业和第三产业成为劳动力就业的主要领域。民族地区劳动力就业结构的变化是符合这一基本趋势的。1978年，民族八省区各产业劳动力就业份额比例为79.41∶11.41∶9.17，到2016年该比例为49.16∶15.92∶34.96。

表2　新中国成立70年来民族八省区产业结构的变化　　%

省区	1952年			1978年			2018年		
	第一产业	第二产业	第三产业	第一产业	第二产业	第三产业	第一产业	第二产业	第三产业
内蒙古	71.1	11.3	17.7	32.7	45.4	21.9	10.1	39.4	50.5
广西	65.1	23.0	11.9	40.9	34.0	25.1	14.8	39.7	45.5
贵州	68.4	18.6	13.0	41.7	40.2	18.2	14.6	38.9	46.5
云南	61.7	15.4	22.8	42.7	39.9	17.4	14.0	38.9	47.1
西藏	97.3	0.1	2.6	50.7	27.7	21.7	8.8	42.5	48.7
青海	73.6	7.4	19.0	23.6	49.6	26.8	9.4	43.5	47.1
宁夏	82.7	4.6	12.7	23.5	50.8	25.6	7.6	44.5	47.9
新疆	64.7	22.0	13.3	35.8	47.0	17.5	13.9	40.3	45.8

数据来源：根据《新中国六十年统计资料汇编》和各省区2018年统计公报数据整理。

人民生活蒸蒸日上。从人均地区生产总值来看：1952年民族八省区人均地区生产总值分别为内蒙古173元、广西67元、贵州58元、云南70元、西藏115元、青海101元、宁夏126元、新疆166元；到1978年分别增加到内蒙古317元、广西225元、贵州175元、云南226元、西藏

375 元、青海 428 元、宁夏 370 元、新疆 313 元；到 2018 年分别达到内蒙古 68302 元、广西 41489 元、贵州 41244 元、云南 37136 元、西藏 43397 元、青海 47689 元、宁夏 54094 元、新疆 49475 元（见表 3）。可以看出，新中国成立 70 年来，民族八省区人均收入上了好几个台阶。

表 3　新中国成立 70 年来民族八省区人均地区生产总值的变化　单位：元

年份	内蒙古	广西	贵州	云南	西藏	青海	宁夏	新疆
1952	173	67	58	70	115	101	126	166
1978	317	225	175	226	375	428	370	313
1985	809	471	420	486	894	808	737	820
1990	1478	1066	810	1224	1276	1558	1393	1713
1995	3772	3304	1826	3083	2358	3513	3448	4701
2000	6502	4652	2759	4770	4572	5138	5376	7372
2005	16331	8788	5052	7835	9114	10045	10239	13108
2010	40282	16045	10309	13539	15295	19454	21777	19942
2015	71101	35190	29847	28806	31999	41252	43805	40036
2016	72064	38027	33246	31093	35184	43531	47194	40564
2017	63764	38102	37956	34221	39267	44047	50765	44941
2018	68302	41489	41244	37136	43397	47689	54094	49475

数据来源：根据《新中国六十年统计资料汇编》《中国统计年鉴》和各省区统计公报数据整理。

从城乡居民收入变化来看，1978 年民族八省区居民人均收入（城镇居民人均可支配收入和农村居民家庭人均纯收入用城乡人口比例加权）只有 260 多元，1999 年达到 2900 多元，2010 年突破 8500 元。2017 年民族八省区全体居民人均收入为 19520 元。2018 年民族八省区居民人均可支配收入分别为：内蒙古 28376 元、广西 21485 元、贵州 18430 元、云南 20084 元、西藏 17286 元、青海 20757 元、宁夏 22400 元、新疆 21500 元。

基础设施得到根本性改善。新中国成立以来，经过对民族地区基础设施的大规模投资，特别是西部大开发以来的重点工程项目 80% 以上布局在民族地区，民族地区基础设施得到根本性改变。以运输线路长度为例：1952 年民族八省区铁路营业里程 3208 千米，贵州、西藏、青海、宁夏和新疆还是铁路的空白区，公路里程27868千米，西藏尚无现代意义上的公路；到1978年分别增加到10560.5千米和193650千米；到2017年分别达到35266千米和1149744千米。（各省区的运输线路发展如表4所示）2013年10月30日，西藏墨脱公路通车，正式结束其作为中国最后一个不通公路县的历史。民族地区不仅运输线路长度举世瞩目，各种交通线路连接成网，而且线路质量显著提高，铁路复线、高速铁路和高等级公路从无到有，覆盖范围逐年扩大。

表4 新中国成立70年来民族八省区运输线路的变化　　单位：千米

省区	1952年		1978年		2017年	
	铁路营业里程	公路里程	铁路营业里程	公路里程	铁路营业里程	公路里程
内蒙古	1574	4821	3803	37535	12675	199423
广西	978	5068	1715	29773	5191	123259
贵州	—	4027	1366	25954	3285	194379
云南	656	5339	1705	41816	3682	242546
西藏	—	—	—	15852	785	89343
青海	—	1346	503	13675	2349	80895
宁夏	—	1202	438	5227	1352	34561
新疆	—	6065	1030.5	23818	5947	185338
民族八省区合计	3208	27868	10560.5	193650	35266	1149744

数据来源：根据《新中国六十年统计资料汇编》《中国统计年鉴》数据整理。

对外开放成效显著。 我国对外开放的格局是采取分步骤有层次、逐步推进的战略格局，经历了一个不断扩大和深化发展的过程。到目前为止，我国已形成了全方位、多层次、宽领域的对外开放格局。我国民族地区大多处于边疆地区，邻国较多，也是"一带一路"建设的核心地区和重要依托。"一带一路"倡议实施以来，民族地区从对外开放的末梢一跃成为前沿。2018年，内蒙古海关进出口总额1034.4亿元，其中，出口总额378.6亿元，进口总额655.7亿元；广西货物进出口总额4106.71亿元，其中，出口总额2176.14亿元，进口总额1930.57亿元；贵州进出口总额500.96亿元，其中，出口总额337.58亿元，进口总额163.38亿元；云南外贸进出口总额达298.95亿美元，其中，出口总额128.12亿美元，进口总额

170.83 亿美元；西藏全年进出口总额 47.52 亿元，其中，出口总额 28.57 亿元，进口总额 18.95 亿元；青海货物进出口总额 46.00 亿元，其中，出口总额 31.11 亿元，进口总额 14.89 亿元；宁夏货物进出口总额 249.16 亿元，其中，出口总额 180.48 亿元，进口总额 68.68 亿元；新疆货物进出口总额 200.10 亿美元，其中，进口总额 35.91 亿美元，出口总额 164.19 亿美元。

脱贫攻坚取得决定性进展。民族地区是中国贫困人口最集中、贫困程度最深的地方。全国 832 个贫困县（包括国家扶贫开发工作重点县和片区县）中，民族自治地方县有 421 个，占 51%。全国贫困人口的 1/3、14 个集中连片特困地区的 11 个以及深度贫困的"三区三州"都在民族地区。新中国成立以来，在中央的高度重视和社会各界的大力支持下，经过民族地区广大干部群众的艰苦努力，民族地区农村贫困人口大幅减少，特别是《中共中央 国务院关于打赢脱贫攻坚战的决定》颁布实施以来，中央和地方密集出台支持贫困地区特别是深度贫困地区脱贫攻坚的各项过硬政策措施，聚焦短板、精准发力，民族地区扶贫力度进一步加大，贫困人口脱贫明显加快。到 2018 年，民族八省区中，内蒙古、青海、宁夏农村贫困发生率降至 3% 及以下，广西、贵州、云南、西藏、新疆农村贫困发生率下降至 6% 以下。

表 5 民族八省区农村贫困人口数　　　　　　　　　　单位：万人

省区	2010年	2011年	2012年	2013年	2014年	2015年	2016年	2017年	2018年	减贫人数（2010—2018 年）
全国	16567	12238	9899	8249	7017	5575	4335	3046	1660	14907
内蒙古	258	160	139	114	98	76	53	37	15	243
广西	1012	950	755	634	540	452	341	246	140	872
贵州	1521	1149	923	745	623	507	402	295	173	1348
云南	1468	1014	804	661	574	471	373	279	179	1289
西藏	117	106	85	72	61	48	34	20	1.9	115.1
青海	118	108	82	63	52	42	31	23	5.4	112.6
宁夏	77	77	60	51	45	37	30	19	12	65
新疆	469	353	273	222	212	180	147	113	59.3	409.7

数据来源：国家统计局住户收支与生活状况调查。

二

新中国成立70年来,在中国共产党领导下,坚持走中国特色解决民族问题的正确道路,全面贯彻落实党的民族政策,民族地区经济发展取得了历史性的伟大成就。70年的伟大跨越表明:

党对民族工作的领导是民族地区经济发展的根本保证。新中国成立70年来,民族地区总体上呈现出民族团结、经济进步、宗教和顺、社会和谐的大好局面,根本在于党中央的坚强领导,这是我们行稳致远的政治前提。对民族地区的经济发展而言,必须坚持以习近平新时代中国特色社会主义思想为指导,坚持新发展理念,坚定不移贯彻创新、协调、绿色、开放、共享的发展理念。

以推动少数民族和民族地区高质量发展作为民族工作的第一要务。"发展是解决民族地区各种问题的总钥匙。"70年来,特别是改革开放以来,民族地区认真贯彻落实党的方针、政策,始终坚持以经济建设为中心,经济体量以几何级数增加,实现了"一步跨千年",民族地区从来没有像今天这样朝气蓬勃、日新月异,民族团结进步事业也从来没有像今天这样春意盎然、充满活力。进入新时代,我国经济已由高速增长阶段转向高质量发展阶段,社会的主要矛盾已经发生变化。发展不平衡不充分主要表现在民族地区,民族地区2020年前要消除农村绝对贫困和全面建成小康社会,到2035年要与全国同步基本实现现代化,必须加快发展,实现跨越式发展。

加大力度支持和帮助民族地区发展。70年来,党和政府高度重视民族地区的发展,制定、实施了一系列倾斜性的发展援助和扶持政策与措施,决定性地推动了民族地区经济社会跨越式发展和脱贫奔康。支持民族地区加快经济社会发展,是中央的一项基本方针。党的十九大报告指出:"实施区域协调发展战略。加大力度支持革命老区、民族地区、边疆地区、贫困地区加快发展,强化举措推进西部大开发形成新格局,……加快边疆发展,确保边疆巩固、边境安全。"因此,新时代民族地区的发展在全国发展大格局中的战略地位更加重要,加大力度支持民族地区加快发展是习近平新时代中国特色社会主义思想的重要组成部分。

始终坚持发展必须以保障和改善民生为着眼点和落脚点。70年来，民族地区坚持"以民为本、民生优先"，教育、医疗等基本公共服务能力不断提高。全面推进九年义务教育、十五年免费教育、"9+3"免费职业教育、"一村一幼"计划，完整配套的教育体系基本形成。通过全面建立新型合作医疗制度，健全州（盟、市）、县、乡、村四级医疗网络。但与各族人民的需要相比较，与发达地区相比较，民族地区的基本公共服务供给还有待大幅提高。习近平总书记指出："发展经济的根本目的就是要让各族群众过上好日子。既要坚持不懈抓发展，不断扩大经济总量，为民生改善提供坚实基础，也要大力推进基本公共服务均等化，促进社会公平。"要坚持发展，必须以保障和改善民生为着眼点和落脚点，确保各民族共享发展机遇和发展成果，确保发展成果惠及当地、改善民生、增强团结、促进和谐。

坚持绿色发展，守好民族地区发展的底色和价值。从地缘生态位置看，民族地区是中国最重要的生态平衡与保障区，是我国重要的生态安全屏障，具有重要的生态战略地位。民族地区最大的价值在生态、最大的责任在生态、最大的潜力也在生态，因此，民族地区的发展必须把生态文明建设放在突出位置，走以生态优先、绿色发展为导向的高质量发展之路，尊重自然、顺应自然、保护自然，筑牢国家生态安全屏障，实现经济效益、社会效益、生态效益相统一。

大力加强少数民族干部和人才队伍建设。70年来，中央和各民族地区把少数民族干部培养使用作为落实党的民族政策的一项重要内容和管长远、管根本的大事来抓，培养和造就了一支明辨大是大非的立场特别清醒、维护民族团结的行动特别坚定、热爱各族群众的感情特别真诚的少数民族和民族地区干部队伍，为坚持和完善民族区域自治制度、加快经济社会发展、维护祖国统一和边疆稳固提供了坚强保证。在新时代，必须继续加强少数民族干部和人才队伍建设。

三

为庆祝新中国成立 70 周年,反映新中国成立以来特别是党的十八大以来我国民族地区经济发展的辉煌成就和宝贵经验,国家民族事务委员会人文社会科学重点研究基地(培育)——西南民族大学中国西部民族经济研究中心组织编写了《跨越的 70 年——民族地区经济发展研究》丛书,分别对内蒙古、广西、西藏、宁夏和新疆五个自治区和贵州、云南、青海三个多民族省份 70 年来的经济发展取得的历史性成就进行了系统的梳理、分析和总结。

本套丛书的出版得到"中央高校建设世界一流大学(学科)和特色发展引导专项资金"和"国家民委人文社科重点研究基地——西南民族大学中国西部民族经济研究中心 2019 年项目'跨越的 70 年——民族地区经济发展研究'"的资助。时任西南民族大学发展规划与学科建设处处长刘兴全教授对丛书的出版给予了大力支持。本套丛书的顺利出版得到了中国经济出版社李煜萍编审的努力和付出。在此一并表示感谢!

本套丛书的主要编撰人员是西南民族大学经济学院/中国西部民族经济研究中心的部分研究生同学和研究人员。本套丛书政治要求高、任务重、时间紧,编写者还是按要求完成了各书的编写任务,你们辛苦了!各书的质量概由各书的主编负责。虽然编写人员很努力,但难免存在瑕疵和不足,敬请读者批评指正。

编委会
2019 年 7 月

PREFACE 前 言

云南省(简称滇)位于我国西南地区,属于云贵高原的西南部,平均海拔2000米,总面积约39万平方千米,占全国总面积的4.11%,在全国各省级行政区中面积排名第8位。云南北部与四川省相连,西北面是西藏,东部与广西壮族自治区、贵州毗邻,西南面与越南、老挝、缅甸三个国家接壤,是中国与东南亚、南亚地区的结合部,边境线长达4061千米。1949年12月9日云南解放后,云南省人民政府对地区级行政区划进行了调整;1958—1959年,对县级行政区划进行了调整;1997—2004年对7个地区进行撤地建市工作。目前,云南省共有8个地级市、8个自治州、16个州,市下辖129个县、1367个乡镇、14218个村。云南省是中国西南边防重地,地处内陆高原,经济区位优势明显,是中国面向南亚和东南亚地区开放战略中的"桥头堡"。总体来说,云南在经济发展过程中有以下特点:

1. 自然环境独特,生态比较脆弱

云南是一个高原山区省份,全省土地面积84%是山地。西北部高,东南部低,地势从西北向东南倾斜。省内山峡河谷众多,高黎贡山、怒山、云岭等山脉和怒江、澜沧江、金沙江等水系相间排列,三江并流区是著名的世界遗产地。云南自然环境天生脆弱,东部的喀斯特高原是典型的生态脆弱区,中部的滇中红土高原水土流失较为严重,西部及高原边缘的山地、峡谷地区地形复杂,生态脆弱。脆弱的生态环境对人类活动的承载力较低,再加上人类不正确的利用,更加重了云南地区自然环境的脆弱性,表现为生态灾害频发,水土流失严重。

2. 自然资源丰富

云南是一个资源大省，拥有丰富的自然资源，素有"植物王国""矿产王国""动物王国"等美誉。如矿产资源中，云南已发现的矿产有143种，已探明储量的有86种，云南有61个矿种的保有储量居全国前10位，其中，铅、锌、锡、磷、铜、银等25种矿产含量分别居全国前3位。动植物资源中，云南珍稀保护动物较多，许多动物在国内仅分布在云南。在全国近3万种高等植物中，云南就有1.8万种，占全国总数的一半还多。云南是全国植物种类最多的省份，不仅有热带、亚热带、温带、寒温带植物种类，而且还有许多古老、衍生、特有的以及从国外引种的植物。药用植物、香料植物、观赏植物等品种在全省范围内均有分布，故云南还有"药物宝库""香料之乡""天然花园"之称。云南气候宜人，拥有丰富的旅游资源，其诗画般的自然风光和多姿多彩的民风民情构成了一幅美丽而动人的画卷。

3. 少数民族众多，各民族发展程度差异较大

云南是我国民族种类最多的省份，除汉族以外，人口在6000人以上的世居少数民族有25个，其中15个为云南特有的少数民族。2015年末，全省少数民族人口达1583.3万人，占全省人口总数的33.4%，占全国少数民族总人口的13.48%，仅次于广西，居全国第二位。云南还是跨境少数民族最多的省份，壮族、傣族、布依族等16个少数民族是跨境分布的少数民族。云南少数民族交错分布，表现为大杂居与小聚居，彝族和回族在全省大多数县均有分布。云南少数民族的社会发展程度差异较大，一般认为，居住在坝区的回族、满族、白族、纳西族、蒙古族、壮族、傣族、阿昌族、布依族、水族等10个民族的社会、经济、文化、交通等条件较为优越，居住在半山区的哈尼族、瑶族、拉祜族、佤族、景颇族、布朗族、德昂族、基诺族等8个民族条件次之，居住在高山区的苗族、傈僳族、藏族、普米族、怒族、独龙族等6个民族条件较为不利。目前，云南省仍有7个人口不足10万的特有民族，较为贫困，为布朗族、普米族、阿昌族、怒族、基诺族、德昂族和独龙族。

4. 经济发展相对落后

经过中华人民共和国成立后70年的发展，云南的产业结构从过去的

"一、三、二"型转变为现在的"三、二、一"型,从三次产业的发展来看,仍处于工业化初级阶段向工业化中级阶段过渡时期,与发达地区相比,整体经济相对落后,经济综合竞争力在全国排名靠后。虽然云南已经建立了基本完整的产业体系,但工业化水平偏低,表现为:工业结构层次低、资源型产业比重大,高新技术产业发展滞后,资源主导型产业格局短期内很难有较大的改变,并且产业内部的关联度低,产业链不够细化深入,大部分企业规模小,竞争力不强,具有全国领先地位的大企业比较少。

5. 发展限制因素多

云南以高原和山地地貌为主,发展空间受限,影响了交通的发展。交通的落后阻碍了云南省内与省外的交流合作,这是制约云南开发与经济发展的一个因素。云南是一个少数民族众多的省份,居住在半山区、高山区的少数民族教育水平低,文化素质差,贫困程度重,教育落后也是制约云南发展的一个因素。云南地处西南边陲,远离政治经济文化中心,虽然有很长的边境线,但周边国家的经济发展水平都不高,区位因素也是制约云南发展的因素之一。

云南独特的自然环境与人文环境以及各地区各民族交织组成的经济发展的不平衡性,构成了云南经济发展的现实背景。自古以来,云南经济的发展都是困难与机遇并存,困难主要来自高山峡谷纵横、交通不便、往来受阻等先天约束,而机遇主要来自铜、锡等矿藏丰富及地处沟通内地与缅甸、老挝等东南亚国家的交通要道,对外贸易能力不容小觑,这使云南的经济发展在全国经济发展中的地位十分重要。但总的来说,由于特殊的地理环境和历史原因,云南的经济发展水平与全国部分省份相比,相对落后。

中华人民共和国成立70年来,云南省经济社会事业取得了前所未有的进步和发展,尤其是改革开放40年来,云南省经济增长、产业结构、基础设施建设、城镇化、对外贸易、环境保护、产业、金融、科技、教育、卫生等各个方面都取得了巨大成就,人民生活的方方面面都发生了巨大变化,全省经济实力稳步增强。改革开放以前,云南经济总量较小,1949年云南省生产总值(GDP)仅为8.93亿元。改革开放以来,云南经济社会发展取得了前所未有的巨大成就,GDP快速增长,1978年为69.05亿元,1982年增长到 100 亿元，1995 年首次突破 1000 亿元，2012 年超越了 10000 亿元，2017 年达到 16531.34 亿元①。党的十八大以来，云南经济总量实现了跨越式发展，2012 年云南 GDP 全国排名第 23 位，到 2017 年底，云南 GDP 全国排名第 20 位。近 5 年来 GDP 增速高于同期全国平均水平，2017 年位居全国第 3 位。在党和国家的大力支持下，云南省各族人民立足现实，不断探索，努力奋进，在经济建设等方面都取得了举世瞩目的成就，人民生活显著改善，为全面建成小康社会、开启社会主义现代化建设新征程、谱写好中国梦的云南篇章奠定了坚实基础。

本书分为 11 章，系统地论述了云南 70 年发展取得的巨大成就。第 1 章是云南 70 年经济发展成就与展望，相当于总论，比较粗线条地阐述了云南在中华人民共和国成立后 70 年来，在经济、基础设施、科技、教育、生态、卫生等领域所取得的巨大成就，以及在发展过程中普遍存在的问题，并对未来发展进行了展望。第 2—11 章，比较细致全面地从云南省经济发展所涉及的各方面进行了详细阐述，包括经济政策演变、基础设施发展、产业发展、城镇化发展、对外贸易发展、生态环境保护发展、金融发展、科技发展、教育事业发展、卫生事业发展等，全面系统地阐述了云南经济社会的各方面在 70 年的发展历程、取得的巨大成就，以及存在的挑战和对未来的发展展望。

本书试图通过对云南 70 年来的经济社会各方面的发展成就进行梳理，对新中国的成立给云南带来的巨大变化尤其是改革开放 40 年来给云南带来的前所未有的变化进行深入分析，从中总结经验，从而为云南省今后的发展提供一些可供参考的建议，为促进云南省实现更好更快的发展贡献一点微薄的力量。但由于水平有限，以及时间比较紧张，想要全面准确地反映云南省 70 年来的经济社会发展全貌，难免有所欠缺。敬请各位读者朋友批评指正。谢谢！

张小兰

---

① 云南省统计局. 云南统计年鉴 2018 [M]. 北京：中国统计出版社，2018.

目 录

第1章 云南70年经济发展成就与展望 ... 1
1.1 引言 ... 1
1.2 云南70年经济发展演变与成就 ... 1
1.3 云南当前经济运行存在的困难和挑战 ... 20
1.4 促进云南未来发展建议 ... 24
1.5 结论 ... 26
参考文献 ... 26

第2章 云南经济政策与发展 ... 29
2.1 引言 ... 29
2.2 云南70年经济政策发展历程 ... 30
2.3 云南经济政策的发展成就 ... 35
2.4 云南经济政策发展中面临的挑战 ... 48
2.5 云南经济政策的发展展望 ... 51
2.6 结论 ... 55
参考文献 ... 56

第3章 云南基础设施与发展 ... 57
3.1 引言 ... 57
3.2 云南70年基础设施发展历程 ... 58

3.3　云南基础设施发展成就 ··· 61

3.4　云南基础设施建设面临的挑战 ·· 76

3.5　云南基础设施建设发展展望 ·· 78

3.6　结论 ·· 82

参考文献 ·· 82

第 4 章　云南产业与发展 ·· 85

4.1　引言 ·· 85

4.2　云南 70 年产业发展历程 ·· 86

4.3　云南产业发展成就 ·· 103

4.4　云南产业发展面临的挑战 ··· 113

4.5　云南产业发展展望 ·· 118

4.6　结论 ··· 122

参考文献 ··· 122

第 5 章　云南城镇化与发展 ·· 125

5.1　引言 ·· 125

5.2　云南 70 年城镇化发展历程 ··· 127

5.3　云南城镇化发展成就 ·· 133

5.4　云南城镇化发展面临的挑战 ··· 145

5.5　云南城镇化发展展望 ·· 151

5.6　结论 ·· 154

参考文献 ·· 155

第 6 章　云南对外贸易与发展 ··· 157

6.1　引言 ·· 157

6.2　云南 70 年对外贸易发展历程 ·· 159

6.3　云南对外贸易发展成就 ··· 171

6.4 云南对外贸易发展面临的挑战 ··················· 176
6.5 云南对外贸易发展展望 ························· 180
6.6 总结 ·· 186
参考文献 ·· 186

第 7 章 云南生态环境保护与发展 ················· 189
7.1 引言 ·· 189
7.2 云南 70 年生态环境保护发展历程 ············ 190
7.3 云南生态环境保护的成就 ······················· 206
7.4 云南生态环境保护发展面临的挑战 ··········· 212
7.5 云南生态保护发展展望 ························· 216
7.6 结论 ·· 219
参考文献 ·· 220

第 8 章 云南金融与发展 ····························· 223
8.1 引言 ·· 223
8.2 云南 70 年金融发展历程 ······················· 223
8.3 云南金融发展成就 ······························· 228
8.4 云南金融业发展面临的挑战 ···················· 240
8.5 云南金融业发展展望 ···························· 243
8.6 结论 ·· 250
参考文献 ·· 250

第 9 章 云南科技与发展 ····························· 253
9.1 引言 ·· 253
9.2 云南 70 年科技发展历程 ······················· 254
9.3 云南科技发展成就 ······························· 257
9.4 云南科技发展面临的挑战 ······················· 272

9.5 云南科技发展展望 273

9.6 结论 276

参考文献 277

第 10 章　云南教育事业与发展 279

10.1 引言 279

10.2 云南 70 年教育事业发展历程 280

10.3 云南教育事业发展成就 282

10.4 云南教育事业发展面临的挑战 286

10.5 云南教育事业发展展望 288

10.6 结论 290

参考文献 291

第 11 章　云南卫生事业与发展 293

11.1 引言 293

11.2 云南 70 年卫生事业发展历程 294

11.3 云南卫生事业发展成就 297

11.4 云南卫生事业发展面临的挑战 300

11.5 云南卫生事业发展展望 302

11.6 结论 304

参考文献 305

图索引 307

表索引 309

后　记 313

第1章 云南70年经济发展成就与展望

张小兰[①]

1.1 引言

70年来,云南经济社会发展成就世人瞩目,包括经济总量在内的所有重要经济指标与新中国成立初期相比均实现了翻番,有多项经济指标翻了8~10番,经济体系不断建立健全,基础设施建设取得了前所未有的成绩,人民生活水平发生了翻天覆地的变化,人民的获得感、幸福感、安全感空前提高,各州(市)人民从温饱基本实现全面小康水平,社会事业欣欣向荣,保障体系日趋完备。特别是改革开放40年来,云南经济在改革开放的新局面中进入新中国成立以来最活跃、最有生机的发展时期。

1.2 云南70年经济发展演变与成就

云南70年经济发展成就以1978年为限分为几个阶段。第一个阶段是新中国成立后到1978年改革开放。这一阶段以公有制、计划经济、统购统销、封闭自守为特征。总体来说,云南在这一阶段经济有了很大的发

[①] 张小兰(1971—),女,安徽马鞍山人,经济学博士,现为西南民族大学经济学院教授、硕士生导师。研究方向:产业经济。

展，建立起基本齐全的工业体系，但受当时"大跃进""文革"影响，经济发展速度相对较慢。

1.2.1 云南经济发展的初步阶段（1949—1978年）

从1949年到1978年，云南经济发展又可以分为三个阶段：

第一个阶段：从新中国成立之初到1952年。在这一阶段，我党和政府从实际出发，对云南经济做出了基本正确的分析判断，通过3年的恢复期，基本奠定了经济发展的基础。

云南解放后，云南省委、省政府面临着错综复杂的环境，云南不仅地处边疆，少数民族众多，宗教多，而且由于地域、民族、历史多方面的原因，经济发展水平落后并有较大的差异。云南只有城市及周边，商品经济有一定程度的发展，大多数地方都处于封闭、半封闭的自然经济状态，特别是在一些边疆民族地区，还保留着原始的刀耕火种的生产方式，25个少数民族中的独龙族、布朗族、基诺族、景颇族、怒族、傈僳族、德昂族及部分拉祜族、苗族、瑶族、哈尼族等少数民族正处于原始社会末期并向阶级社会过渡阶段。而且各民族的社会形态发展水平极不平衡，除汉族、回族、白族、纳西族、蒙古族等民族大多居住城镇，社会经济文化发展水平较发达，社会形态发展水平处于相对较高的层次外，其他大多数居住于山区和半山区的少数民族，社会形态和经济发展水平仍处于落后和贫困的状态。再由于帝国主义的长期侵略和掠夺，国民党反动政府的腐朽统治，工农业生产受到了严重破坏。1949年，农业产值占云南省工农业总产值的83.3%，可见全省经济主要以农业为主，经济整体上极其落后，摆在云南省委、省政府面前的是一个十分落后的千疮百孔的烂摊子。所以当时面临的最紧迫的任务是如何迅速医治战争创伤，恢复国民经济。

新中国成立后，经过政府的清匪反霸、土地改革和推行合作化，农民逐渐摆脱了封建地主、土司的残酷剥削和压榨，农业有了较大发展。1949年，云南工业基础非常薄弱，全省工业企业只有1400多家，且绝大多数是小型企业，以手工操作为主，职工不到6万人，钢产量仅356吨，发电量为5100万千瓦·时，机床产量仅39台。工业集中在昆明、个旧等极少数城市，许多地方特别是边疆民族地区基本没有工业①。针对云南有色金属资源丰富的特点，国家重点建设云南有色金属工业，带动了云南交通、电力工业和集镇市场的发展。1950—1952年的3年恢复期内，国家拿出188亿元（旧币）对云南企业进行改造，到1952年底，除收归中央直管的3个工厂外，云南拥有地方国营机械工厂11个，仅机械工业的总产值，按1980年不变价计，1952年比1951年增长147.2%，是1950年的6倍多②。云南在短短3年时间内迅速恢复了战争的创伤，奠定了新中国走向社会主义的经济基础。

第二个阶段：1952—1957年。在这一阶段，云南工业获得初步发展。

从1953年起，云南开始进行大规模的工业建设，我国第一个五年计划期间（1953—1957年），昆明机床厂、昆明电机厂、昆明电线厂被纳入国家计划，到1957年底，3个工厂新增固定资产361万元，当年总产值达4031.5万元。1957年底，全省有县以上国营机械工业企业27个，共有职工23219人③。在纺织工业部门，1957年比1952年增加93%④。云南省工业获得了初步发展。

第三个阶段：1958—1978年。在这一阶段，我国社会主义发展模式走上了"极左"路线，导致我国经济长期停滞不前，云南省的经济受国内政治形势影响，发展缓慢。

在过渡时期结束后，我国社会主义改造基本完成。但由于对主要矛盾判断的失误，经济建设方面急躁冒进思想的发展和政治上"左"倾观念的深化，1958—1976年，我国经历了3年"大跃进"，5年"经济调整"和10年"文革"。云南省经济在逆境中艰难前行，在这个过程中，云南省经济也取得了一些成绩，如1969年云南汽车厂生产了云南省第一辆昆明牌

---

① 人民网.云南经济情况［DB/OL］，［2000-06-13］.http://www.people.com.cn/GB/channel4/989/20000613/101315.html.

注：以下数据未注明的都来自《云南统计年鉴》。

②③ 云南省地方志编纂委员会总纂，云南省机械工业厅编.云南省志（卷二十七）·机械工业志［M］.昆明：云南人民出版社，1994：38.

④ 云南省地方志编纂委员会总纂.云南省志（卷二十一）·纺织工业志［M］.昆明：云南人民出版社，1996：1.

重型汽车，1972年昆明拖拉机厂开始生产昆40中型拖拉机，1974—1975年云南开始了生产成套卷烟机的历史。但总的来说，这一时期，农业和工业生产都受到了严重破坏，1976年云南省工业总产值下降为15322万元，亏损额高达2695.8万元[①]。尽管在"大跃进"和"文革"期间，我国工业遭受严重挫折，但云南省的卷烟、糖、茶叶、有色金属、磷化工等工业依然有了较大程度的发展，已经初步形成一定的工业体系。据统计，经过近30年的发展，1978年云南省生产总值为69.05亿元，其中第一产业为29.46亿元，第二产业为27.58亿元，第三产业为12.01亿元[②]，虽然依然是"三、二、一"产业结构，但与新中国成立前相比，已经发生了巨大的改变。

这一时期是云南省经济发展的起步阶段，农业是生产总值的主要构成部分，第二产业是发展最快的产业，这期间完成了土地改革和农业合作化，到1978年农业生产总值达到了69.05亿元，是1949年的7.7倍。新中国成立之际，国家经济落后，百废待兴。为服务国家现代化建设，根据本地资源禀赋和特色，云南被国家列为发展有色金属工业的重点省份之一，这使有色金属行业率先在计划经济体制下发展起来，奠定了其在云南工业发展中的优势地位，云南进入了新的工业化发展时期。第一个五年计划期间，昆明地质勘探公司先后提交了锡、铜、铅、锌地质报告书，探获丰富的地质储量，为云南冶金工业大规模建设奠定了物质基础。20世纪五六十年代，国家重点建设云南有色金属工业，带动了云南的交通、电力工业发展，同时还使云南各地新兴一大片集镇市场，促进了周边农村和少数民族地区的商品经济发展。同时，云南省的机械制造业在全国也占有重要地位，抗日战争时期内迁的中央机器厂、中央电工器材厂等企业为云南机械制造业奠定了良好的发展基础。昆明电工器材厂由熔铜拉线到装入马达止，完全国货自制。中央机器厂在全国也是首屈一指，机枪厂仅铣床就有300部，中央机器厂之规模大及拥有的精密仪器也是全国仅有的，光学仪器厂更是全国唯一的一家。从表1-1可见，云南省1949年第二产业生

---

① 云南省地方志编纂委员会总纂，云南省机械工业厅编.云南省志（卷二十七）·机械工业志［M］.昆明：云南人民出版社，1994：48.
② 云南省统计局.云南统计年鉴2018［M］.北京：中国统计出版社，2018.

产值只有0.97亿元，1978年为27.58亿元，是1949年28.4倍，工业发展成效显著。

表1-1　1949—1978年云南省生产总值　　单位：亿元

年份	生产总值	第一产业	第二产业	第三产业
1949	8.93	6.26	0.97	1.70
1953	14.86	8.87	2.88	3.11
1957	22.53	12.47	5.43	4.63
1961	22.90	11.16	7.28	4.46
1965	33.62	17.31	11.01	5.30
1969	34.34	18.63	10.01	5.70
1973	54.57	27.23	18.85	8.49
1978	69.05	29.46	27.58	12.01

资料来源：《新中国六十年统计资料汇编》。

1.2.2　云南经济发展的起步阶段（1979—1990年）

改革开放之初，云南基本形成了相对完整的产业体系，但产业发展依然不均衡，除由国家投资建设的有色金属采掘和冶炼业外，各地区缺乏支柱产业，而且整体上经济发展水平低，财政收入不平衡，人民生活比较贫困。1978年中央拨乱反正，国家领导人从我国实际出发，把工作重点转向社会主义现代化经济建设中去。改革开放显著促进了我国整体经济的增长，1979年，云南省生产总值为76.83亿元，其中第一产业占比42%，第二产业占比39.7%，第三产业占比18.3%，工农业占经济的主导地位，服务业还有很大的发展空间。到1990年，云南省生产总值为451.67亿元，是1979年的5.9倍，第一、二、三产业也实现了稳健增长，而且第三产业占比增长为27.8%，说明云南省由传统的第一、二产业开始逐渐向第三产业转变。

这个阶段，也是我国"六五""七五"时期，当时云南省面临的主要问题是供给严重不足，满足不了社会需求，所以政府的主要工作就是通过发展农业来解决温饱问题，通过发展轻工业来解决日用生活品的短缺问题。在这一时期，云南经济发展的成就主要有以下几点。

（1）产业布局已具雏形。在这一时期，为了合理布局生产力，发挥各地区的优势，本着自然、经济、技术条件的相似性，"七五"时期把云南划分为三个层次和六个经济区（即"三层六区"）。第一个层次是以昆明市为中心的滇中经济区，第二个层次是以个旧市、开远市为依托的滇东南经济区和以大理市为依托的滇西经济区，第三个层次是以保山市、芒市为依托的滇西边境经济区，以思茅市、景洪市为依托的滇南经济区和以昭通市为依托的滇东北经济区。通过中心城市辐射，引导各经济区合理布局，从而形成密切协作、共同发展的经济网络，通过分层分区，促进各区找到自己优势和特色，为今后的发展打好基础。

（2）经过发展，云南基于资源优势的产业逐步形成。在"七五"时期，云南首次把烟、糖、茶、胶确立为支柱产业，并强调发展旅游业意义深远。在"七五"计划末期，云南已基本形成以烟、糖、茶为主的食品工业，以橡胶为主的热带作物种植加工业、磷化工业、有色原材料业和旅游业等。由于这些产业的发展，使云南省生产总值从1978年的69.05亿元，上升到1990年的451.67亿元，增长了6.5倍，地方财政收入也从1985年的27.4亿元增加到1990年的77.43亿元。

（3）工业发展迅速，工业结构逐渐优化。在这一阶段，工业在三次产业中的比重持续上升，农业和服务业的比重持续下降，从表1-2可见，云南省生产总值从1979年的76.83亿元增长到1990年的451.67亿元，增长了5.88倍。1987年，云南省产业结构从"一、二、三"转变为"二、一、三"，并且在工业内部轻、重工业比重也在发生变化，1978年，云南轻、重工业的比重分别为43.0%和57.0%，在此后的10年中，轻工业比重持续增长，到1990年轻、重工业的比重分别为52.5%和47.5%，在1989年，轻工业比重首次超过重工业比重，表明云南省工业结构调整成果比较明显。

表1-2 1979—1990年云南省生产总值　　　　　　　单位：亿元

年份	生产总值	第一产业	第二产业	第三产业
1979	76.83	32.38	30.50	13.95
1980	84.27	35.89	33.98	14.40
1981	94.13	41.23	35.80	17.10
1982	110.12	47.04	42.39	20.69
1983	120.07	49.33	47.28	23.46
1984	139.58	57.33	54.38	27.87
1985	164.96	66.07	65.41	33.48
1986	182.28	71.32	70.83	40.13
1987	229.03	84.06	84.30	60.67
1988	301.09	103.47	112.40	85.22
1989	363.05	119.01	138.06	105.98
1990	451.67	168.13	157.80	125.74

资料来源：《云南统计年鉴2018》。

注：生产总值按当年价格计算。

（4）农业内部的产业结构也在不断变化。从表1-3可见，在这一阶段农业也获得了迅速发展，农业总产值从1978年的40.02亿元上升到1990年的211.72亿元，上升了4.29倍；并且农村多种经营发展较快，除了农业，林业、牧业、渔业也获得发展，但相对农业来说，林业、牧业发展较为缓慢，其他副业增长较快。

表1-3 云南省农业总产值及其农、林、牧、渔总产值　　　　　单位：亿元

年份	农业总产值	农业	林业	牧业	渔业	其他
1978	40.02	28.58	2.48	7.08	0.08	1.80
1979	44.71	31.03	3.17	8.27	0.09	2.15
1980	48.20	33.02	2.94	10.22	0.19	1.83
1981	55.20	38.32	3.77	10.74	0.20	2.17
1982	61.84	41.90	3.87	12.79	0.21	3.07
1983	65.68	42.30	4.73	13.84	0.24	4.57
1984	77.36	48.78	5.97	15.79	0.27	6.55

续表

年份	农业总产值	农业	林业	牧业	渔业	其他
1985	88.88	52.02	7.90	20.33	0.40	8.23
1986	96.01	51.80	7.40	26.14	0.71	9.96
1987	111.25	61.75	8.85	29.42	0.95	10.28
1988	135.39	76.11	10.05	37.01	1.56	10.66
1989	152.68	84.30	12.97	41.68	1.93	11.80
1990	211.72	119.63	18.27	54.01	1.39	18.42

资料来源：《云南统计年鉴2018》。

（5）第三产业发展稍显滞后。在这一阶段，第三产业发展滞后。从图1-1可见，虽然第三产业生产总值从1978年的12.01亿元增加到1990年的125.74亿元，但按不变值计算，第三产业生产总值指数从1978年的119.2下降为1990年107.1，说明云南第三产业严重滞后于国民经济发展，云南当时的经济发展还处于重生产、轻消费，重积累、轻流通阶段，经济发展未能促进产业结构合理化，第三产业没有很好地发挥对当地经济的带动作用，工业化的发展得不到服务业的支持，云南发展还未走上良性发展之路。

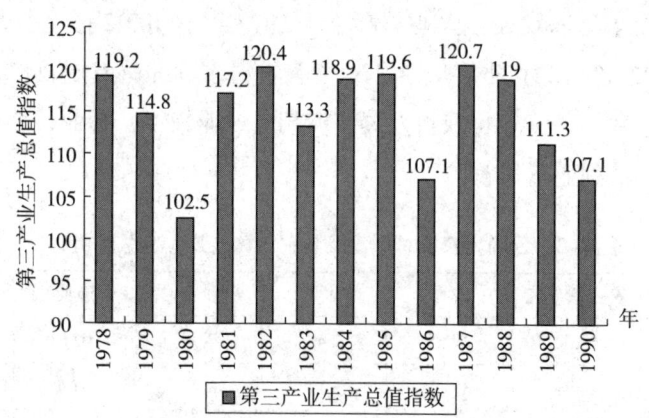

图1-1 1978—1990年云南省第三产业生产总值指数

注：按不变值计算。
资料来源：《云南统计年鉴2018》。

（6）基础设施得以改善。云南的能源、交通等基础设施较为薄弱，制约着云南的经济发展，所以说云南基础设施建设是这一阶段的重点之一。

"七五"期间，云南用于能源、通信、交通方面的建设投资达66.8亿元，比"六五"期间增加了42亿元。1980—1990年，云南省公路通车里程从44149千米增加到56536千米，增加了12387千米，增长速度为1.28%，内河航道里程增加了124千米，能源产量增加了89.39%。经过这一时期的建设，云南省的交通、能源状况得到了改善，为今后的发展打下了基础。

（7）优势产业获得新发展。云南省传统优势产业获得新发展，以有色冶金工业为例，改革开放后，与经济体制改革相一致，云南有色冶金工业在技术、产品、规模等方面都有了新的发展。据1990年统计，全国生产有色金属239.15万吨，其中云南产出21.73万吨，占全国产量的9.08%，次于辽宁、湖南、甘肃3省，居全国29个省市的第4位。其中云南生产矿产铜63638吨（总产71350吨），占全国产量的18.43%，仅次于江西省，居全国第2位；铅产量56145吨，占全国产量的20.9%，仅次于辽宁省，居全国第2位；锌产量48995吨，占全国产量的9.2%，次于辽宁、湖南、广东、广西，居第5位；锡产量22725吨，占全国产量的63.52%，居第一位；锑产量3903吨，占全国产量的6.5%，居第4位；产出精矿含钨占全国产量的2.8%，居第6位；产出精矿含铋占全国产量的6.8%，居第4位。1990年云南有色金属工业实现工业总产值（1980年不变值）15.15亿元，占全国有色金属工业总产值的6.49%，居全国第6位。1985—1990年，全国有色金属工业总产值平均每年增长7.49%，云南增速为6.25%，居全国第17位。1990年，云南产钢80.15万吨，占全国钢产量的1.2%，居全国第18位；产成品钢材68.97万吨，占全国产量的1.3%，居全国第19位。这些数据表明了云南有色冶金行业在全国的比重和地位，也表明了改革开放以来云南有色冶金工业所取得的成就。

除此之外，新型优势产业的兴起和发展——以烟草工业为例。1982—1990年是云南烟草工业迅猛发展的9年。截至1990年底，云南省烟草公司下属有8个卷烟厂、2个雪茄烟厂、18个烟叶复烤厂、13个地州市烟草分公司、70个县烟草公司、几个地州市烟草专卖局、70个县烟草专卖局，有职工55663人。

1.2.3 云南经济的快速发展阶段（1991—2000年）

这是我国"八五""九五"时期，在这一阶段，随着改革开放的深入推进，社会供给大幅度增加，云南告别了短缺经济，如期完成了"八五""九五"两个五年计划，国民经济总量快速增长，产业结构不断升级，经济效益不断提高。1991年，云南省生产总值为517.41亿元，第一产业占比32.8%，第二产业占比34.7%，第三产业占比32.5%。到2000年，云南省生产总值增长到2011.19亿元，是1991年的3.9倍，第一产业占比21.5%，第二产业占比41.4%，第三产业占比37.1%。10年来，第二产业和第三产业发展迅速，农业向工业和服务业的转型取得显著成效。云南工业逐步进行经济体制改革，调整和优化产业结构，扭转了历史时期形成的重工业过重、轻工业过轻的状况，逐步将以开发矿产资源为主建立重工业转向以开发生物资源为主，通过发展轻工业来加快工业化进程的阶段，实现了工业高速增长，建立了云南的主导优势产业，包括烟草行业、医药制造业、能源产业、化学工业、金属矿采选及冶炼加工业、旅游业、文化产业、光电机产业八大优势产业。工业产值占工农产值的比重上升到72%，形成了以支柱产业为依托、门类齐全的工业体系。具体来说，这一时期经济发展取得的成就主要有以下几点。

（1）调整产业布局，缩小各地区之间的差距。在这一时期，以昆明为中心，以曲靖、玉溪、楚雄、大理等一批城市为依托的经济增长极开始成长起来，并以交通干线建设促进区域开发轴形成，点轴模式逐步形成。沿着澜沧江、金沙江中下游、南昆铁路和边境线进行产业布局，以"四路、五江、一线"为骨架，发展各具特色的滇中经济区、滇东北经济区、滇东南经济区、滇西南经济区、滇西经济区和滇西北经济区6个经济区，形成城乡结合、优势互补、各具特色的新布局，产业进一步从滇中、滇东南核心区向全省扩展。

（2）经济快速发展，产业结构不断升级优化。从表1-4可见，1991—2000年的10年间，国民经济快速增长，人均国内生产总值提前3年实现2000年比1980年翻两番的目标，经济效益不断上升，全省经济实力不断增强。通过产业结构调整，第三产业比重持续上升，三次产业比重从1990年的31.2∶34.9∶27.8上升为2000年的22.3∶43.1∶34.6，全省产业结构又从"二、一、三"型转变为"二、三、一"型，呈现工业化成长阶段的基本特征，云南省产业结构不断升级优化。

表1-4　1991—2000年云南省生产总值及其构成　　　　单位：亿元

年份	生产总值	人均生产总值/元	第一产业	第二产业	第三产业
1991	517.41	1377	169.48	179.56	168.37
1992	618.69	1625	186.80	219.03	212.86
1993	783.27	2030	191.45	325.57	266.25
1994	983.78	2515	236.25	428.68	318.85
1995	1222.15	3083	302.69	534.78	384.68
1996	1517.69	3779	360.48	669.06	488.15
1997	1676.17	4121	387.02	743.82	545.33
1998	1831.33	4446	403.43	818.26	609.64
1999	1899.82	4558	406.87	811.90	681.05
2000	2011.19	4770	431.80	833.25	746.14

资料来源：《云南统计年鉴2018》。

（3）培育新的支柱产业，形成新的经济增长点。1995年，云南省提出，培育烟草产业、生物资源开发产业、矿产资源开发产业和旅游业作为新的支柱产业，以增强云南经济对国内外市场的适应能力，明确提出这四大支柱产业其增长速度要高于同期国民经济的增长，年均增长速度要达到10%以上，要在"九五"末期，成为全省财政收入和出口创汇的主要产业。2000年，云南又在原四大支柱产业的基础上，把水电产业也作为支柱产业培育，从而形成了以五大支柱产业为重点的发展新格局。

（4）扶持少数民族地区和贫困地区经济发展。在这一时期，对少数民族地区和贫困地区的扶持政策包括：发展当地具有特色的经济作物，如滇中9个贫困县主要发展经济作物和水果，滇东南19个贫困县主要发展热区作物和经济林木等；发展当地的交通、能源和邮电通信建设，改善民族地区与贫困地区的基础设施；在民族地区重点发展具有地方特色的优势加工业，加快优势资源的开发；以及在民族地区与贫困地区，普及基础教育、发展职业技术教育和提高卫生水平，提升这些地区的劳动力素质。

（5）基础设施建设取得成就。在水利建设方面，到2000年，全省库容达到约100亿立方米，年供水能力达到150亿立方米；在能源建设方面，建设鲁布革、漫湾等大型水电站，一次能源生产总量年均增长7%；在交通方面，提高铁路出省运力，连接国内高等级公路网，形成以铁路为骨干，公路运输为主体航空连成网络的协调发展的综合运输体系。根据云南统计资料显示，2000年云南省铁路营业里程是1991年的1.18倍，公路通车里程是1991年的2.82倍，民用航空航线里程是1991年的3.89倍。

（6）形成新的对外开放格局。基本上形成了以昆明为中心，边境开放城市为前沿，面向东南亚和世界的开放格局。在这一时期，建立国家一类口岸9个，二类口岸8个，对外开放通道90多条，对外开放县市96个。推动了澜沧江—湄公河次区域合作，与周边国家边境贸易与经贸合作日益兴旺，云南正在成为大西南对外开放的前沿与通道。

（7）开展环境保护工作和国土整治工作。在这一时期，环境保护工作重点是控制污染，保持生物多样性，保护耕地。国土整治工作重点控制水土流失，如对保山、梁河、南涧等地的泥石流进行治理，对元阳、绿春、大关、盐津等县城的滑坡进行防治，以及改善滇东北、滇东南、滇东、滇中等地缺水状况。

1.2.4　形成具有云南特色的经济发展阶段（2001—2010年）

2000年西部大开发迈出实质性步伐，2001年我国加入WTO，这都对云南省的经济发展产生深远影响，为云南省优势产业参与国际分工，产品进入国际市场提供了更多的机遇。在这一时期，云南加快了改革的步伐，取得的成就有以下几方面。

（1）特色经济初见成效。云南省以绿色经济和特色经济为出发点，打造特色产业，特色产业对经济增长的贡献不断增加。首先，为了把云南建成绿色经济强省，在巩固提高烟草行业国内外市场占有率的基础上，着力把云南省打造成为亚洲最大的花卉生产出口基地、全国最大的生物资源开发创新基地。其次，突出云南特色，提升旅游业在全省经济中的地位，建设省内、大西南和东南亚三个旅游环线，把云南建成全国著名的旅游度假基地。具体方案是：以昆明为中心的滇中旅游区，突出观光游览、休闲度假、会议展览的特点；滇西北旅游区打造生态文化旅游产品，融合少数民族风情，建成世界闻名的香格里拉景区；滇西南旅游区结合热带雨林、民族风情和边境区位条件，打造具有特色的生态、民族和跨境为一体的旅游区；滇西旅游区结合地热火山、民族风情和边境区位条件，打造边境跨国精品旅游线路；滇东南旅游区是以岩溶地貌为特色的旅游线路；滇东北旅游区是以古滇文化和历史遗迹为特色的旅游线路。通过近年来的迅猛发展，云南旅游业已跃居全国十强，成为中西部地区排名最靠前的旅游大省。再次，发挥磷化工和有色金属的特色优势，提高矿产业的经济效益。最后，以国家的"西电东送"为契机，开发云南的水能和区位优势。

（2）产业结构进一步调整优化。从表1-5可见，2001年生产总值为2138.31亿元，第一产业占比20.8%，第二产业占比40.6%，第三产业占比38.6%；2010年生产总值为7224.18亿元，是2001年的3.4倍，增长率为237.8%，经济增长显著，第一产业占比15.3%，第二产业占比44.6%，第三产业占比40.1%。与2001年相比，第一产业占比下降，第二产业和第三产业占比均上升，其中第二产业由重工业为主转向轻工业占主导地位。云南除了发展烟草、能源、冶金等特色支柱产业，还承接我国东中部产业转移，包括劳动密集型产业、深加工制造业、进出口加工业、资源性精加工业、现代物流业等产业转移到云南，使云南的产业结构进一步调整优化。人均生产总值从2001年的5015元/人提高到2010年的15752元/人，提高了3倍多，产业结构依然保持"二、三、一"型，第三产业上升很快，第一产业保持健康发展，第一产业内部特色农产品已经具有优势，第二产业发展势头良好。

表 1-5 2001—2010 年云南省生产总值及其构成　　　　　单位：亿元

年份	生产总值	人均生产总值/元	第一产业	第二产业	第三产业
2001	2138.31	5015	444.42	868.06	825.83
2002	2312.82	5366	463.44	934.88	914.50
2003	2556.02	5870	494.60	1047.66	1013.76
2004	3081.91	7012	593.59	1281.63	1206.69
2005	3462.73	7809	661.69	1426.42	1374.62
2006	3988.14	8929	724.40	1705.83	1557.91
2007	4772.52	10609	837.35	2038.39	1896.78
2008	5692.36	12570	1020.56	2452.75	2218.81
2009	6169.75	13539	1067.60	2582.53	2519.62
2010	7224.18	15752	1108.38	3223.49	2892.31

资料来源：《云南统计年鉴 2018》。

（3）区域间经济合作进入新阶段。云南是泛珠三角区域的重要组成部分，又是中国 - 东盟自由贸易区建设和大湄公河次区域合作的前沿。云南依托区位优势，积极开展泛珠三角与东盟自由贸易区的区域经济合作，营造经济发展的多赢格局，构造昆明—河口—河内、昆明—磨憨—万象—曼谷、昆明—瑞丽—曼德勒—仰光、昆明—腾冲—密支那—印度雷多四条"经济走廊"，配套优势产业布局，实现"交通走廊"向"经济走廊"转变，提升大湄公河次区域合作和中国 - 东盟自由贸易区合作水平，增强云南在国内外的市场辐射功能。

（4）利用"桥头堡"战略，加大对外开放。在这一时期，云南加大了对外开放的脚步，尤其利用云南作为我国通向东南亚、南亚重要陆上通道的优势，加大同东南亚、南亚和大湄公河次区域的交流合作，使云南成为我国向西南开放的重要"桥头堡"。"桥头堡"战略是云南发展的重要机遇，它把中国、东南亚、南亚三个大市场连接起来，在其中发挥平台和桥梁作用，云南成为我国从陆路沟通东南亚、南亚，直达印度洋的通道，成为我国与印度洋沿岸国家交流合作的重要平台，成为我国面向印度洋沿岸国家的外向型产业基地和进出口商品加工基地。在"桥头堡"战略下，云南对外开放步伐进一步加快。从表 1-6 可见，2010 年，云南省进出口总额达到133.68亿美元，其中出口完成76.06亿美元，进口完成57.62亿美元，云南进出口总额十年间增长了5.72倍。

表1-6 2001—2010年云南进出口情况   单位：亿美元

年份	出口额	进口额	进出口总额
2001	12.44	7.45	19.89
2002	14.30	7.97	22.26
2003	16.77	9.91	26.77
2004	22.39	15.09	37.48
2005	26.42	20.97	47.38
2006	33.91	28.40	62.32
2007	47.36	40.44	87.80
2008	49.87	46.12	95.99
2009	45.14	35.05	80.19
2010	76.06	57.62	133.68

资料来源：《云南统计年鉴2018》。

（5）云南省的农业经济新发展。20世纪中期至今，云南省农业呈现出翻天覆地的变化，落后的传统农业经过半个多世纪的发展，逐步走向了市场化、现代化和国际化。第一，经济作物的多样化发展。因地制宜，发展粮食作物和烤烟、甘蔗、油料、茶叶、香料、木材、药材等不同的经济作物，拓宽了云南省的农业范畴，改善了农业经济结构。第二，云南利用良好的气候资源优势，大力发展鲜花产业，使鲜花成为云南发展绿色经济的重要支柱。云南生产的鲜花不仅占全国市场的一半左右，在国际市场上也占据着重要的地位，云南的新型农业呈现出真正的市场化、现代化和国际化特色。

（6）遏制生态恶化，实行可持续发展战略。树立合理利用资源，使经济社会发展建立在科技进步与生态保护基础上的思想，加强对六大水系、九大湖泊的治理，划出限制开发区和禁止开发区。限制开发区分布在全省各地，主要是天然林保护区、重要生物多样性保护区、重要水源区、自然灾害频发地区等，在这些地区加强生态环境保护与修复。禁止开发区是指依法设立的国家级、省级自然保护区和世界遗产核心区,这类区域散布于全省,这些地区严禁不符合功能定位的各类开发活动。通过各种措施,云南省污染情况得到一定程度的控制。从表1-7可以看到,工业固体排放量明显减小,从2001年的295.80万吨下降为2010年的36.31万吨,并且工业固体废物处置率也从2001年的15.87%提高到2010年的30.99%。

表1-7 云南省废水、废气、废物排放情况　　　　　单位:万吨

年份	废水排放量	二氧化硫排放量	工业固体排放量	工业固体废物处置率/%
2001	64152.34	35.75	295.80	15.87
2002	66271.02	36.41	231.81	10.50
2003	68180.80	45.26	121.67	21.41
2004	78302.56	47.75	55.10	22.27
2005	75202.45	52.19	70.66	35.14
2006	80478.36	55.10	99.56	33.72
2007	83758.94	53.37	82.66	33.03
2008	83864.57	50.17	39.42	30.84
2009	87590.64	49.93	60.65	29.69
2010	91992.68	50.07	36.31	30.99

资料来源:《云南统计年鉴2018》。

1.2.5　云南经济发展战略的成熟完善阶段(2011年至今)

2011年以来,云南发展战略是以"桥头堡"战略为核心,融入国家"一带一路"倡议中。在这一时期,云南实施创新驱动发展战略,培育跨越式发展新动力,推动高层次的区域协调发展,构造云南经济社会发展新格局。

(1)产业结构不断优化。从表1-8可见,2011年生产总值为8893.12亿元,第一产业占比15.9%,第二产业占比42.5%,第三产业占比41.6%;2017年生产总值为16376.34亿元,是2011年的1.84倍,增长率为84.1%,第一产业占比14.3%,第二产业占比37.9%,第三产业占比

47.8%。2013年云南第三产业比重首次超过第二产业，第三产业得到快速发展，其中主要来自旅游业，2017年旅游总收入占生产总值的42.3%。2017年云南三次产业结构比重为14.0∶38.6∶47.4，较2000年的三次产业结构比重22.3∶43.1∶34.6有很大优化。

表1-8 2011—2017年云南省三次产业发展情况　　单位：亿元

年份	生产总值	第一产业	第二产业	第三产业
2011	8893.12	1411.01	3780.32	3701.79
2012	10309.47	1654.55	4419.20	4235.72
2013	11832.31	1860.80	4939.21	5032.30
2014	12814.59	1991.17	5281.82	5541.60
2015	13619.17	2055.78	5416.12	6147.27
2016	14719.95	2195.11	5649.34	6875.50
2017	16376.34	2338.37	6204.97	7833.00

资料来源：《云南统计年鉴2018》。

注：2017年数据包括研发支出。

（2）基础设施建设步伐加快。改革开放以来，云南省一直致力于基础设施建设，铁路、公路、航空、水运、邮电通信等基础设施都有了很大改善，为加快经济发展与扩大对外开放创造了良好的条件。从表1-9可见，2017年，云南省铁路营业里程达0.37万千米，比上年增长8.8%；公路通车里程24.25万千米，比上年增长1.8%；民航航线里程27.48万千米，比上年增长2.9%。"十三五"期间，云南提出推进路网、航空网、能源保障网、水网、互联网五大基础设施网络建设，云南计划5年内实施"五网"项目565项，投资超过1.6万亿元，从根本上改变云南基础设施落后的状况。

表1-9 2011—2017年云南省交通运输线路长度　　单位：万千米

年份	铁路营业里程	公路通车里程	民用航空航线里程
2011	0.21	21.45	18.56
2012	0.24	21.91	22.85

续表

年份	铁路营业里程	公路通车里程	民用航空航线里程
2013	0.24	22.29	29.44
2014	0.26	23.04	33.15
2015	0.27	23.60	31.69
2016	0.34	23.81	26.70
2017	0.37	24.25	27.48

资料来源：《云南统计年鉴2018》。

（3）节能降耗工作成效明显。近年来，云南省把节能降耗作为推动产业转型升级、实现绿色和谐发展的重要抓手，多策并举，不断提高能源利用效率和效益，节能工作取得显著成效。2017年，能源消费总量11090.97万吨标准煤，同比增长3.92%。从表1-10可见，云南省各行业对传统能源——煤炭的消费比重呈现逐年下降趋势，对其他能源的消费比重呈现逐年递增的趋势。

表1-10　2011—2017年云南省主要能源消费占能源消费总量比重　　%

年份	煤炭	石油	天然气	一次电
2011	55.97	14.88	0.53	27.72
2012	53.16	14.93	0.50	29.87
2013	50.63	14.36	0.53	33.05
2014	43.07	14.71	0.54	40.66
2015	40.99	15.45	0.76	41.61
2016	40.24	15.95	0.89	41.69
2017	36.86	16.64	1.06	44.05

资料来源：《云南统计年鉴2018》。

（4）加大对外开放的步伐。在"一带一路"的新形势下，云南的贸易伙伴不断增加，贸易范围几乎覆盖了全球所有国家和地区。秘鲁、印度、澳大利亚、日本、巴西等都成为云南省的贸易伙伴。云南省与周边国家长期以来相处和谐，交往频繁，应利用地缘优势，加大与这些国家的合作，促进对外开放。从表1-11可见，云南省边境贸易一直都呈现强劲增长的势头，表明云南省对外开放水平正不断扩大。在"一带一路"的大背景下，云南省应充分发挥邻近东南亚、南亚的优势，积极推动与边境国家的合作，深化孟中印缅经济走廊与大湄公河次区域的交流，加大对外开放的力度。通过云南省对外开放促进经济发展，把云南由对外开放的末梢变为前沿。

表1-11　2011—2017年云南省边境贸易进出口总额　　单位：亿美元

年份	进出口总额	出口额	进口额
2011	160.53	94.73	65.80
2012	210.05	100.18	109.87
2013	258.29	159.59	98.70
2014	296.22	188.02	108.20
2015	245.27	166.26	79.01
2016	199.99	115.82	84.17
2017	233.94	114.30	119.64

资料来源：《云南统计年鉴2018》。

（5）云南社会经济文化事业的全面改善。"一带一路"使云南从边远地区变成开放前沿，打开了对外开放的新格局，为云南经济、社会、文化等事业的发展提供了良好的保障。在"一带一路"建设中，云南铁路"八入境四出境"，高速公路"七入滇四出境"格局正在逐步形成，与缅甸、老挝、越南连接的公路逐步向高速、高等级公路升级，航运方面将通过澜沧江、红河进入太平洋，通过缅甸建立路水联用通道进入印度洋。通过通道建设，云南将成为南亚、东南亚与中国贸易陆路的必经通道，从而极大地促进云南省经济的发展。同时，对外开放力度的扩大促进了云南省企业"走出去"，加大了国际竞争，推动产业结构不断升级，经济不断发展。随着基础设施的不断改善，对外开放水平的进一步提高，科技的不断进步，为云南社会事业的发展奠定了物质基础，同时云南就业、医疗、教育等社会保障事业也在不断改善。

1.3 云南当前经济运行存在的困难和挑战

1.3.1 经济与观念滞后

云南地处边疆与山区地带,是少数民族地区与贫困地区集中地区,具有集边疆、民族、山区、贫困为一体的特点。我国从2000年实施西部大开发战略以来,先后出台了很多的政策措施,也投入了大量的经济资源,使云南的社会经济面貌发生了巨大的改变。但是,由于受到地理区位、资源禀赋、历史原因等因素影响,云南与发达地区经济差距依然在扩大。云南经济相对落后、自我发展能力不强、开发相对较晚等各方面原因,使得云南人思想相对保守,满足于小富即安,惰性较大,故步自封,安于现状,不太愿意外出拼搏。在"一带一路"建设中,由于传统思维"等、靠、要"的束缚,开拓创新的新思路、新举措不足,干事创业的氛围不浓,可能会丧失一些发展机遇。从表1-12可见,2017年,云南第一、二、三产业生产总值占全国比重较低,第一产业生产总值占全国比重超过第二和第三产业占全国比重,说明云南第二、三产业发展相对滞后。

表1-12 2017年云南第一、二、三产业生产总值及占全国的比重

地区	生产总值	第一产业生产总值	第二产业生产总值	第三产业生产总值
全国/亿元	827121.7	65467.7	334622.6	427031.5
云南/亿元	16376.34	2338.37	6204.97	7833.00
云南占全国比重/%	2.0	3.6	1.9	1.8

资料来源:《云南统计年鉴2018》。

1.3.2 产品的国际竞争力不足

从表1-13可见,云南主要工业产品以自然资源利用、初级原材料加工为主,云南烟草制品、糖、原煤、钢材、水泥等产品的生产都位居我国前列,具有一定的规模和一定的竞争力。气候独特、生态良好、生物资源

种类繁多等自然禀赋，是云南省进行资源开发和农产品加工的重要优势所在，所以云南省的粮食、烤烟、甘蔗、茶叶的生产量在全国占有重要地位。经过分析可以发现，云南具有竞争优势的产业基本都建立在资源优势之上，资源型工业和原材料加工业占据了云南省工业的较大比重，这些竞争优势不具有可持续性，因为以资源为导向的产业发展会受到资源开采量的约束，随着资源开采量的逐渐减少，资源型工业的发展就很难持续下去。另外，云南烟草业的发展是建立在国家专卖政策的垄断基础之上，其他的矿产业、能源业等资源型工业和原材料加工业，产业附加值低、层次低、能耗高，在国际市场上缺乏竞争力。

表1-13 2017年云南省主要工业产品及占全国比重

主要工业产品	全国	云南	云南占全国比重%
粮食/万吨	61793.0	1843.40	3.0
油料/万吨	3732	56.34	1.5
原煤/亿吨	35.24	0.44	1.2
粗钢/万吨	83172.80	1517.50	1.8
钢材/万吨	104958.82	1607.38	1.5
发电量/亿千瓦小时	64951.43	2730.09	4.2
水泥/亿吨	23.37	1.13	4.8
农用化肥（折100%）	6184.25	271.98	4.4
成品糖/万吨	1470.64	227.13	15.4
卷烟/亿支	23448.25	3589.36	15.3

资料来源：《云南统计年鉴2018》。

1.3.3 企业规模小、技术低，缺乏龙头企业

云南除烟草业、矿产业、能源业以外，其他工业规模普遍偏小。在全国的工业企业中，除了烟草企业，云南的企业在全国基本上没有很大的影响力，在高科技的电子信息产业、航空航天产业、新材料产业更是落后。在工业企业中，由于管理者观念落后、认识水平不高等原因，云南有些企

业不注重开发新产品和提高企业知名度，导致企业不仅规模小、技术落后，而且缺乏龙头企业，也缺乏强势品牌。虽然云南有云南白药、盘龙云海、云南铜业等著名企业和著名品牌，但由于科技投入不足，缺乏强大的产学研一体化制度，科技成果转化为生产力水平低下，云南在汽车业、IT业、机械业、农副产品加工业等领域技术落后，基本上没有龙头企业和名牌产品。

从表1-14可见，2017年云南大型企业有96个，只占2.45%，创造的工业总产值是4509.68亿元；小型企业3289个，占了78.57%，创造的工业总产值是4077.51亿元。

表1-14　2017年云南省工业企业主要经济数据

企业类型	企业单位数/个	亏损企业单位数/个	工业总产值/亿元	资产合计/亿元
大型企业	96	15	4509.68	8984.48
中型企业	528	122	2814.15	5110.43
小型企业	3289	626	4077.51	5723.22
微型企业	273	61	158.18	423.33

资料来源：《云南统计年鉴2018》。

1.3.4　基础设施依然相对落后

云南地处边陲地区，山区、半山区占了云南绝大部分面积。山高谷深造成云南基础设施相对落后，尤其是铁路、公路基础设施相对比较滞后，尽管70多年来云南省基础设施状况大为改善，但与经济社会发展对基础设施的要求相比，基础设施建设仍处于相对滞后、发展不平衡的状态。表现为：云南省内各州（市）与沿边地区缺乏相互连接的交通基础设施，省内公路、铁路网络结构大多以昆明为中心形成放射状交通网络；国际运输通道尚未建成，省内大运力铁路尚未建成，公路部分路段尚未实现高速化；云南沿边境地区的交通基础设施落后，公路技术等级低，相邻的缅甸、老挝等国还没有铁路与云南相接。

1.3.5 社会事业相对落后

受经济落后、地处山区、基础设施滞后等原因的制约，云南社会事业总体发展依然相对滞后，从表1-15可见，云南省GDP、城镇化率、对外贸易进出口总额、普通高等学校在校学生数、卫生机构病床数占全国的比重都较低，导致一些贫困山区、少数民族山区出现上学难，看病难，缺少文化生活等问题。社会事业相对落后，不仅直接影响当地人民群众的切身利益，而且直接影响云南省全面小康社会的实现。

表1-15 2017年云南省主要经济指标占全国的比重

主要经济指标	全国	云南	云南占全国的比重%
GDP/亿元	827121.7	16376.34	2.0
对外贸易进出口总额/亿美元	41045.04	233.94	0.6
普通高等学校在校学生数/万人	2753.60	70.6	2.6
卫生机构病床数/万张	794.0	27.48	3.5

资料来源：《云南统计年鉴2018》。

1.3.6 城市化程度低

云南城市化水平低，城镇人口相对较少，市场小而分散，难以支持大规模产业发展。尽管70年来，云南不断推行城镇化，2017年云南省城镇化率已经达到46.69%，但与全国城镇化率58.52%相比，仍存在相当大的差距。城镇化水平落后，表明大量农村剩余劳动力不能很快转化为现实劳动力，不能有效地创造财富，也表明农村收入增加乏力，农村购买力下降反过来又制约了经济的发展。国际经济发展规律已经证明，城市化水平越高，经济发展就越好。所以云南应加快推动城市化进程，加快农村剩余劳动力的转移。

1.4 促进云南未来发展建议

推动云南省经济健康快速发展,就要主动服务和融入国家发展战略,坚持发展第一要务,坚持新发展理念,坚持稳中求进的工作总基调,适应把握引领经济发展新常态。深化供给侧结构性改革,推动新型工业化、信息化、城镇化、农业现代化协调发展,使经济总量不断做大、经济结构不断优化、质量效益不断提高、发展动力不断增强。

1.4.1 做好云南发展规划

云南独特的地理位置,使云南具有不可替代的独特作用,也给云南带来了巨大的战略机遇,所以云南不仅要搞好铁路、公路、机场等基础设施建设,提升与周边国家的交通基础设施互联互通水平,还要做好战略发展规划,把政府的构想、时间表、路线图阐述清楚,主动作为、积极争取、系统有序地提升云南经济的综合竞争力。云南发展规划中近期发展目标是发展基础设施共建和互联共通,提高投资与贸易的便利化;中期发展目标是可以尝试在条件成熟国家和地区朝自由贸易区迈进,打造云南与东盟自贸区升级版;远期发展目标是建成覆盖东南亚、南亚、欧洲、非洲、拉美国家的自由贸易区群,覆盖全球100多个国家。

1.4.2 增强云南的经济实力

云南要以发挥优势、突出重点、互利共赢、共同发展的原则,从政策、资源、信息、人才培训等方面,创新体制机制,完善服务功能,发挥我国政府、企业及智库等非官方组织的作用,在发展建设中形成合力。从能源、资源的开发到产业投资、贸易投资等方面,改善云南产业的发展环境,稳步推进产业升级转型,完善矿产业、旅游业等特色优势产业的发展。可尝试与周边国家开展旅游业的深度合作,共同建立旅游便利化机制,并培育一批以高新技术和高附加值为代表的信息技术、生物医药、新材料、新能源等新兴产业，如周边国家对中国电子产品需求旺盛，云南不仅可以作为电子产品出口地，把江浙的电子产品出口出去，还可以自己发展电子产品的加工组装，增强云南产品的出口规模和竞争力。并完善产业布局，以昆明为大本营辐射到其他州（市），带动云南整体发展。

1.4.3 加大与周边国家合作

云南要依托西南和泛珠三角区域，面向东南亚、南亚市场，大力推进与越南、缅甸、泰国、老挝的经济贸易合作，推进出口加工园区、跨境经济合作区、保税区、沿边开放合作试验区等建设，在瑞丽、河口、磨憨等边境地区，形成3个以周边国家为重点的自由贸易区，以边境贸易的进程带动整个沿边开放，大力促进边境贸易、转口贸易等对外贸易的发展，使云南与周边国家紧密合作。通过产业合作帮助周边国家实现产业发展，促进产业链对接整合，建立跨国产业链，提高区域经济深度融合。

1.4.4 提升云南的对外影响力

通过昆明至河内、曼谷、仰光、加尔各答等"经济走廊"建设，加强云南与东南亚、南亚国家深层次的经济与文化交流，提升"孟中印缅经济走廊"、大湄公河次区域合作的层次，积极参与和推动与东南亚的基础设施建设，拓宽合作的领域，推动投资贸易、产业发展、能源合作、人文交流，把云南资源优势转变为经济优势，区位优势转变为通道优势，开放优势转变为竞争优势，从更高层次、更大范围参与国际分工与合作，提高云南在国际分工的地位，共享地区发展成果。在巩固传统周边市场的基础上，还要不断开拓新的国际市场，推进贸易伙伴的多元化，通过完善优惠政策，吸引世界500强、跨国公司在云南设立研发中心和地区总部。

1.4.5 提升经济发展质量

改造提升化工、有色、黑色等传统产业，加快调整产品结构和重组调整步伐，避免粗放扩张式发展。突出抓好钢铁、煤炭等行业的"去产能"工作，推动发展动力加速转换。促进工业发展从要素驱动向创新驱动倾斜，着力优化投资结构，提升投资效益，支持信息产业、先进装备制造业、食品与消费品制造业等重点产业成长发展，培育壮大优势企业，并且加速企业体制改革。国有企业按利润导向投资，按需求导向经营，推动投资、经营结构调整，以优质国有资产吸引社会资本、民间资金，使国有企业投资"增活力，减产能"，增加有效投资及有效供给。大力发展电子信息产品制造、特色消费品制造等进出口加工业，强化产业集群的优势和竞争力，推动产业链向两端延伸、价值链向高端攀升。

1.5 结论

70年来，云南取得了社会主义建设的巨大成就。新中国成立前，云南长期处于小农自然经济状态，社会经济极其落后。新中国成立后，在党的领导下，云南进行了卓有成效的大规模的社会主义建设，特别是改革开放后，云南经济快速发展，生产力得到极大的提高，人民的物质和文化生活水平发生了翻天覆地的变化。尽管云南有些经济发展指标和全国相比还相对落后，但随着改革开放的深入进行，相信云南的经济会有更大的发展和变化。

参考文献

［1］赵颖新.云南对外贸易发展问题及对策［J］.中共云南省委党校学报，2007（8）.

［2］卢光盛，金珍.云南对外开放的新增长点初步研究［J］.经济问题探索，2010（3）.

［3］任佳，等.桥头堡建设中的云南产业结构调整与发展［M］.昆明：云南人民出版社，2010.

［4］李若青.云南扶持人口较少民族发展政策实践研究［M］.北京：中国社会科学出版社，2013.

［5］丁忠兰.云南民族地区扶贫模式研究［M］.北京：中国农业科学技术出版社，2012.

［6］戴波.云南可持续发展评价实践［M］.北京：科学出版社，2012.

［7］云南省统计局.云南统计年鉴2018［M］.北京：中国统计出版社，2018.

［8］罗群，等.云南省经济史［M］.太原：山西经济出版社，2016.

［9］何耀华.云南通史［M］.北京：中国社会科学出版社，2011.

［10］王川.滇川贸易百年［M］.昆明：云南人民出版社，2013.

第 2 章 云南经济政策与发展

彭禹疆[①] 张小兰[②]

2.1 引言

云南省 70 年来经济发展之所以取得巨大成就，其中一个重要原因是经济政策对云南省经济发展的巨大推动作用。改革开放后，由于云南省独特的区位优势，国家对云南省经济发展与对外开放的政策日益增多，尤其是近些年国家密集出台了一系列与云南直接相关的发展战略和政策，赋予云南重要的使命，例如西部大开发、"一带一路"倡议、精准扶贫开发、长江经济带发展、孟中印缅经济走廊、大湄公河次区域经济合作、"桥头堡"战略、泛珠三角区域合作、兴边富民行动、建设沿边金融综合改革试验区、集中连片扶贫开发、沿边开放开发等。这些政策支持力度大，对云南来说是千载难逢的发展机遇，有利于促进云南省经济社会的发展。

[①] 彭禹疆（1995— ），女，四川宣汉人，经济学学士，现为西南民族大学经济学院产业经济学硕士生。研究方向：产业经济。
[②] 张小兰（1971— ），女，安徽马鞍山人，经济学博士，现为西南民族大学经济学院教授，硕士生导师。研究方向：产业经济。

2.2 云南70年经济政策发展历程

2.2.1 计划经济条件下的云南经济发展政策（1949—1978年）

新中国成立后，云南省广大军民在巩固政权的同时，继续完成新民主主义革命阶段尚未完成的各项政治任务与经济任务，面临更加复杂的环境，再加上云南省地域、民族、历史等多方面的原因，经济发展水平落后并有较大的差异，因此医治战争创伤、恢复国民经济是云南省政府面临的首要任务。在党的正确引领和各族人民的共同努力下，云南省开展了有计划的经济建设，在社会主义现代化道路上迈出了跨越式的一步。在这一时期，云南省采取的主要经济政策有两方面。

一是完成新民主主义革命的经济任务和恢复国民经济。云南省经济政策是：接受官僚资本企业，创建社会主义经济；统一财政，稳定物价；扶持和改造私营工商业；改革土地制度，没收地主土地分给贫下中民。

二是实现了从新民主主义向社会主义经济的过渡。在实现从新民主主义向社会主义经济的过渡中，云南对农业、手工业和资本主义工商业进行了社会主义改造。对农业社会主义改造主要是遵循自愿互利、典型示范和国家帮助的原则，从临时互助组发展到半社会主义性质的初级农业生产合作社，再发展到社会主义性质的农业生产合作社的道路，并采取先内地后边疆，先坝区后山区，先汉族地区后少数民族地区的步骤，分期分批与土地改革交叉进行。对个体手工业的社会主义改造采取了从手工业生产小组、手工业供销合作社到生产合作社的由低级向高级的合作化道路，逐步变个体私有制为集体所有制。对资本主义工商业的社会主义改造，则是通过委托加工、计划订货、统购包销、委托经销代销、公私合营、全行业公私合营等一系列由低级向高级的国家资本主义过渡形式，逐步将其改造为社会主义全民所有制。

这一时期，云南省也开始了工业化的开端：一方面根据全国的部署，云南省从1953年起开始进行有计划的经济建设，编制了全省发展国民经济的第一个五年计划，并于1955年正式批准执行。在实施第一个五年计划过程中，云南省大力支持国家重点建设特别是有色金属工业的建设，同时相应地发展地方工业，使工业部门更加齐全，工业产值增长显著，极大地促进了全省经济的发展。另一方面，1964年中共中央做出的建设三线的重大决策也对云南工业化进程产生了深远的影响。1965年中共云南省委、省政府遵照国务院和中央军委的指示精神，将云南全省划为一、二、三线地区，其中划为三线地区的58个县，新建和扩建了以国防工业为主体的各种三线企事业单位194个。云南三线建设规模之大，项目之多，成就之显著，影响之深远，在云南工业建设史和社会经济发展史上是空前的。不仅为云南民族地区20世纪70—80年代的经济发展奠定了基础，还为90年代经济社会的进一步发展提供了条件。

2.2.2　改革开放下的云南经济政策（1978年至今）

1978年12月18日，党的十一届三中全会胜利召开。全会重新确立了马克思主义的思想路线、政治路线和组织路线，把工作重点转移到了社会主义现代化建设上，揭开了中国改革开放的帷幕。改革开放40年来，云南经济社会发生了翻天覆地的变化，全省综合实力不断增强，各项经济指标显著增长。我们可以把改革开放后的云南经济政策划分为下面几个阶段，在每个阶段，云南省的经济政策重点又有所不同。

2.2.2.1　认真贯彻八字方针的阶段（1979—1984年）

在1979年4月召开的中央工作会议上制定了对国民经济进行"调整、改革、整顿、提高"的八字方针。云南省把工作重点和人民的注意力转移到了社会主义现代化建设上来，从云南的实际出发，转变经济工作中的指导思想，调整国民经济的重大比例关系，在中共中央的统一部署下，开始探索符合省情的社会主义现代化建设新道路。

1978年底云南省政府在几个重点企业探索企业改革的路子，在此基础上进行了扩大自主权试点，进行企业改革试点，开展企业整顿。到1980年底，全省企业扩权试点，工业达到195个，商业达到200个。按照责、权、利相结合的原则，层层建立各种形式的经济责任制。1983年在全省大中型企业中推行上缴包干或递增包干，一定几年不变的方法，试行工资总额同经济效益挂钩的办法，另根据中央的有关规定，逐步推行党委领导下的厂长责任制。1983年7月实行第一步税利改革。

2.2.2.2 进行经济体制改革的阶段（1984—1992年）

1984年10月中共中央十二届三中全会通过的《关于经济体制改革的决定》是我国全面进行经济体制改革的纲领性文件。云南省在文件精神的指引下，农村经济改革在巩固的基础上进一步深入，以城市为重点的整个经济体制改革从1985年起全面展开。所做的工作主要有：将农村经济逐步纳入有计划的商品经济轨道；进一步扩大企业的生产经营自主权；改革流通体制，培育社会主义市场经济体系；综合经济部门管理体制改革。

2.2.2.3 所有制结构调整的阶段（1992—2000年）

中国经济经过10多年的市场取向改革以后，1992年10月，中国共产党在第十四次全国代表大会上，最终确立了建立社会主义市场经济体制的目标。

在进行经济体制改革的过程中，云南在调整所有制结构和产业结构，探索多种形式发展经济的路子方面，也做了大量艰苦卓绝的工作，尤其是调整产业结构，建设规模化的轻工业原料基地，集中力量培植烟、糖、茶支柱产业，通过轻工业积累资金，改善基础设施，发展教育科技的成就最大。乡镇企业、个体、私营企业、三资企业、合营企业也得到很大程度的发展。但是总体上看，作为工业原料重要输出基地的云南，由于受国家计划经济的影响和控制特别严重，1949年以来，走的一直是一条优先发展重工业的道路，农轻重及基本建设投资长期以来过度向重工业倾斜。在重工业当中，又以原材料工业和采掘工业为主，重工业产品多以原料的形式指令性调往沿海加工业地区，从而制约了云南加工业的发展。由于重工业是资本密集型产业，占用资金数额巨大，吸纳劳动力却很少，有限的资金被重工业占用，其余还要重点用于改善已成社会经济发展瓶颈的基础设施、教育科技等方面，导致农业、轻工业、乡镇企业的投资严重不足，发展十分缓慢，不能发挥其快速积累资金和大量吸纳劳动力的功能。加上乡镇分离的二元经济结构和社会结构，致使农村剩余劳动力难以大量转移出来，云南从事第二、第三产业人口的比重远远低于全国平均水平，与西方国家更是不可相比。

2.2.2.4　西部大开发下的阶段（2000—2009年）

云南省于2000年开始实施西部大开发战略，使云南各族人民看到了发展的希望，增强了全面建设小康社会的信心和决心。时间证明，党中央、国务院关于实施西部大开发的战略是正确的，确定的重点任务和采取的政策措施是符合云南实际的。深入实施西部大开发战略，既是扩大国内有效需求、保持全国经济社会平稳较快发展的客观需要，也是维护民族团结、边疆稳固、国家安全的必然要求。中央将把深入实施西部大开发战略作为具有全局意义的重大方针，进一步完善扶持政策，进一步加大投入，进一步体现项目倾斜，以更大的决心、更强的力度、更有效的举措推动西部地区经济社会又好又快的发展，为我国开拓新的广阔空间。

云南省牢牢把握中央深入实施西部大开发战略的历史性机遇，主动思考、超前谋划，在争取国家支持和帮助的基础上，着力推动经济发展方式转变，积极调整经济结构，解决好基础设施建设瓶颈制约，不断创新体制机制，不断提高全省各民族人民的物质文化生活水平，不断开创经济社会发展的新局面。

2.2.2.5　新时期发展阶段（2009年至今）

2009年7月28日，胡锦涛同志在云南考察工作时发表重要讲话，提出"使云南成为我国面向西南开放的重要桥头堡"。2011年5月6日，国务院批准并正式出台了《国务院关于支持云南省加快建设面向西南开放重要桥头堡的意见》，"桥头堡"建设正式上升为国家战略。"桥头堡"建设是新形势下中央统筹国内外两个大局，着眼于提升沿边开放质量和水平、构建我国对外开放新格局和推动云南省经济社会又好又快发展所做出的重大战略决策，为云南实现跨越式发展提供了重大的历史机遇。"桥头堡"建设全面启动以来，省委、省政府高度重视、全面部署，以实施国家"桥头堡"战略为引领，推动全省科学发展、和谐发展、跨越发展。"桥头堡"建设各项工作进展顺利、成效显著、亮点纷呈，呈现出投入力度加大、增长速度加快、质量效益提高、发展后劲增强的良好态势，"桥头堡"建设成效正在不断显现。近年来，云南推行的大湄公河次区域"经济走廊"、"孟中印缅经济走廊"建设和"桥头堡"战略，为云南省经济发展打下良好的政策基础，云南省一些产业发展项目和重大基础设施项目相继开工，与周边国家综合交通网络建设不断推进，南博会、昆交会、边交会影响越来越大，交通、能源、环境、人力资源等要素不断优化，这都为云南吸引外商投资和外企进入创造了有利的条件。

2013年，习近平总书记提出"一带一路"倡议。"一带一路"建设逐渐从规划走向实践，从愿景转化为现实，进展和成果超出预期，中国同80多个国家和国际组织签署了合作协议，基础设施互联互通取得一系列早期收获，亚投行、丝路基金等投融资平台全面运转，政策沟通不断深化，合作机制不断完善，各领域合作广泛开展。云南省与越南、老挝、缅甸三国接壤，是连接东南亚和南亚的桥梁，云南北上可以连接丝绸之路经济带，南上可以连接海上丝绸之路，是中国唯一一个可以同时从陆上沟通东南亚、南亚的省份，并通过中东连接欧洲、非洲。云南与东南亚交往历史悠久、文化相近，加上其独特的地理位置，使云南省在"一带一路"建设中具有举足轻重的地位，通过"一带一路"建设，云南省在我国与东南亚、南亚合作中的作用日益明显，已成为我国西向开放的前沿和"一带一路"建设的重要门户，"一带一路"建设给云南省带来了重大的战略机遇，使云南的区位优势更加凸显。今后，云南的地缘优势、环境优势、开放优势将会更加明显，云南将步入经济发展的"快车道"，成为我国经济发展的新增长极。

2013年11月，习近平总书记到湖南湘西考察时首次做出了"实事求是、因地制宜、分类指导、精准扶贫"的重要指示。2014年1月，中办详细规制了精准扶贫工作模式的顶层设计，推动了精准扶贫思想的落地。2015年1月，习近平总书记新年第一个调研地点选择了云南，强调"要坚决打好扶贫开发攻坚战，加快民族地区经济社会发展"。5个月后，习近平总书记来到与云南毗邻的贵州省，强调要科学谋划好"十三五"时期扶贫开发工作，确保贫困人口到2020年如期脱贫，并提出扶贫开发"贵在精准，重在精准，成败之举在于精准"。2015年10月16日，习近平总书记在 2015 减贫与发展高层论坛上强调，"中国扶贫攻坚工作实施精准扶贫方略，增加扶贫投入，出台优惠政策措施，坚持中国制度优势，注重六个精准，坚持分类施策，因人因地施策，因贫困原因施策，因贫困类型施策，通过扶持生产和就业发展一批，通过易地搬迁安置一批，通过生态保护脱贫一批，通过教育扶贫脱贫一批，通过低保政策兜底一批，广泛动员全社会力量参与扶贫"。脱贫攻坚战打响以来，云南省聚集合力向"脱贫摘帽"发起总攻，奋力冲刺，攻克贫困堡垒，经过几年的共同奋斗，云南省扶贫开发取得重大成效，坚定了全省打赢打好脱贫攻坚摘帽战的必胜信心和决心。2018 年云南省精准脱贫工作深入推进，加大政策倾斜力度，扶贫支出增长 16.8%。省级财政专项扶贫资金增加到 52.2 亿元。2019 年计划内 15 万贫困人口搬迁安置房开工率为 79.3%，新增 34.5 万贫困人口搬迁正在积极开展前期工作。聚焦深度贫困地区，推进财政涉农资金省级源头整合，整合规模达 368.9 亿元。全省 3 万个农民专业合作社、2500 个家庭农场带动贫困户发展产业脱贫，培养贫困村党员致富带头人 2.88 万人。大力推进现代职业教育扶贫工程，累计完成投资 64.17 亿元。下达资助资金 58 亿元，资助建档立卡贫困学生 460 万人次。全省新增建档立卡贫困劳动力转移就业 119.25 万人次[①]。

2.3 云南经济政策的发展成就

云南省经过 70 年的发展，生产总值从 1949 年的 8.93 亿元增长到 2017 年的 16376.34 亿元。并且完成了由过去的"一、二、三"型产业到现在的"三、二、一"型产业的结构转变，由传统农业发展成了现代化机械农业，工业发展成就显著，第三产业成了重要的支柱产业。

---

① 新浪网.云南省 2018 年精准脱贫见成效 扶贫支出增长 16.8%［DB/OL］.［2018-07-25］. http://k.sina.com.cn/article_1406911561_53dbc4490200093c4.html.

2.3.1 农业经济政策与发展成就

2.3.1.1 农牧业较大发展

1949年农、林、牧、渔业总产值为8.3亿元,1979年增长到44.71亿元,1999年增长到642.48亿元,2017年增长到3872.93亿元,总的来看增长速度较快,在这70年间云南高原特色山地牧业实现了较大发展。其原因除了和云南省的地理环境有关,云南相关的一系列经济政策也起到了重要作用。例如2017年我国出台《关于稳步推进农村集体产权制度改革的意见》(中发〔2016〕37号),中共云南省委、云南省人民政府同年也印发了《关于稳步推进农村集体产权制度改革的实施意见》(云发〔2017〕21号),为云南农村集体产权改革奠定了政策基础。除此之外,云南相关农牧业政策很多,仅以2008年为例,云南省出台了《云南省2008年对种粮农民补贴实施办法》、《云南省财政厅云南省农业厅关于印发2008年云南省对种粮农民农资综合直补实施办法的通知》(云财建〔2008〕53号)、《关于印发2008年天然橡胶良种苗木补贴项目实施方案的通知》、《〈中央财政农作物良种补贴资金管理办法〉的通知》(云财农〔2008〕26号)等一系列政策。从表2-1可见,通过这些政策,云南特色农牧业发展较快,农牧民的积极性较高。

表2-1 云南省农业生产总值 单位:亿元

年份	总产值	农业	林业	牧业	渔业
1949	8.30	7.13	—	1.17	
1954	13.09	10.69	0.03	2.37	—
1959	13.25	10.97	0.50	1.73	0.05
1964	22.52	17.63	0.67	4.17	0.05
1969	24.64	19.26	0.76	4.57	0.05
1974	32.91	24.91	1.45	6.48	0.07
1979	44.71	33.15	3.17	8.30	0.09
1984	77.36	55.31	5.97	15.81	0.27
1989	152.68	96.08	12.97	41.70	1.93
1994	356.78	228.99	30.41	92.13	5.25
1999	642.48	394.96	45.60	188.82	13.10
2004	965.22	516.92	86.40	305.42	19.14

续表

年份	总产值	农业	林业	牧业	渔业
2009	1706.19	850.65	196.13	557.76	41.96
2014	3261.30	1805.06	303.25	974.98	78.35
2017	3872.93	1982.52	381.53	1289.45	87.70

资料来源：《云南统计年鉴2018》。

2.3.1.2 机械化程度不断提高

云南省各地方农村也积极推进农机农业现代化、机械化发展，实现地方农业发展进程与规模的有机转变。近年来，云南出台了《云南省财政直接补贴农民资金"一折通"发放管理暂行管理办法》（云财农〔2009〕349号）、《农业部办公厅关于2008年农业机械购置补贴项目申报准备工作的紧急通知》（农办财〔2008〕26号）、《云南省2008年度农业机械购置补贴实施方案》等政策，对各种农用拖拉机、耕作机械、收获机械、种植机械、茶叶机械、植保机械、渔业机械等进行补贴，大大促进了云南省的农业发展。

从表2-2可见，1978年农业机械总动力为243万千瓦，大中型拖拉机机引农具2.23万部，小型拖拉机机引农具1.87万部，农用水泵1.71万台，联合收割机215台，机动脱粒机4.19万台。到2017年，农业机械总动力为3535万千瓦，是1978年的14.5倍；大中型拖拉机机引农具6.76万部，是1978年的3倍；小型拖拉机机引农具35.65万部，是1978年的19.1倍；农用水泵34.14万台，是1978年的20倍；联合收割机8275台，是1978年的38.5倍；机动脱粒机45.42万台，是1978年的10.8倍。以上数据表明云南农业发生了从传统农业向现代化、专业化农业的转变，机械化解放了劳动力，而且使粮食产量大大提高。

表2-2 云南省主要年份机械拥有量

年份	农业机械总动力/万千瓦	大中型拖拉机机引农具/万部	小型拖拉机机引农具/万部	农用水泵/万台	联合收割机/台	机动脱粒机/万台
1978	243	2.23	1.87	1.71	215	4.19
1982	335	1.86	2.88	2.19	170	4.84
1987	513	1.06	3.53	3.45	42	3.17

续表

年份	农业机械总动力/万千瓦	大中型拖拉机机引农具/万部	小型拖拉机机引农具/万部	农用水泵/万台	联合收割机/台	机动脱粒机/万台
1992	754	0.86	6.40	5.01	125	4.59
1997	1104	0.34	7.47	5.89	171	9.70
2002	1460	1.03	16.46	9.49	483	11.58
2007	1862	1.51	20.23	14.73	2168	17.67
2012	2874	4.54	32.08	27.58	5075	33.92
2017	3535	6.76	35.65	34.14	8275	45.42

资料来源：《云南统计年鉴2018》。

2.3.1.3 粮食产量不断增加

国家对耕地非常重视，出台了《省级政府耕地保护责任目标考核办法》（国办发〔2018〕2号），云南也出台了对粮食补贴的各种政策，如《关于建立粮食生产功能区和重要农产品生产保护区的实施意见》（云政发〔2017〕85号）、《云南省2008年对种粮农民补贴实施办法》、《云南省财政厅、云南省农业厅关于印发2008年云南省对种粮农民农资综合直补实施办法的通知》（云财建〔2008〕53号）等政策，从而促使云南省的粮食产量占全国的比重一直相对稳定，从表2-3可见，粮食产量从1949年的393万吨增加到2017年1843.40万吨，增加了4.69倍。

表2-3 云南省主要年份粮食产量　　　　　　　　　　单位：万吨

年份	全国粮食产量	云南省粮食产量	云南省占全国比重/%
1949	11318.0	393.00	3.5
1954	16951.5	510.84	3.0
1959	16968.0	507.15	3.0
1964	18750.0	606.71	3.2
1969	21097.0	650.52	3.1
1974	27527.0	680.35	2.5
1979	33211.5	792.90	2.4
1984	40730.5	1005.00	2.5
1989	40754.9	998.41	2.4

续表

年份	全国粮食产量	云南省粮食产量	云南省占全国比重/%
1994	44510.1	1146.47	2.6
1999	50838.6	1399.25	2.8
2004	46946.9	1509.50	3.2
2009	—	1576.92	—
2014	—	1940.82	—
2017	—	1843.40	—

资料来源：《云南统计年鉴2018》。

2.3.1.4 林业保护与发展并重

云南省森林物种资源丰富，气候类型多种多样，林木生长率较高，全省林业面积2607.11万公顷，森林面积2273.56万公顷，均居全国第2位；森林覆盖率59.30%，居全国第5位；活立木蓄积量19.13亿立方米；珍稀物种资源占全国的52.8%。这些有利的自然资源条件为林业发展提供了基础。21世纪以来，云南省林业产业发展的基础更加牢固，产业的规模档次和效益都得到了很大的提升。

为规范国有森林资源资产有偿使用管理，充分发挥森林资源的生态、社会和经济等多种效益，实现国有森林资源资产保值增值，我国出台了《中共中央、国务院关于印发〈国有林场改革方案〉和〈国有林区改革指导意见〉的通知》（中发〔2015〕6号）、《国务院关于全民所有自然资源资产有偿使用制度改革的指导意见》（国发〔2016〕82号），云南省也出台了《中共云南省委、云南省人民政府关于印发〈云南省国有林场改革实施方案〉的通知》（云发〔2016〕13号），云南省林业和草原局起草了《云南省国有林场森林资源资产有偿使用管理办法（征求意见稿）》，农业部出台了（农办垦发〔2008〕2号）《关于印发2008年天然橡胶良种苗木补贴项目实施方案的通知》和西双版纳州农业局（西农字〔2008〕29号）《关于2008年天然橡胶树良种苗木补贴项目实施细则》等法律法规和相关政策。至2012年，全省累计投入中央和省级林业建设专项资金356亿元，年度投入从2002年的14.7亿元增长到2012年的54.7亿元，年均增长14%，其中仅省级林业产业发展专项资金就增长了近60倍；国家扶持的林业贴息贷款额度连续3年突破了10亿元；林权抵押贷款业务迅猛发展，贷款余额突破了114.6亿元，在全国连续3年排名第1位。发展林业产业省级龙头企业321户，从业人数8万人，带动农户逾300万户。2016年，编制完成了500亿元级核桃产业发展规划、全省森林旅游发展规划，建设木本油料基地117万亩、提质增效示范基地125万亩，新增国家级林下经济示范基地5个、林业产业省级龙头企业108户。

2.3.2 工业经济政策与发展成就

2.3.2.1 推动重点产业发展

为了促进云南特色优势产业发展，云南出台了《中共云南省委云南省人民政府关于着力推进重点产业发展的若干意见》（云发〔2016〕11号）、《云南省重点产业落地发展考核办法》、《云南省研发经费投入补助实施办法（试行）》一系列政策措施，引导重点产业合理布局，促进重点产业特色化、差异化、集约化发展。高水平规划建设重点产业园区，明确园区主导产业，引导企业入园发展，加强园区公共基础设施和服务平台建设，完善产业链、物流链，提高重点产业发展的配套、协作和集约化水平。推进优质资源向优势企业集中，着力在重点产业领域培育一批有规模、有效益、创新能力强、带动作用大的企业集团。支持有条件的企业跨区域、跨所有制，围绕产业链上下游重组。支持企业结合境内外资源，开展国际产能合作。鼓励企业充分利用新一代信息技术等手段，实现内部管理升级，创新营销模式，提高效益水平。大力发展智能制造和智慧流通，提高产品的成品率、优质品率和精准营销匹配率。

2.3.2.2 推动科技发展

1985年以来，云南省委、省政府先后颁布了《云南省科研院所改革的若干暂行规定》《云南省人民政府贯彻国务院关于深化科技体制改革若干问题的决定的规定》《云南省人民政府关于放活科技人员的若干政策规定》《云南省关于促进科技成果转化为现实生产力的若干暂行规定》《关于进一步推动科技人员和党政机关工作人员到经济建设第一线的意见》等一系列科技体制改革的政策措施。1995年云南省委、省政府在全省科技大会上做出了《中共云南省委云南省人民政府关于贯彻落实〈中共中央国务院关于加速科学技术进步的决定〉的实施意见》，提出了实施科教兴滇战略的指导思想、基本原则和目标，战略重点和八大科技工程，深化科技体制改革、加强科技队伍建设、坚持第一把手抓第一生产力等政策措施；1998年云南省委、省政府做出了《关于加快发展高新技术产业的决定》，明确了云南省发展高新技术产业的总体思路、指导原则、发展目标和重点领域及相关的政策措施；1999年云南省委、省政府在《关于加快高层次人才培养引进的决定》中，提出要加快培养一批跨世纪的学术、技术带头人和一批高层次企业经营管理人才，并明确了目标和具体政策措施；2000年全省科技创新大会上，云南省委、省政府做出了《中共云南省委云南省人民政府关于贯彻落实〈中共中央国务院关于加强技术创新，发展高科技，实现产业化的决定〉的实施意见》，提出以企业技术创新为主体，以创新创业人才开发为基础，以科技成果转化为重点，以产品创新为突破口，坚持有所为有所不为相结合、技术引进与自主创新相结合的科技工作方针；2005年，全省科技大会召开，云南省委、云南省人民政府印发《关于大力加强自主创新促进经济社会全面发展的决定》；2008年，云南省委、云南省人民政府印发《关于实施建设创新型云南行动计划的决定》，提出把提高自主创新能力作为调整经济结构、转变发展方式的核心，全面提升产业竞争力，加快创新型云南建设，实现经济社会又好又快发展的科技工作方针。《云南省科学技术奖励实施细则》已于2015年9月30日召开的云南省科技厅厅长办公会议通过，自2015年12月16日起施行，适用于云南省科学技术杰出贡献奖、云南省自然科学奖、云南省技术发明奖、云南省科学技术进步奖、云南省科学技术合作奖的推荐、评审、授奖等各项活动。为引导外资更多地投向高技术、高附加值服务业，促进云南省企业技术创新和技术服务能力的提升，增强服务业的综合竞争力，根据财政部、国家税务总局、商务部、科技部、国家发展改革委《关于将技术先进型服务企业所得税政策推广至全国实施的通知》（财税〔2017〕79号）的要求，2018年9月19日制定了《云南省技术先进型服务企业认定管理办法》。

2.3.2.3 推动发展新动能

2005年云南省委、云南省人民政府印发《关于大力加强自主创新促进经济社会全面发展的决定》；2008年云南省委、云南省人民政府印发《关于实施建设创新型云南行动计划的决定》，提出把提高自主创新能力作为调整经济结构、转变发展方式的核心，全面提升产业竞争力，加快创新型云南建设，实现经济社会又好又快发展的科技工作方针。落实了《云南省研发经费投入补助实施办法（试行）》，促进企业科技创新，云南的科技创新工作迎来了新的发展机遇。云南省通过加快发展八大重点产业，全力打造世界一流"三张牌"，推动数字经济快速萌芽，落地一批工业和农业精深加工大项目，新动能不断增强。云南工业以采矿业、制造业和电力、热力、燃气及水的生产和供应业三大门类为主，2017年规模以上工业企业数为4186个，原煤产量4392.91万吨，钢材1607.38万吨，十种有色金属372.73万吨。规模以上工业累计完成增加值2313.61亿元，增长8.8%，比全国高2.1个百分点，增速居全国第6位。非烟工业高位放缓，电力、非金属制品、化工、有色、黑色等传统行业总体稳定，分别增长22.1%、17.4%、7.6%、6.7%、5.0%，汽车制造、医药制造、电子信息制造等新兴产业快速增长，分别增长40.3%、20.9%、136.2%。云南省通过制定细化实施方案，加强工业项目招商，抓好重点产业培育，推进供给侧结构性改革，狠抓重点项目建设，不断优化发展环境。

2.3.3 对外经济贸易政策与发展成就

在国家进一步深化对外开放的大环境下，云南在1992年7月正式提出了"以大西南为依托，以昆明为中心，3个边境开放城市为前沿，以东南亚、南亚为重点，面向全世界开放"的对外发展战略，对外开放从政策领域上升到机制建设层面，首次形成了云南省自己的对外开放战略体系：以周边国家为对象、兼顾世界其他地区的开放思路；以昆明为轴心、沿边开放城市为前沿的空间布局；贸易、投资共同发展的开放理念。在国家与地方政策的激励下，云南省对外贸易额增速明显加快。其中，东南亚地区所占比重继续上升。1992年，云南与缅甸、老挝、越南3国的边境贸易已占到全省总量的43.2%。2000年，为了减小日益扩大的东西部经济差距，促进国民经济的整体协调发展，中国政府开始实施"西部大开发"战略。在该战略的推动下，针对外来投资的限制得到了极大的放宽，除了少数法律不允许的领域，外商在云南的投资范围将不受限制。2000年6月出台的《中共云南省委、云南省人民政府关于进一步改善投资环境，扩大开放，全面实施西部大开发战略的若干意见》，2006年3月出台的《云南省外来投资促进条例》，不仅鼓励外商在云南投资，还鼓励其利用云南省的地缘优势积极参与中国－东盟自由贸易区、GMS合作等国际经贸活动。云南省又相继出台了《云南省人民政府关于加快推进通关便利化的若干意见》《云南省商务厅关于促进外经贸发展暂行办法》等政策，以上政策对吸引外资起到了极大的促进作用，2001年云南外商直接投资仅有0.64亿美元，2010年上升为13.29亿美元，年均增长率达到35.4%。1991—2001年，云南贸易依存度平均值为8.65%，出口对GDP拉动平均值为0.32%，而在2002—2010年则分别达到了10.87%和1.22%。云南外向型经济发展得到进一步加强。

长期以来，云南的对外开放主要局限于面向东南亚地区的"向南"开放。为了使自身的区位优势得到进一步发挥，面向南亚国家的"向西"开放逐渐被提上了日程。2007年，云南省提出了建设第三欧亚大陆桥、开辟新的西向贸易通道的战略构想。2011年3月，"把云南建设成为我国向西南开放的桥头堡"进入了"十二五"规划。云南省制定的《云南省加快建设面向西南开放重要桥头堡总体规划（2012—2020年）》，为云南省的对外开放营造了良好的内外环境。"桥头堡"战略的提出与实施实现了云南对外开放的全面升级。国家发布的"一带一路"愿景与行动中，明确指出要"发挥云南区位优势，推进与周边国家的国际运输通道建设，打造大湄公河次区域经济合作新高地，建设成为面向南亚、东南亚的辐射中心"。这使云南成为中国推进"一带一路"建设的重要省份，在"一带一路"建设中具有重要地位。随着"桥头堡"战略、"孟中印缅经济走廊"倡议以及"一带一路"倡议的提出，云南在中国对外开放格局中的地位不断上升。

2.3.4 人口与就业经济政策与发展成就

近年来为了提高生育率,根据《中共中央国务院关于调整生育政策的意见》(中发〔2013〕15号)和《全国人民代表大会常务委员会关于调整完善生育政策的决议》精神,2014年云南省出台《云南省单独两孩政策的实施方案》《云南省人民代表大会常务委员会关于调整完善生育政策的决议》《云南省人口和计划生育委员会关于贯彻执行单独两孩政策的指导意见》等政策,刺激云南省人口出生率的提高。并且根据《中共中央、国务院关于进一步加强农村卫生工作的决定》(中发〔2002〕13号),《国务院办公厅转发卫生部等部门关于建立新型农村合作医疗制度意见的通知》(国办发〔2003〕3号),云南出台《云南省新型农村合作医疗管理办法》的通知(云卫发〔2003〕287号),云南省政府《关于全面建立和实施农村最低生活保障制度的通知》(云政发〔2007〕77号)等社会医疗保障和生活保障措施,云南死亡率呈阶段性的下降趋势,从表2-4和图2-1可以看出,1982年死亡率为9.88‰,2017年死亡率为6.68‰,近40年来下降了3.2‰。

表2-4 云南省人口状况

年份	年均人口数/万人	出生率/‰	死亡率/‰	自然增长率/‰
1978	3058.00	28.37	6.93	21.4
1982	3252.90	23.80	9.88	13.9
1987	3507.00	23.97	8.40	15.6
1992	3806.90	21.00	8.00	13.0
1997	4067.80	20.82	7.91	12.9
2002	4310.25	17.90	7.30	10.6
2007	4498.50	13.08	6.22	6.9
2012	4645.00	12.63	6.41	6.2
2017	4785.50	13.53	6.68	6.9

资料来源:《云南省统计年鉴2018》。

注:本表从1983年起的数字系抽样调查结果数,其余年份数字均为人口年报数。

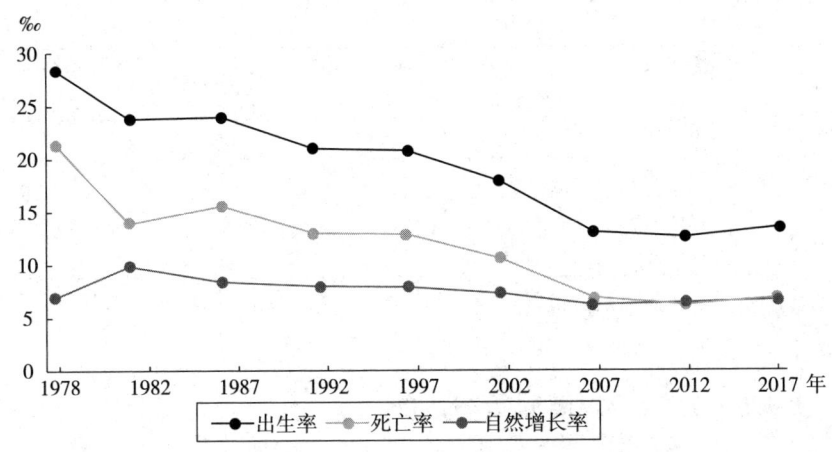

图 2-1　云南省人口出生率、死亡率和自然增长率变化情况

为了促进就业，云南省出台《云南省人民政府关于做好当前和今后一个时期促进就业工作的实施意见》（云政发〔2018〕75号）、《中共云南省委云南省人民政府打赢精准脱贫攻坚战三年行动的实施意见》（云发〔2018〕20号）、《中共云南省委办公厅云南省人民政府办公厅关于进一步做好易地扶贫搬迁工作的指导意见》（云厅字〔2018〕38号）等政策文件，根据表2-5可见，云南省2012—2017年全省就业人数不断上升，2012年全省就业人员是2881.90万人，2017年全省就业人员为2992.65万人，增长率为3.7%。并且这6年来的城镇登记失业率呈下降趋势，从2012年的4.03%下降到2017年的3.2%。而且第一、第二、第三产业的就业占比也发生了明显的变化，2012年分别为56.8%、13.5%、29.7%，2017年分别为50.8%、13.4%、35.8%，从事第一产业的人员下降了6个百分点，从事第二产业的人员基本保持不变，从事第三产业的人员增加了6个百分点。说明云南省近6年的工业发展保持稳定，第三产业发展迅速，结构调整效果明显。

表 2-5　云南省人口社会就业情况

年份	全省就业人员/万人	第一产业占比/%	第二产业占比/%	第三产业占比/%	城镇登记失业率/%
2012	2881.90	56.8	13.5	29.7	4.03
2013	2912.36	55.5	13.2	31.3	3.98

续表

年份	全省就业人员/万人	第一产业占比/%	第二产业占比/%	第三产业占比/%	城镇登记失业率/%
2014	2962.25	53.7	13.2	33.1	3.98
2015	2942.50	53.6	13.0	33.4	3.96
2016	2998.89	53.0	13.3	33.8	3.60
2017	2992.65	50.8	13.4	35.8	3.20

资料来源：《云南统计年鉴2018》。

2.3.5 旅游业发展政策与成就

由于云南独特的地理位置，旅游资源十分丰富，随着云南省的产业结构转型，加上其本身经济的发展，交通的便利，使近年来云南的旅游业发展速度前所未有。从表2-6可见，2012年旅游总收入为1702.54亿元，占云南省GDP的比重为16.5%，2017年旅游总收入为6922.23亿元，是2012年的4.1倍，占云南省GDP的比重为42.3%。旅游总收入的增长率不断增长，占云南省GDP的比重越来越大，而且国内旅游收入占比和国内游客占比都呈现逐年上升的趋势，旅游业已经成为云南省重要的支柱产业之一，其影响和地位日益突出，为云南省的整体经济注入了新的活力。但旅游业发展中存在无序的现象，为了推动旅游业发展，云南出台了《云南省加快推进旅游产业转型升级重点任务》等政策，促进了云南旅游的健康发展。

表2-6 云南省旅游发展情况

年份	旅游总收入/亿元	占GDP比重/%	旅游总收入增长率/%	国内旅游收入占比/%	游客总人数/万人次	国内游客占比/%
2012	1702.54	16.5	—	92.8	20088.12	97.7
2013	2111.24	17.8	24.0	92.9	24505.85	97.8
2014	2665.74	20.8	26.3	94.4	28647.55	98.1
2015	3281.79	24.1	23.1	94.6	32914.03	98.3
2016	4726.25	32.1	44.0	96.0	43119.71	98.6
2017	6922.23	42.3	46.5	96.5	57339.81	98.8

资料来源：《云南省统计年鉴2018》。

2.3.6 环境保护政策与成就

2007年，党的十七大提出建设生态文明的目标，标志着我国生态文明建设进入了新的发展阶段。以此为导向，云南省开展了一系列工作。云南各级政府开始统一生态文明的建设理念，逐步确立了"生态立省，环境优先"的发展战略。根据《国务院关于化解产能严重过剩矛盾的指导意见》（国发〔2013〕41号）、《国务院办公厅关于促进建材工业稳增长调结构增效益的指导意见》（国办发〔2016〕34号）及《工业和信息化部关于印发部分产能严重过剩行业产能置换实施办法的通知》（工信部产业〔2015〕127号）、《工业和信息化部国家发改委关于印发水泥行业部分项目处理意见的通知》（工信部联原〔2016〕118号）等文件，2012年云南省发布《云南省生物多样性保护西双版纳约定》，2013年出台《云南省湿地保护条例》《中共云南省委云南省人民政府关于争当全国生态文明建设排头兵的决定》，2014年云南发改委、云南环境科学研究院联合编制《云南省生态文明先行示范区建设实施方案》，2015年出台《中共云南省委云南省人民政府关于努力成为生态文明建设排头兵的实施意见》，2016年出台《各级党委、政府及有关部门环境保护工作的责任规定（试行）》，对各级政府和部门的责任进行明确和细化，2018年6月29日出台《云南省人民政府关于发布云南省生态保护红线的通知》。云南启动并实施了"七彩云南保护行动"，开展了环境法治、环境治理、环境阳光、生态保护、绿色创建、绿色传播、节能降耗七大生态文明建设行动，并率先实施生物多样性保护十大工程。实施了"滇西北生物多样性保护行动"，颁布了"七彩云南生态文明建设规划纲要（2009—2020）"。在大气污染防治方面，出台《云南省大气污染防治行动实施方案》及《云南省蓝天保卫专项行动计划（2017—2020年）》。在水污染防治方面，印发实施《云南省水污染防治工作方案》及《云南省碧水青山专项行动计划（2017—2020年）》《重点流域水污染防治规划（2011—2015）》。在土壤污染防治方面，印发实施《云南省土壤污染防治工作方案》及《云南省净土安居专项行动计划（2017—2020年）》等一系列政策，使云南生态文明制度建设走在了全国的前列，起到了引领和示范的作用。云南的生态环境不断改善，云南区域环境质量好或较好的比例高出全国平均水平。2017年云南省城市空气质量持续保持优良，16个州（市）政府所在地城市平均优良天数比例是98.2%，居全国第一。

2.4 云南经济政策发展中面临的挑战

新中国成立70年来，云南经济社会发展成就固然辉煌，但未来的任务仍然艰巨。党的十九大报告指出，我国社会主要矛盾已经转化为人民日益增长的美好生活需要和不平衡不充分的发展之间的矛盾。云南发展不平衡不充分、发展质量不高的问题较为突出。

2.4.1 区域发展不平衡

新中国成立后，在国家和云南的各项经济政策的引领下，云南各地都取得了较大发展，但与此同时，云南区域经济发展极化现象明显，地区发展的协调性不高。从表2-7可见，2017年，昆明GDP达到4857.64亿元，占全省的29.38%，是全省的核心。排名第二、三、四位的曲靖、红河、玉溪GDP分别达到1941.12亿元、1478.57亿元、1415.14亿元，分别占全省的11.74%、8.94%、8.56%，3个州（市）占比合计29.25%，基本接近昆明的经济总量。其余12个州（市）GDP总量仅占全省的41.37%，特别是迪庆和怒江GDP仅分别为198.65亿元、141.5亿元，占比仅分别为1.2%、0.86%。从人均GDP来看，全省人均GDP为34221元，昆明人均GDP为71906元，玉溪人均GDP为59510元，这两个地区远高于平均水平。曲靖和红河的人均GDP处于全省平均水平，但是怒江的人均GDP只有25940元，低于全省平均水平，且仅为昆明的1/3左右。这体现了云南省区域发展不平衡，有待进一步的协调。

表 2-7 2017 年云南省生产总值分布情况

州（市）	生产总值/亿元	占全省比重/%	人均 GDP/元
全省	16376.34	100	34221
昆明	4857.64	29.38	71906
曲靖	1941.12	11.74	31806
红河	1478.57	8.94	31479
玉溪	1415.14	8.56	59510
怒江	141.50	0.86	25940

资料来源：《云南统计年鉴 2018》。

注：1. 由于省、州（市）分级核算，各州（市）数相加不等于全省数。

2. 全省 2017 年数据为年报数，各州（市）、县（区）为快报数。

2.4.2 发展不充分

云南人均指标距离全国平均水平仍有较大差距。从人均 GDP 指标看，2016 年底，云南人均 GDP 仅为 31265 元，仅相当于全国的 60% 左右，排名全国第 30 位。从人均收入指标看，2017 年底，云南居民人均可支配收入为 18348 元，仅相当于全国的 70.64%。其中，城镇常住居民人均可支配收入 30996 元，仅相当于全国的 85.16%，农村常住居民人均可支配收入 9862 元，仅相当于全国的 73.42%[1]。并且城乡居民收入差距较大，从城镇常住居民人均可支配收入与农村常住居民人均可支配收入之比来看，2017 年底，全国平均水平为 2.71，而云南则高达 3.14。

2020 年是全面脱贫、全面小康的决胜年，云南贫困地区经济发展滞后、基础设施薄弱、贫困发生率高的困境亟待解决。2016 年底，教育工作有待进一步加强，云南高中阶段教育毛入学率达 82.6%，低于全国平均水平 4.9 个百分点；学前教育在园幼儿比例、九年义务教育巩固率等指标也落后于全国。卫生工作有待进一步提高，云南每万人拥有床位数、每万人拥有卫生技术人员等指标落后于全国平均水平。养老工作有待进一步改善，云南每万人养老服务床位数和社会服务床位数等指标落后于全国平均水平。

---

[1] 云南省统计局. 云南统计年鉴 2018 [M]. 北京：中国统计出版社，2018.

2.4.3 产业结构有待进一步优化

云南省的小城镇和农村地区，产业结构较为单一。小城镇的产业结构类型大都是简单的商业和服务业，很少有现代工业；乡镇企业不发达，且发展缓慢。尤其是广大农村产业结构单一且较为保守封闭，基本以自给自足的种植业和畜牧业为主，工业、商业的发展水平都很低，这种自然经济的发展方式是不符合市场经济需要的，无法实现资源的有效配置和资源利用的最大化。

云南的大中城市产业结构重在发展重工业。由于受到国家政策导向作用，民族地区的城市发展重视重工业和军事工业的发展。加工工业也相对落后，大部分设备都是外输入型，且这种加工工业又具有远辐射的特点，也就是说设备技术来自云南外的输入，然后利用云南丰富的资源进行加工生产，产品不是为了满足当地居民的需求，而是要满足该地区或者东部地区居民的需要而制造加工。这样的远辐射工业类型的发展不能从根本上解决当地工业发展的需要，无法促进云南的工业化发展。

并且云南人口的密集程度不高，不能有效快速地形成便于第三产业发展的商业网点。民族地区由于特殊的居住地点，导致人们居住过于分散，加上地域环境复杂、交通的闭塞，无法促进当地工业化的发展。

2.4.4 总体发展质量不高

云南省总体消费水平不高，消费对经济拉动不足。截至 2017 年，从社会消费品零售总额的人均指标来看，云南低于全国平均水平；从社会消费品零售总额占 GDP 的比重来看，云南的占比为 38.85%，全国为 44.28%，低于全国 5.43 个百分点。投资依赖较为明显，长期可持续性不强。从固定资产投资占 GDP 比重来看，云南固定资产投资超过 GDP，比重达到 111.76%，全国平均水平则仅为 76.37%。对外贸易总量不大，经济外向度不高。从外贸依存度指标看，云南省外贸进出口额达 1578.7 亿元，相当于 GDP 的 9.55%，而全国平均水平为 33.6%，不足全国的 1/3。云南省创新能力也有待进一步提升，经济发展在要素端过度依赖资源，全要素生产力有待进一步提高，自主创新能力不足，每万人获专利授权数、R&D投入占GDP比重等创新指标远低于全国平均水平，也低于四川、重庆、贵州、广西等周边省（区、市）。

2.4.5 容易陷入"发展陷阱"

云南资源丰富，在历史上是人类社会的发祥地之一。新中国成立后，对云南进行了不少的资金和人才支持。但云南的发展，一方面表现出内生增长动力不足，或者说容易陷入"发展陷阱"的态势；另一方面，却呈现出低水平的发展多样性。云南之所以容易陷入"发展陷阱"，其重要原因在于在云南特殊的地理及生态环境条件下存在高昂的自然的学习交往成本和大量存在的小区域环境。远离经济发展中心区，对外学习交往成本高，成为外部先进制度、技术快速扩散的天然障碍，导致先进制度、技术的扩散效应锐减，末端效应显著，造成经济发展总体低下和创新水平总体落后。

2.5 云南经济政策的发展展望

云南必须在习近平新时代中国特色社会主义思想和党的十九大精神指引下，坚定信心，抓住机遇，乘势而上，奋力开创新时代云南跨越式发展新局面，开启全面建设社会主义现代化新征程，谱写好中国梦的云南篇章。

2.5.1 决胜全面建成小康社会，确保实现第一个百年奋斗目标的经济政策

坚持以脱贫攻坚统揽经济社会发展全局，坚持精准扶贫精准脱贫基本方略，紧扣"两不愁、三保障"，完善脱贫攻坚体制机制和大扶贫格局，集中力量攻克深度贫困堡垒，激发贫困地区干部群众内生动力，打好深度贫困地区脱贫"十大攻坚战"，确保新时代第一场硬仗取得胜利。到2020

年，农村贫困人口如期脱贫，贫困县全部摘帽，区域性整体贫困得到解决，全面建成群众认可、经得起历史检验的小康社会，实现第一个百年奋斗目标，乘势而上向第二个百年奋斗目标阔步前进。

2.5.2 推动高质量跨越式发展，加快建设现代化经济体系的经济政策

深入推进供给侧结构性改革。坚持质量第一、效益优先，以供给侧结构性改革为主线，推动经济发展质量变革、效率变革、动力变革。以实体经济为着力点，提高供给体系质量。精准扩大有效投资，强化产业项目和重大基础设施建设，推进"三去一降一补"，创新金融服务，推动资金"脱虚向实"。推动科教兴国战略、创新驱动发展战略、可持续发展战略等。加快科技成果转移转化，鼓励企业参与科技成果转移转化，提升产品科技含量。

建设具有云南特色的现代化经济体系。牢牢把握新一轮科技革命和产业变革带来的重大机遇，改造提升传统产业，培育壮大重点支柱产业，发展战略性新兴产业和现代服务业，建设实体经济、科技创新、现代金融、人力资源协同发展的产业体系。把创新作为引领跨越式发展的第一动力，加快创新型云南建设。优化提升传统产业，推动"互联网+"、大数据与制造业深度融合。加快发展新经济，实施大数据发展战略和"互联网+""云上云"行动计划，加快服务业提质升级，发展八大重点产业。增强金融服务实体经济能力，完善金融监管体系，守住不发生区域性系统性金融风险的底线。

2.5.3 扩大开放，搭建外向型发展平台的经济政策

扩大对外开放合作。主动服务和融入"一带一路"及长江经济带建设，完善开放型经济体制，用好"两个市场""两种资源"，当好我国与周边国家发展战略对接的桥梁纽带，打造对外开放新高地。增强与南亚、东南亚国家"五通"的同时，更加注重云南与欧洲、北美、日韩和非洲市场的合作。要用好现有对外开放合作平台，推动重点开发开放试验区、边境经济合作区、跨境经济合作区、境外经贸合作区、综合保税区建设取得新

成效。高位统筹沿边金融综合改革试验区建设取得新进展，不断扩大人民币跨境业务试点，推进人民币周边化步伐。要协调对外开放布局，大力支持昆明建设成为区域性国际中心城市，重点加快沿边地区开发开放。发展更高层次的开放型经济，探索建立沿边自由贸易港，深度推进国际产能合作。

深化对内全面合作。应深度推进对内全面开放合作，主动对接和融入长江经济带、泛珠三角区域经济合作区、粤港澳大湾区发展，加强与全国重点区域及周边省份合作，进一步增强统筹整合国内区域的能力，为建设面向南亚、东南亚辐射中心提供支撑。要加强生物医药与大健康、新材料、文化旅游、能源、高原特色现代农业、现代服务业、科技教育等领域的合作，扩大合作发展空间，推动云南与东中部区域产业优势互补、分工协作，提升产品国际市场竞争力。要打造国际化的营商环境，实现以云南为中心的人流、物流、资金流、信息流的汇聚和辐射，逐步将云南打造成为我国企业"走出去"的理想之地。

2.5.4 统筹城乡融合发展，推进农业农村现代化和新型城镇化的经济政策

大力实施乡村振兴战略。建立健全城乡融合发展体制机制和政策体系，促进城乡区域协调发展。实施乡村振兴战略，坚持农业农村优先发展，按照产业兴旺、生态宜居、乡风文明、治理有效、生活富裕的总要求，推动农业全面升级、农村全面进步、农民全面发展。深化农业供给侧结构性改革，大力发展高原特色现代农业，促进农村第一、二、三产业融合发展。

深入实施新型城镇化战略。以人的城镇化为核心，优化城镇化布局与形态，提高城市群质量，加强特色小镇建设，形成以滇中城市群为核心，以中心城市、次中心城市、县城和特色小镇为依托，大中小城市和小城镇协调发展的城镇格局。推动形成以昆明中心城区和滇中新区为核心，以滇中城市经济圈、沿边开放经济带以及参与"孟中印缅经济走廊"和"中国—中南半岛经济走廊"建设为重点，以澜沧江开发开放和金沙江对内开放合作经济带为重要组成部分，以六个城镇群为主体形态，构建"一核一

圈两廊三带六群"的经济社会发展空间格局。

2.5.5 转变经济发展方式的经济政策

（1）通过嵌入式发展，解决产业结构单一问题。经过多年来的发展，云南通过外在的资金、技术、人才、产业组织体制机制的嵌入，再加上发展过程中的过程性创新，逐步形成以能源（包括水电、火电、煤炭等）、金属采选冶炼和烟草种植加工业为主的、较为单一的产业结构。而云南之所以会形成单一性的产业结构，其关键原因在于需求是外生性初级产品，发展是因为外生需求而嵌入的，并且还要满足嵌入式发展的条件。就矿产资源开发而言，一方面，因嵌入发展所带动的内生性需求较弱而难以产生较强的需求效应；另一方面，因矿产资源开发而对当地产生的嵌入具有明显的局域性，形成了两地区发展演变模型中的第二种情形中的极化发展效应，一边是因工业化的嵌入而产生的繁荣兴衰，一边是"我岿然不动"而处于低水平的自我演进状态。

（2）提升创新能力，解决经济发展中的路径依赖。创新包括组织、技术、制度、文化，乃至人的思想观念的发展变化，即转变到适应和促进市场经济发展的轨道上来。从总体上看，云南的资源型经济发展模式是以外部需求为动力，通过外部产业植入的方式来促进云南资源型经济发展。然而，云南地处边陲，远离市场、信息不灵，小区域环境复杂多变，对外学习交往成本大，加之资源型产业的局域性嵌入及其本身在技术进步方面的局限性，使得资源型产业嵌入及其所产生的拉动效应，对带动云南整体层面的技术创新能力的提升是有限的。如果再考虑长期以来小区域环境下由于创新动力不足所发展起来的非创新性文化或者说习惯所产生的路径依赖的影响，云南创新能力不足的问题就能得到进一步合理的解释。

（3）不断解放思想，加大外部植入解放思想。除加大培训和对外考察交流外，最根本的还是要通过外部植入新的产业、新的组织、新的制度、新的生产方式等，从经济生活的根本层面夯实转变思想观念的环境、条件基础。那种对外交流考察多，但落实到实际行动中不多的现象值得注意。如果这种做法长期化、惯例化以后，那么对外考察交流作为对外学习的一种重要方式，将被"旅游化"所替代，使解放思想的成本支出内化为个人的旅游观光收益。

（4）加快内部发展，更好地推进对外开放。当前，中国－东盟自由贸易区的建成和发展，国家建设面向西南开放重要"桥头堡"战略的实施，已经从国际经贸关系和内部政策环境等方面为云南对外开放创造了良好的条件，云南的对外开放已经进入到实质性的推进阶段。对外开放和云南自身的内部发展是一个互动的过程。虽然对外开放有利于促进云南自身的发展，但只有更好地加快内部发展才能推进对外开放。

2.6 结论

云南地处西南边疆，自然环境与人文环境复杂，由各地区各民族错综交织而成的经济发展不平衡，共同构成云南融贯古今的重要省情。长期以来由于特殊的地理环境及复杂的历史原因，云南地区的经济发展与沿海和内地相比，处于相对落后、封闭的状况。世代生活在这片土地上的人民，包括众多的少数民族，在大杂居小聚居的状况下，因各自生产力水平的不同而形成经济形态相异的若干区域条块，导致整个社会经济结构存在各种地区、部门、城乡间多层次的发展差异。但是，丰富的自然资源和铜、锡等矿藏给云南的经济发展带来了有利条件，而且云南位于沟通内地与缅甸、老挝等东南亚国家的交通要道，对外贸易能力不容小觑。加上党和国家领导人对民族地区的重视，对云南提供了大力的政策支持，帮助少数民族地区脱贫致富。云南省未来的经济发展政策要立足各民族实际情况，立足高原等地理特征，努力突破自然地理的约束，千方百计挖掘云南多样性的优势，探索符合云南特点的发展路径。

参考文献

[1] 云南省统计局.云南统计年鉴2018［M］.北京：中国统计出版社，2018.

[2] 罗群，等.云南省经济史［M］.太原：山西经济出版社，2016.

[3] 中共云南省委宣传部.中国梦云南篇章.［M］.昆明：云南美术出版社，2013.

[4] 云南省政府信息公开网站［DB/OL］.［2019-05-09］.http://www.yn.gov.cn/.

[5] 马力.关于外向型经济发展的云南主导产业选择实证研究［D］.云南财经大学，2012.

[6] 刘佳.云南省产业结构与对外贸易结构关系研究［D］.昆明：云南财经大学，2012.

[7] 李福保.对外直接投资促进云南产业结构优化研究［D］.昆明：云南财经大学，2012.

[8] 吴萍，喻东，王智勇.GMS合作进程中云南产业结构调整的SWOT分析及战略选择研究［J］.商业研究，2005（24）：128-131.

[9] 李继云，孙良涛.云南产业结构与经济增长关系的实证分析［J］.工业技术经济，2005（8）：90-91.

第3章 云南基础设施与发展

彭禹疆[①] 张小兰[②]

3.1 引言

云南地理环境独特，基础设施比较落后，尤其是新中国成立之前，与外界的交流联系甚少，新中国成立后，在党中央和国务院的大力支持下，云南经济得到了迅速发展，基础设施建设也发生了翻天覆地的变化。改革开放后，云南基础设施快速发展，南昆铁路、广大铁路、大丽铁路、昆玉河铁路等线路相继建成，特别是党的十八大以来，随着沪昆高铁、云桂铁路、昆楚大铁路等的开通运营，云南迎来了高铁时代，300千米的高铁时速，让"天涯"化"咫尺"的万众心愿变成现实。

通过云南省多举措完善交通基础设施建设，2017年全省公路运输完成客运量3.86亿人，旅客周转量308.27亿人千米，与2016年分别同比下降6.4%和3.66%；完成货运量12.41亿吨，货物周转量1360.37亿吨千米，分别比2016年同期增长13.31%和15.97%。公路累计综合周转量为1391.2亿吨千米，同比增长15.45%。2017年全省水路运输完成客运量1299万人，旅客周转量28753万人千米，分别比2016年增长3.51%和6.35%；完

---

① 彭禹疆（1995— ），女，四川宣汉人，经济学学士，现为西南民族大学经济学院产业经济学硕士研究生。研究方向：产业经济。

② 张小兰（1971— ），女，安徽马鞍山人，经济学博士，现为西南民族大学经济学院教授，硕士生导师。研究方向：产业经济。

成货运量 666.5 万吨，货物周转量 16.21 亿吨千米，比 2016 年同期分别增长 3.17% 和 6.66%。水路累计综合周转量为 17.17 亿吨千米，同比增长 6.64%[①]。云南省在国家的大力支持下，积极推进重大水利工程建设，新中国成立 70 年来发展成效显著，为云南省经济社会发展及脱贫攻坚提供基础保障。2017 年全省供河道外用水的 11 座大型水库、235 座中型水库以及小型水库和坝塘的年末蓄水总量为 89.08 亿立方米，比 2016 年增加 1.6%，完成年度蓄水任务的 111%，为 2011 年以来蓄水最多的一年。[②]

2017 年全省交通系统完成固定资产投资 1603.7 亿元，比 2016 年同期完成的 1271.59 亿元增长了 26.12%，完成投资任务目标 1300 亿元的 123.36%。公路建设完成 1592.95 亿元，比 2016 年同期完成的 1262.26 亿元增长了 26.2%。其中，高速公路完成 1185.04 亿元，完成任务目标 1000 亿元的 118.5%，比 2016 年同期完成的 813.8 亿元增长 45.62%。路网改造完成 196.22 亿元，完成任务目标 170 亿元的 115.42%，比 2016 年同期完成的 234.78 亿元减少 16.42%。农村公路完成 202.34 亿元，完成任务目标 120 亿元的 168.62%，比 2016 年同期完成的 203.13 亿元减少 0.39%。汽车客货运站完成投资 9.35 亿元，完成任务目标 9 亿元的 103.89%，比 2016 年同期完成的 10.56 亿元减少 11.46%。水运投资完成 10.24 亿元，完成任务目标 8 亿元的 128%，比 2016 年同期完成的 8.4 亿元增长 21.9%。其他投资完成 5105 万元，比 2016 年同期完成的 9230 万元减少 44.69%。[③]

3.2 云南 70 年基础设施发展历程

3.2.1 云南基础设施初步发展阶段（1949—1978 年）

在这一阶段，云南省的交通基础设施还相对落后，由于其自然与地理

---

① 云南省统计局.云南统计年鉴 2018 [M].北京：中国统计出版社，2018.
② 云南省水利厅.2017 年云南省水资源公报 [DB/OL]. [2018-12-29]. http：//www.wcb.yn.gov.cn/arti?id=66713.
③ 云南省交通运输厅.云南省 2017 年 1—12 月交通固定资产投资完成情况 [DB/OL]. [2018-01-15]. http：//www.ynjtt.gov.cn/.

环境的约束，道路交通的发展成本相较于其他平原地区高得多，所以云南省的发展速度较慢，尤其是铁路方面。尽管如此，在这一阶段，云南的基础设施还是取得了较大的发展，1949年铁路营业里程为656千米，公路里程2783千米，内河航道1803千米，民用汽车拥有量0.25万辆。到1978年铁路营业里程为1705千米，是1949年的2.6倍，公路里程41816千米，是1949年的15倍，内河航道1264千米，民用汽车拥有量4.79万辆。旅客周转量从1950年的111（百万人千米）增加到1978年的2482（百万人千米），货物周转量从75（百万吨千米）增加到6434（百万吨千米）。

3.2.2　云南基础设施起步发展阶段（1979—1990年）

改革开放为云南省的发展带来了推动力，道路和能源都得到大力发展，这10年间铁路营业里程保持稳定，公路运输发展迅速，随之而来的汽车拥有量也大幅度增加。能源生产总量从1979年的933.90万吨标准煤增长为1990年的1594.50万吨标准煤，增长了660.6万吨，增长率为70.7%；1979年铁路营业里程为1731千米，公路里程44149千米，内河航道1006千米，民用汽车拥有量5.45万辆，并且从1982年开始，私人汽车拥有量为0.3万辆。1990年铁路营业里程为1695千米，公路里程为56536千米，内河航道1130千米，民用汽车拥有量15.07万辆，私人汽车拥有量2.35万辆。旅客周转量从1979年的3000（百万人千米）增加到1990年的8767（百万人千米），货物周转量从6924（百万吨千米）增加到26283（百万吨千米）。[①]

3.2.3　云南基础设施快速发展阶段（1991—2000年）

高速公路开始投资建设，汽车拥有量的增长速度很快。能源总量从1991年的1649.02万吨标准煤增长为2000年的2471.77万吨标准煤，增长了822.75万吨，增长率为49.9%。1991年，铁路营业里程为1684千米，公路里程为58123千米，内河航道1130千米，民用汽车拥有量16.75万辆，私人汽车拥有量2.95万辆。2000年，铁路营业里程为2015千米，公

---

① 数据来源：《云南统计年鉴》。

路里程为 163604 千米，内河航道 1580 千米，民用汽车拥有量 60.02 万辆，私人汽车拥有量 26.53 万辆。这期间公路和铁路建设都得到大力发展，尤其是公路，从 1997 年开始加大了对高速公路的投资建设。旅客周转量从 1991 年的 9586（百万人千米）增加到 2000 年的 23794（百万人千米），货物周转量从 23312（百万吨千米）增加到 47952（百万吨千米）。

3.2.4 云南基础设施大发展阶段（2001—2010 年）

21 世纪后，在西部大开发战略的支持下，基础设施投入力度不断加大，特别是 2006—2009 年，云南省对基础设施的投资占地方生产总值的平均比重达到了 22%，尤其是在道路交通方面，一大批公路铁路纷纷建成。2000 年 10 月 29 日，玉元高速公路建成通车，它是云南省内地通往滇南并向东南亚延伸的运输大动脉，被沿线的彝族、傣族、哈尼族、汉族等民众称为"希望路""致富路"。2002 年 10 月大保高速公路全线贯通，云南第一条出省的高速公路——曲胜高速公路正式通车。2008 年以来连续 3 年完成投资超过 100 亿元，新改建农村公路里程创新高。截至 2010 年底，全省 13960 个建制村有 13681 个村通公路，5 年新增 6740 个村通公路，通达率为 98%。

3.2.5 云南基础设施智慧发展阶段（2011 年至今）

云南省进入了智慧高速发展阶段，在"桥头堡"战略、"一带一路"倡议和精准扶贫战略等政策措施下，云南省的基础设施实现了全面跨越式发展，铁路运营里程翻倍，与缅甸、老挝、越南连接的公路升级。扩建了昆明国际机场，航运方面通过澜沧江、红河进入太平洋，通过缅甸建立路水联用通道进入印度洋。得益于通道建设，云南成为南亚、东南亚与中国贸易陆路的必经通道，推动了云南商贸服务业的发展，并且极大地带动了旅游业的发展。云南以水电及电网建设为基础，以中缅油气输送管道和安宁 1000 万吨石油炼化项目为基础，再加上周边国家丰富的初级产品储量，云南通过利用能源资源供应充足的优势，经济向下游产业链延伸进入快速发展时期，云南省能源化工产业也获得了较大发展。

截至 2013 年底，全省高速公路通车里程突破 3200 千米。锁蒙、昆武、大丽等5条高速公路建成通车；南北大通道、龙瑞等在建高速公路加快推进；镇毕、晋江、晋澄等8条高速公路开工建设；全省在建铁路里程1403.7千米。昆明长水机场配套工程、泸沽湖机场、沧源机场加快建设，澜沧机场、红河蒙自机场前期工作加快推进。全年机场建设完成投资19.3亿元，增长2.74倍。能源建设成效显著。溪洛渡、向家坝、糯扎渡等10个三江干流水电站相继投产发电，全年新增投产装机1286万千瓦，累计装机达6328万千瓦；龙海、宁州输变电工程和龙开口电站送出工程投产，全省新增110千伏以上输电线路3509千米，变电容量2024万千伏安，农村户表改造率达94%。中缅天然气管道建成通气，牛栏江—滇池补水工程建成通水。新开工建设重点骨干水源工程45件，库塘蓄水77.1亿立方米，创历史最好水平。

2016年，全省交通运输、仓储和邮政业增加值为328.12亿元，比上年增长5.5%。全年货物运输总量12.19亿吨，比上年增长6.7%。货物运输周转量1569.20亿吨千米，增长7.1%。全省旅客运输总量4.76亿人，比上年减少2.2%。旅客运输周转量585.55亿人千米，下降2.3%。2016年末，全省民用汽车保有量达到553.75万辆（包括三轮汽车和低速货车1.70万辆），比上年末增长14.0%，其中私人汽车保有量499.71万辆，增长15.8%。民用轿车保有量245.11万辆，增长12.8%，其中私人轿车229.17万辆，增长13.9%。[①]

3.3　云南基础设施发展成就

3.3.1　公路建设成就

3.3.1.1　公路通车里程不断增加

经济要发展，交通必先行。全省交通运输系统以"四个全面"战略布局和五大发展理念为引领，立足云南"跨越式发展"主旋律，围绕"示范

[①] 云南省人民政府官网.交通运输［DB/OL］.［2018-05-29］.http://www.yn.gov.cn/yn_tzyn/yn_tzhj/201805/t20180529_32706.html.

区、排头兵、辐射中心"新定位和"富民强滇、同步全面小康"总目标，着力提升交通基础设施供给能力，着力提升交通运输服务品质，着力提升安全生产水平，着力构建内畅外通、能力充分、服务均等、便利可靠、安全绿色的交通运输体系，让交通运输发展成果更多更好地惠及全省各族群众。从表3-1可见，1980年云南省公路通车里程为44149千米，截至2017年底云南高速公路主骨架基本形成，全省公路通车里程24.25万千米，是1980年的5.5倍。其中高速公路5022千米、一级公路1354千米、二级公路11941千米、农村公路19.58万千米，内河通航里程4294千米。2017年全省129个县有125个通二级及以上公路；14077个建制村全部通硬化路，通硬化路率达100%。云南交通运输服务持续转型升级，城乡群众由"出行难""乘车难"向"走得了""走得好""走得舒适"转变。2017年云南省公路运输完成客运量3.86亿人次，旅客周转量308.27亿人千米，与上年同比分别下降6.4%和3.66%；完成货运量12.41亿吨，货物周转量1360.37亿吨千米，分别比上年同期增长13.31%和15.97%。公路累计综合周转量为1391.2亿吨千米，同比增长15.45%。

2017年全省一共开通了12条高速公路，分别是瑞陇高速、沾会高速、武易高速、小磨高速、曲靖东过境高速、晋红高速、泸弥高速、蒙文砚高速、临沧机场高速公路、新嵩昆高速、宣曲高速、大瓦仓至昌隆铺高速公路，以及2条一级公路，即昭通至大山包一级公路和楚雄至南华一级公路。

表3-1 主要年份公路运输线路长度 单位：千米

年份	公路通车里程	等级公路	等外公路
1980	44149		
1985	49541	—	—
1990	56536	48244	8292
1995	68236	60777	7459
2000	109636	102626	7010
2005	167678	111961	55717
2010	209230	158119	51111

续表

年份	公路通车里程	等级公路	等外公路
2012	219052	171960	47092
2015	236007	197071	38936
2017	242546	208526	34020

资料来源：《云南统计年鉴2018》。

3.3.1.2 城市交通突飞猛进

改革开放以来，尤其是21世纪以来，云南省城市客运运输能力稳步提高，客运总量、车辆装备稳步增长，服务网络不断扩大，群众出行不便的问题得到有效缓解。截至2017年底，运输总量平稳增长，云南省城市公交运输量达16.74亿人次，城市出租汽车客运量达8.37亿人次；车辆装备不断改善，云南省城市公交运营车辆为15744辆，新能源清洁能源车5811辆，占车辆总数的36.91%；服务网络不断扩大，云南省公共汽电车运营线路网总长度46258千米，公交专用道里程达93.4千米。公交基础设施逐步改善。2017年，云南省共建公交调度指挥中心21个，拥有停保场面积1228929平方米，公交进场率达90%。同时公共交通线网密度、站点覆盖率不断提高，公共交通的服务效率明显提升。截至2017年底，云南省129个县市区中有126个县开通了出租汽车，云南省共有出租汽车经营业户2541户，其中车辆301辆以上的企业有9户，101~300辆的企业有73户，50~100辆的企业有100户，50辆以下的企业有97户，个体经营业户有2262户；全省运营车辆29562辆，全年客运量83683万人次；全年运营里程217654.8万千米，载客里程146988.3万千米。[①]

3.3.1.3 投资不断增加

2018年，云南省县域高速公路"能通全通"工程、怒江美丽公路等一批标志性工程快速推进，全省公路总里程达25.3万千米，其中高速公路里程达5198千米、国省干道1.3万千米、农村公路20.6万千米。云南省统筹推进综合交通运输改革发展，圆满完成了各项目标任务，2018年云南

---

① 云南省交通运输厅. 云南改革开放40年云南道路运输跨越发展［DB/OL］.［2018-12-12］. http://www.ynjtt.com/Item/228701.aspx.

省综合交通建设投资完成2196.13亿元，同比增长16.75%。完成年度任务目标1600亿元的106.74%。公路建设完成1698.31亿元，比去年同期增长16.17%。其中，高速公路完成1384.45亿元，比去年同期增长27.22%，完成任务目标1400亿元的98.89%。路网改造完成146.82亿元，比去年同期减少21.17%，完成任务目标110亿元的133.47%。国省道改造完成88.98亿元，地方路网完成40.58亿元；其他（危桥改造、安保工程、红色旅游、灾毁恢复重建等）完成17.24亿元。农村公路完成158.81亿元，比去年同期减少11.22%，完成任务目标80亿元的198.51%。其中，农村公路路网改善完成17.35亿元，直过民族完成53.96亿，其他农村公路完成87.5亿元。汽车客货运站完成投资8.23亿元，比去年同期减少3.63%。其中，农村客运站完成1800万元，比去年同期增长152.41%。

3.3.1.4　逐渐成长为国际交通枢纽

近年来，随着"一带一路""两廊一圈"和"孟中印缅经济走廊"等倡议的不断推进，云南同周边国家在交通运输领域的互联互通越来越密切，国际道路运输作用日渐凸显，逐步成为我国与南亚、东南亚国家人员往来和跨境贸易的主要运输方式之一。

1994年中越双方签署汽车运输协定以来，两国交通运输部门不断加强沟通和交流，推进"一带一路"和"两廊一圈"的对接，在交通运输领域取得了很多合作成效，通道建设日趋完善。2018年9月19日，中国昆明—越南海防国际道路客运线路试运行接车仪式在昆明举行，标志着两地国际道路客运线路正式开通。云南省共开通国际道路客货运输线路28条（其中，中老19条，中越9条）。2017年，云南与周边国家完成国际道路旅客运输量252.60万人次，周转量1.86亿人千米，分别同比增长1.56%和3.33%；货物运输量733.63万吨，周转量6.42亿吨千米，分别同比增长17.14%和76.37%。[①]滇越之间开放的公路口岸共有5个。2018年底，中国昆明—越南海防实现全程高速，两国交通运输部批准开通了9条中国云南到越南的国际道路客货运输线路，覆盖了滇越边境线上的主要城市，为两国

---

① 云南日报网.云南交通40年让梦变得触手可及[DB/OL].[2018-12-10].https：//www.yndaily.com/.

人员往来和跨境贸易创造了便利条件，有力地推动了双方区域经济的发展。

3.3.2 铁路建设成就

3.3.2.1 铁路网络逐渐完善

新中国成立以来尤其是改革开放以来，云南铁路网络快速发展，一个覆盖全省、连接周边、通向海外的铁路线网已基本形成。随着泛亚铁路修建计划的提出、沪昆高铁计划的实施、面向南亚、东南亚"大通道"建设的执行、"桥头堡"建设的施行和沿边全面开放格局的逐步形成，特别是"一带一路"倡议的实施，云南铁路迎来了前所未有的发展机遇。2010年，全长164千米的大（理）丽（江）铁路线通车，填补了滇西北地区铁路网的空白，极大地促进了滇西北地区经济社会的发展。2011年1月，昆（明）楚（雄）城际列车开通，环滇池一小时经济圈指日可待。2013年2月23日12时25分，从昆明出发的和谐号旅客列车经过玉（溪）蒙（自）铁路缓缓驶入蒙自北站，自此玉蒙铁路正式通车运营。2014年开通蒙河铁路。2015年玉溪至磨憨铁路先期开工段、大理至临沧铁路、弥勒至蒙自铁路开工建设。2016年11月，沪昆高铁开通，昆明到上海最快只需10小时的车程，云南与沿线各地密切往来，促进了云南经济发展，云南铁路迎来高铁时代。2017年开通昆明铁路枢纽扩能改造工程昆阳支线、桃花村物流中心、温泉至桃花村联络线。

3.3.2.2 铁路投资增长

2013—2017年，云南铁路完成建设投资1253亿元，沪昆高铁、云桂铁路等近800千米高铁同时开通运营，全面融入国家"四纵四横"高速铁路网。2017年云南省铁路建设共完成投资207.3亿元，保持加快推进态势。2018年云南省列入中长期规划的铁路项目有18个，建设规模3496千米，总投资3243亿元。规划建设规模按省份位列全国第二。通过实施以上规划项目，云南省铁路网总规模将达到约9000千米，实现全省16个州（市）全覆盖。

"十三五"期间，云南铁路建设从构建大通道、服务大战略的角度出发，完善枢纽和节点，着力打造面向南亚、东南亚的国际交通枢纽，建设项目和投资一直保持高位运行。2017年云南共有玉磨铁路、大瑞铁路、广大铁路扩能改造工程等13个铁路项目全面推进。其中,辐射南亚、东南亚和国内的铁路货运枢纽昆明东站三级六场投入使用,云南铁路枢纽解编能力得到大幅释放;连接云南两大客运站的昆明南站至昆明站联络线开通,使部分动车在昆明站始发;大瑞铁路"咽喉"工程澜沧江特大桥钢管拱顺利实现合龙,控制性工程高黎贡山隧道首次采用TBM硬岩掘进机施工;成昆铁路扩能改造工程的永广铁路龙川江大桥成功转体合龙,墩中转体高度、单体重量创造了新的世界纪录。据相关数据分析,铁路建设每投资1亿元,可带动GDP1.79亿元,其中40%直接通过材料费、人工费、人员消费等方式留在当地[①]。铁路建设还为机械制造、冶金建筑、电力通信、信息技术等关联产业加快发展注入新的动能,拉动重点产业技术创新和提质增效。到2017年底,云南省国内游客接待量突破5.6亿人次,尤其开通高铁的昆明市、文山州同比分别实现33.44%、54%的高位增长,从表3-2可见,2017年云南铁路营业里程达3681.7千米,铁路机车拥有量达到561台。

表3-2　2012—2017年铁路营业里程和机车拥有量

指标	2012年	2013年	2014年	2015年	2016年	2017年
营业里程/千米	2350.10	2351.10	2646.60	2660.08	3374.78	3681.68
铁路机车拥有量/台	417	453	504	533	562	561

资料来源:《云南统计年鉴2018》。

3.3.2.3　强化客运设备服务保障

在加快铁路建设的同时,铁路部门也在设施服务上加强保障,以满足日益增长的旅客出行需求。在沪昆高速上行线西侧约7千米处建设有昆明动车组运用所,占地约为717亩,有存车线50道,其中含洗车线3道,临修线2道,最大可满足90列标准动车组检修需求。

在昆明南站,除了落实基本服务,针对旅客日益多样化、个性化的

---

① 中国网新闻中心. 改革开放40年:云南铁路奔跑进入新时代[DB/OL].[2018-11-23]. http://news.china.com.cn/2018-11/23/content_74202222.htm.

出行需求，候车室岗台还大力推广应急改签、民族语翻译、重点旅客接送等特色服务，不断改善旅客出行体验。借助"昆铁+"多媒体综合服务平台，为旅客提供动车点餐购物、商务候车通道预定、共享汽车租赁、列车正晚点和代售点分布查询等服务，满足旅客在云南旅游"吃、住、行、游、购、娱"全方位需求。昆明南站还在加快推进"智慧高铁"建设，其中包括客流检测系统、站端热成像入侵报警系统、站内一键报警系统、人脸识别检票闸机、站内手机智能导航、人工客服在线问询等多个项目，2018年底，包括人脸识别检票闸机、站内手机智能导航等一期工程部分项目已投入使用。昆明南站累计发送旅客1873.7万人，到达旅客1862.5万人。

3.3.2.4 国际铁路通道建设稳步推进

昆明是云南铁路网的枢纽中心，截至2018年，已建成通车的铁路主要有成昆、贵昆、南昆、内昆、昆玉、昆河、沪昆、云桂等。云南在建的6个项目为永广铁路、玉磨铁路、大瑞铁路、大临铁路、丽香铁路、弥蒙铁路。在此基础上，云南省围绕"八出省、五出境"铁路网规划，全力构建省内铁路交通网络，加快推进中老、中缅、中越国际通道建设。中老铁路国内段玉磨铁路累计完成投资285.8亿元，占总投资的56.5%，现已贯通隧道31座，全线预计2021年底开通运营，届时昆明至景洪仅需3小时左右，至老挝万象有望夕发朝至。中缅国际通道方面，除已开通运营的昆楚大铁路外，大临铁路累计完成投资88.6亿元，占总投资的58.9%，全线计划2021年6月建成通车，届时昆明至临沧仅需3小时左右。中越国际通道方面，弥蒙铁路北起弥勒站，南至蒙自站，建设全长107千米，沿线设8个车站，总投资136.2亿元。2018年5月30日，时速250千米双线的弥蒙铁路正式开工建设。弥蒙铁路建成后，将和已经通车运行的玉蒙铁路、蒙河铁路一起成为泛亚铁路东线的重要组成部分，共同构成我国西南地区出境至东盟国家的铁路大通道，成为连接滇中城市经济圈与个旧、开远、蒙自、弥勒等城市的重要交通运输线。弥蒙铁路建成通车后，将成为滇中、滇东南两大城市群间的便捷旅客运输通道，对增强云南铁路辐射南亚东南亚能力、加快沿线城镇化进程具有重要意义。①

3.3.3 水利建设成就

水利建设作为公共基础设施是国民经济和社会发展的一部分，水利投资对国民经济发展和增加国内生产有十分重要的作用，水利投资能够为其他行业的发展提供基本的生产条件。云南省地处我国西南边陲，是一个水资源总量丰富但又相对缺水的特殊省份，水资源总量仅次于西藏和四川居全国第3位。同时云南还是一个山区省份，山地占63.5%、高原占30.5%、盆地占6%，全省绝大多数城镇、工业区、主要农业区都聚集在6%的盆地（坝区）上，而70%以上的水资源却分布在边远山区，工程性缺水问题十分突出，水利建设滞后在一定程度上成为制约云南省经济社会发展的瓶颈。脱贫致富水当先，云南省高度重视水利工程建设。云南省在国家的大力支持下，积极推进重大水利工程建设，新中国成立70年来发展成效显著，为云南省经济社会发展及脱贫攻坚提供基础保障。

3.3.3.1 水旱灾害损失明显减少

云南省始终立足于防大汛、抗大旱，进一步强化防汛抗旱行政首长负责制、部门责任制和岗位责任制，强化抗旱用水管理和水量应急调度，突出抓好汛前检查、监测预警、指挥调度、人员转移和抢险救灾等关键环节，及早落实组织保障和物资储备，严格进行防汛工作纪律检查，战胜了部分地区冬春旱和局地严重夏伏旱，最大限度减轻了旱灾影响；有效应对了一系列地震、滑坡、泥石流等自然灾害，保障了水库、水电站、江河堤防等生命线工程安全运行，库塘蓄水连创历史最好水平，保障了人民群众生命安全、重要设施安全和城乡供水安全，最大限度地减轻了洪涝灾害损失。

3.3.3.2 水土保持成效明显

云南是长江、珠江、澜沧江、怒江、红河、伊洛瓦底江等河流的上游或源头地区，全省面积39.4万平方千米，其中山地和山地高原面积约占全

---

① 360百科.弥蒙铁路［DB/OL］.https://baike.so.com/doc/24640945-25528696.html.

省面积的94.0%。山高坡陡，谷深流急，降雨量大且集中、多单点暴雨等自然因素，是构成云南省生态环境脆弱、水土极易流失的内因，加之人类活动带来的影响，水土保持形势非常严峻。1989年以来，云南省先后启动实施了"长治"工程、"珠治"工程、"国债"项目、坡耕地水土流失综合治理（试点）工程、水土流失重点治理工程、利用世界银行贷款和欧盟赠款开展水土保持综合治理工程等项目。2010—2018年，全省共实施306条小流域治理，共治理水土流失面积1730.07平方千米。

3.3.3.3 城乡供水安全保障能力显著提升

"牛栏江—滇池补水工程"2013年底正式投入运行，截至2018年底，已累计向滇池进行生态补水28亿立方米，累计向昆明城市应急供水1.15亿立方米，综合效益明显。"十三五"以来，全省共完成农村饮水安全巩固提升投资62.1亿元，巩固提升了1084.7万农村人口饮水安全保障水平，其中建档立卡贫困人口216.5万人。全省农村集中供水率从"十二五"末的83%提升到了85%，自来水普及率从"十二五"末的77.7%提升到了80%。水质合格率从2014年的19.43%提高到2017年的57.05%，提升了近38个百分点，大大缩小了与全国平均水平的差距。2016年全省在建水网工程超过350件，总投资规模超过1600亿元。2017年底，全省水利水库总数达到6384座，库容132.42亿立方米，耕地灌溉面积185.14万公顷，2017年底库塘蓄水89.08亿立方米。

3.3.3.4 推动农田水利改革

2015年，云南省人民政府出台《关于推广农田水利改革试点经验的意见》以来，全省深入贯彻落实"节水优先、空间均衡、系统治理、两手发力"的十六字治水方针，遵循"先建机制、后建工程"的基本原则，推进农田水利改革，形成了不同特点、亮点的改革模式：坝区主要加快解决灌区农田水利"最后一千米"问题；山区以山区"小水网"改革试点为突破口，初步建立山区小水源互济互惠、沟渠管网互连互通、小型农田水利工程良性运行的山区供水安全保障网。2016年以来，全省实施了790个农田水利改革项目，系统建立初始水权分配、合理的农业水价形成、社会资本参与、节水奖励和精准补贴、群众全程参与、工程管护、产权制度改革、节水减排合同管理等机制，发展高效节水灌溉面积 240 万亩，农田有效灌溉率达到 43.8%，农田灌溉水有效利用系数提高至 0.468。截至 2018 年底，全省已累计完成改革面积 1002 万亩，占全省有效灌溉面积 2777 万亩的 36%。国家发展改革委和水利部通报各省 2017 年度农业水价综合改革绩效评价，云南省评价等次为优秀，被列为现场抽查复核免检省份。①

3.3.4 能源建设成就

云南省积极构建稳定、经济、清洁的能源供应体系，采取能源开发与节约并重的方针，加强能源基础设施建设，拓宽能源供应渠道，不断提高能源生产技术水平，优化能源结构，提高能源利用水平，有效保障了云南经济社会发展和人民生活需要。

3.3.4.1 能源基础设施建设成绩显著

为适应经济社会的发展和满足人民生活的需要，云南省加大能源投入，能源基础设施建设取得长足的发展，电力、成品油、天然气管道实现全省网络化。全省已形成健全的电力供应网络，电网覆盖范围不断扩大，电力外购外售渠道畅通。

3.3.4.2 能源生产供应能力大幅度提高

近年来，云南能源供应能力明显增强，能源供应基本形成省内生产、国内调运的格局，初步形成多元化能源供应体系。能源产量迅速增加，2017 年，云南省能源产量为 12410.04 万吨标准煤，比 2016 年增长 8.6%。发电量大幅增长，2018 年云南发电量为 3007.72 亿千瓦时，同比增长 10.30%。其中，省调平衡发电量 2626.37 亿千瓦时，同比增长 12.65%。

3.3.4.3 能源结构明显优化

云南省煤炭消费比重下降，电力消费比重上升。近年来云南省光伏发电发展迅速，随着光伏发电成本降低以及政府补贴，光伏发电正在迅速成为低碳的可利用再生能源。2017 年，全省绿色电力发电量相当于节约标准煤 8860 万吨，成为全国外送清洁能源第二大省；清洁能源交易占比居全

---

① 云南省网上新闻发布厅. 纪念改革开放 40 周年新闻发布会［DB/OL］.［2018-12-10］. http://ynxwfb.yn.gov.cn/.

国首位，非化石能源占一次能源消费总量比重居全国首位。云南省不断加大太阳能光伏发电的开发力度，装机容量逐年递增。截至2018年底，全省电力装机容量达9320万千瓦，西电东送异军突起，以电力为主的能源支柱产业确立，为全省经济社会发展提供了重要的能源保障和产业支撑。目前，云南已经是全国第二大水电省，第六大电力装机省的基础上，开发建设三江干流水电资源，努力建设金沙江下游、金沙江中游、澜沧江中下游和澜沧江上游4个绿色电源带，成为全国重要的清洁能源基地。加强省内电网、西电东送通道、境外输电项目建设，拓展省内外和境外电力市场。

3.3.4.4 能源产业贡献值不断增加

从表3-3可见，2017年云南省能源生产总量是1957年的108.57倍，2017年云南省能源消费总量是1957年的93.05倍。预计到2020年，云南省能源产业将完成增加值1400亿元以上，成为全省第一大支柱产业。全省总装机1亿千瓦，省内用电量2600亿千瓦时；协议外送电量1180亿千瓦时。预计到2025年，能源产业完成增加值将达到2400亿元，第一支柱产业地位更加夯实。全省总装机1.1亿千瓦，可发电量4600亿千瓦时左右；省内用电量3100亿千瓦时；外送电量超过1500亿千瓦时。

表3-3 主要年份能源生产和消费总量　　　　单位：万吨标准煤

年份	能源生产总量	能源消费总量
1957	114.30	119.20
1962	224.70	256.30
1970	555.60	591.50
1978	1002.60	1065.90
1985	1162.80	1298.33
1990	1594.50	1954.18
1995	2313.65	2640.55
2000	2471.77	3468.33
2005	5353.36	6023.97
2010	8822.03	8674.17
2015	11091.10	10356.56
2017	12410.04	11090.97

资料来源：《云南统计年鉴2018》。

3.3.5 信息产业发展成就

3.3.5.1 政策体系更加完善，发展环境不断优化

云南省委、省政府围绕实施"云上云"行动计划，先后出台了《加快信息化和信息产业发展的指导意见》和《着力推进重点产业发展的若干意见》等政策文件。省工信委组织编制了云南省信息产业发展规划，制订了云南省信息产业施工图与行动计划，出台了《加强全省信息产业招商引资工作指导意见》，编制了招商引资指南，细化了工业和信息化专项资金扶持重点和方向，组建了省级信息产业发展基金，配合省统计局完善了省信息产业统计监测办法。规划布局的重点州（市）、重点园区，围绕基地建设、招商引资、项目落地、配套服务等出台了一批有针对性的产业扶持政策，发展环境不断优化。

3.3.5.2 产业规模不断扩大，投资实现高速增长

实施"云上云"行动计划以来，云南省信息产业发展势头强劲，2016年和2017年分别完成主营业务收入826亿元和1004亿元，增速超过20%。其中，电子信息制造、软件和信息技术服务业保持在30%以上的增速。2016年和2017年产业投资规模分别实现增速156%和60%。全省信息产业增加值（现价）2017年完成428亿元，增长12.7%，占全省GDP的比重为2.6%。

3.3.5.3 产业门类日趋完善，研发能力不断增强

通过技术合作、产业引进与培育，在电子信息制造领域，云南省实现了移动终端、平板电脑、液晶电视、柔性显示器、机器人、智能家居产品、可穿戴设备、车载电子等产品的云南制造；在电子材料方面，硅晶圆片实现了量产，一批稀贵金属电子材料取得突破；在云计算、大数据和产业培育方面，华为、浪潮等一批云计算大数据中心落地云南，组建了多个省级大数据研究院；在新技术研发方面，与中国电子科技、航天科技、中科院软件所、北航等广泛合作，组建创新中心、工程中心和孵化器，在软件开发、大数据分析、人工智能、无人机、3D打印、虚拟与现实等多个领域开展技术研发和产业化，推动新技术在经济社会各领域的普及运用。此

外，与居民生活息息相关的电信业务的发展也有很大突破，从最初的固定电话到移动电话再到互联网宽带进入了大部分家庭，尤其是在农村，这种变化更加明显。

从表3-4和图3-1可以看出，2018年电信业务总量2477.03亿元，固定电话用户275.24万户（其中农村电话用户45.85万户），移动电话用户4659.05万户，互联网宽带接入用户1019.43万户，其中农村宽带接入用户305.87万户，全省移动电话普及率97.05部/百人。近年来，云南省电信业务、移动电话用户和互联网宽带用户数量不断飞速增长。

表3-4 2013—2018年全省电信业务情况   单位：万户

年份	电信业务总量/亿元	移动电话年末用户	互联网宽带接入用户
2013	379.23	3395.76	405.97
2014	539.28	3748.54	424.88
2015	756.25	3789.77	455.03
2016	1235.76	3942.79	655.31
2017	1144.02	4228.40	812.60
2018	2477.03	4659.05	1019.43

资料来源：《云南省统计年鉴2018》。

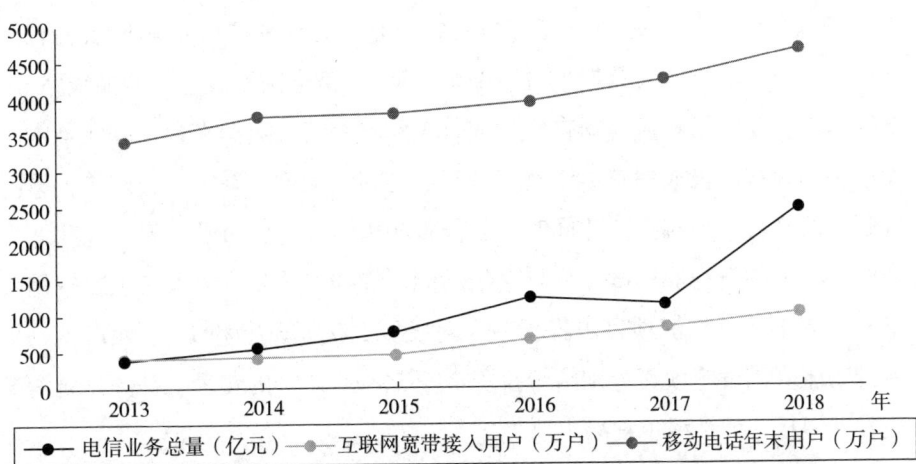

图3-1 2013—2018年云南省电信业务增长

资料来源：《云南统计年鉴2018》。

3.3.6 物流业发展成就

3.3.6.1 现代物流业发展迅速

近年来，云南省着力培育现代物流产业，在跨境物流、智慧物流、冷链物流、农村物流、城市配送等重点工程上实现了新发展，在龙头企业培育、重大项目建设、供应链创新与应用等重点工作上实现了新突破，全省现代物流产业迅速崛起，产业规模和影响力不断扩大。2017年底，5A级物流企业从1户增加至6户，新加坡丰树集团、上海天地汇等世界500强及国内知名物流企业落户云南，国家供应链创新与应用试点企业数量居全国前10位。全省现代物流产业增加值2017年实现1414亿元，同比增长13.9%，超额完成年度目标任务。同时加大产业投入保障，推进省级重点物流产业园建设，全力支持省能投集团发起设立总规模200亿元的全市场化云南现代物流产业投资基金，推动建立市场化、多元化的投入保障机制。建成上线云南省现代物流产业统计监测平台，实现按季度对1000多户样本企业进行统计监测和对全省物流产业进行统计核算。

3.3.6.2 大力发展智慧物流业

云南省大力发展智慧物流，加快建设云南国际"现代物流云"综合信息服务平台，打造面向南亚、东南亚、印度洋线上物流枢纽。支持第三方物流信息平台创新发展，引进行业领先企业上海天地汇公司建成云南首个干线甩挂运输物流大数据平台，配套开通14条全国干线甩挂运输线路。支持本土企业宏星物流公司自主建成首个跨境物流大数据平台，并在境内外市场加快推广投放拥有英语及柬埔寨、老挝、缅甸、泰国、越南等国语言版本的平台客户端。与此同时，云南省积极推荐昆明市及8家企业获评全国供应链创新与应用试点，培育新动能。加强对全省冷链物流项目规划指导，制定冷链物流项目申报指南，对投资5亿元以上和10亿元以上的冷链物流基础设施项目分别给予投资金额5%和10%的奖励，补齐冷链物流发展短板，助推绿色食品出滇[①]。

---

① 云南省人民政府网站.我省现代物流产业加快发展［DB/OL］.［2018–10–29］.http：//www.yn.gov.cn/yn_zwlanmu/yn_tjdt/201810/t20181029_34365.html.

3.3.6.3 技术装备条件有所改善

随着物流公共信息平台建设步伐的加快，智慧交通物流公共信息平台、电子口岸大通关服务平台基本建成。条码、无线射频技术、地理信息系统、北斗导航系统和全球定位系统、运输管理系统、仓储管理系统、企业资源计划等物流信息技术在物流企业中逐渐推广应用。

3.3.6.4 物流业基础设施逐渐完善

道路方面，昆明至越南河内及海防、昆明至瑞丽、昆明至磨憨已实现全程高速化；铁路方面，泛亚铁路东线境内段已建成通车，玉溪至磨憨铁路加快推进；水运方面，澜沧江湄公河航道二期整治项目前期工作正式启动，中越红河水运、中缅伊洛瓦底江陆水联运项目有序推进；航空方面，云南现已运营民用运输机场15个，开通航线413条、国内外通航城市159个；管道方面，中缅油气管道建成使用。在物流基础设施逐步完善的条件下，云南省的物流产业发展迅速。2016年，全省完成现代物流产业收入3450.1亿元，同比增长12.8%；实现产业增加值1241.4亿元左右，同比增长13.1%左右，占全省GDP的比重达8.3%左右。2017年，全省重点项目计划完成总投资128.9亿元，较2016年增长20%，其中亿元以上重大物流项目30个、计划完成投资90.5亿元。[①]

3.3.7 邮政业务发展成就显著

从表3-5可见，近5年来，云南省邮政业发展迅速，在邮政业务收入、邮政服务业务总量及其他邮政业务服务总量方面的发展成效显著。2013年全省邮政业累计完成业务收入（未包括邮政储蓄银行直接营业收入）27.52亿元，2018年全省邮政业累计完成业务收入（未包括邮政储蓄银行直接营业收入）76.50亿元，是2013年的2.8倍；2013年累计完成业务总量23.38亿元，2018年累计完成业务总量90.43亿元，是2013年的3.9倍。

2018年邮政服务业务总量累计完成32.25亿元，同比增长20.21%；邮

---

① 云南省人民政府.云南省两会系列新闻发布会［DB/OL］.［2018-01-26］.http：//www.sohu.com/a/219133079_248772.

政寄递服务业务量累计完成 50975.41 万件，同比下降 0.73%；邮政寄递服务业务收入累计完成 4.37 亿元，同比下降 2.77%。邮政函件业务累计完成 2449.98 万件，同比增长 37.81%；包裹业务累计完成 39.79 万件，同比下降 51.42%；报纸业务累计完成 43999.95 万份，同比下降 3.35%；杂志业务累计完成 1575.66 万份，同比下降 5.49%；汇兑业务累计完成 112.63 万笔，同比下降 44.59%。全省快递服务企业累计完成快递业务量 33999.10 万件，同比增长 49.28%；累计完成快递业务收入 47.14 亿元，同比增长 30.91%。其中，同城业务量累计完成 7525.22 万件，同比增长 63.26%；异地业务量累计完成 26448.28 万件，同比增长 45.82%；国际/港澳台业务量累计完成 25.60 万件，同比下降 11.53%。①

表 3-5　2013—2018 年云南省邮政行业发展情况　　单位：亿元

年份	邮政行业业务收入	邮政行业业务总量
2013	27.52	23.38
2014	33.55	27.95
2015	39.89	35.30
2016	51.09	50.05
2017	61.18	66.24
2018	76.50	90.43

资料来源：《云南统计年鉴 2018》。

3.4　云南基础设施建设面临的挑战

交通基础设施联通是云南省经济发展与对外开放的基础，尽管新中国成立 70 年来，云南省基础设施建设取得了巨大的成就，但云南省基础设施依然存在许多问题，需要不断深化改革，进一步加快推进交通基础设施建设。

---

① 云南省邮政管理局. 2018 年 12 月云南省邮政业发展情况［DB/OL］.［2019-01-16］. http：//yn.spb.gov.cn/xytj/tjxx/201901/t20190116_1746669.html.

3.4.1 交通基础设施仍然相对落后

虽然在这 70 年，云南省的基础设施建设成就显著，但是与发达省份及周边省份相比，基础设施建设仍然相对落后，这与云南省特殊的地形地貌、社会融资渠道狭小、思想观念落后有极大的关系。云南省地势西北高东南低、海拔高低差异大，具有高原波状起伏、高山峡谷相见、江河纵横的地貌特征，相较平原地区，云南省的基础设施建设成本十分高昂。此外，云南省的基础设施建设资金主要来自财政拨款，民间对于基础设施建设的参与范围和程度十分有限，这在一定程度上也阻碍了云南的发展。云南省是一个少数民族聚居的地方，具有浓厚的民族特色，思想观念也相对落后，导致不能与外界充分地交流合作。截至 2017 年底，云南公路总里程有 24.3 万千米，全省尚有 2 个州（市）、52 个县不通高速公路，4 个县不通高等级公路，且绝大多数是低等级公路，高速公路密度低于全国平均水平。若不切实加快交通基础设施建设，发展不平衡不充分的矛盾会更加突出，势必会影响云南民族团结示范区建设工作的开展。

3.4.2 水利基础设施仍是短板

尽管目前云南省水利建设已取得重大成就，但与经济社会的发展要求和各方面需求相比，水安全保障能力还存在不少差距。主要体现在水资源时空分布不均，水旱灾害频发方面，雨季（5—10月）降水量占全年总量的 80% 以上，干季（11月至次年4月）降水量仅占全年总量的 10%～20%。加之全省 94% 的土地面积为山区和高原，云南自古就是一个"无灾不成年"的省份，无雨就旱、有雨则涝，水旱灾害常常交替发生，久旱之后突然发生大洪水。旱涝急转、涝中有旱相互交替的情况较为突出，且灾害频率高、灾害强度大、持续时间长、受灾范围广、损失程度深，防汛抗旱救灾形势非常严峻。

此外工程性缺水严重、民族贫困地区水利设施建设滞后等老问题仍未从根本上得到解决，水资源短缺、水生态损害、水环境污染等新问题日益凸显，水土流失面积超过国土面积的 1/3；"九大高原湖泊"中异龙湖、杞麓湖、星云湖、滇池外海和草海常年处于中度、重度污染状态，近一半的湖泊达不到水环境功能要求。新老问题相互交织，水利基础设施仍然是云南基础设施的明显短板。

3.4.3 能源问题依然存在

云南面临传统能源产能过剩和投资需求旺盛的突出矛盾，能源保障网滞后于经济社会发展需要，能源消费需求严重不足，重开发轻利用、重投资轻质量和效益的情况还比较普遍，现有发展动力依赖开发资源，缺乏新的发展动力，能源发展的体制机制矛盾凸显，建设运行安全形势严峻等矛盾和挑战。

3.4.4 物流发展水平不高

总体上看，云南省现代物流产业已步入全面升级的关键阶段，但是发展水平不高、发展方式相对粗放的问题仍然存在，主要表现为：一是产业总体规模小，服务能力不高、效率偏低，对产业发展的支撑作用不够。二是物流基础设施网络有待完善，物流园区、物流中心等规划建设不尽合理，存在结构性矛盾。三是龙头物流企业缺乏，物流企业散、小、弱现象普遍存在。四是物流信息化、标准化程度不高，自动化装备应用程度较低。五是物流从业人员素质不高，缺乏高级专业人才，现代物流教育培训亟须发展。六是物流产业发展的体制机制不健全，政策法规体系和统计制度不完善。

3.5 云南基础设施建设发展展望

加快基础设施建设，打牢跨越式发展基础。基础设施特别是交通基础设施滞后是制约云南发展的重要因素。要把以综合交通、水利、能源、信息、物流为主要内容的"五网"基础设施建设，作为全面建成小康社会的"支撑性工程"来抓。

3.5.1 加快综合交通基础设施网络建设

全力推进县域高速公路"能通全通"工程，使开通高速公路的县超过 90 个、通车里程接近 6000 千米。到 2020 年，全省公路总里程达到 18 万千米，高速公路里程达到 3000 千米，二级以上公路达到 8000 千米；全面实现国家规划在云南省境内的重要国道路段的高等级化；全面建成云南"三纵""三横""九大通道"高等级公路网；县到地州、县与主干线公路的连接路段基本建成高等级公路；基本形成全省高等级公路网络；乡到行政村公路基本达到高级、次高级路面标准；建成省、地州市、县之间比较完善的快速客货运输网络，基本实现行政村通班车，为人民群众的出行提供更畅通、更安全、更便捷的交通运输条件。根据《云南省中长期及"十三五"铁路网规划》，到 2020 年云南铁路营运里程将达到 5000 千米，既有和在建铁路里程将达到 8000 千米，高铁营运里程将达到 1700 千米。开工建设渝昆高铁，加快玉磨、大瑞、丽香、弥蒙等铁路项目建设，确保成昆铁路扩能改造竣工、成贵高铁云南段建成通车。加快昆明国际航空枢纽建设，推进蒙自、昭通、大理、丽江等机场项目建设。

3.5.2 加大水利扶贫

2018 年 10 月 10 日，云南省水利厅印发了《云南省水利扶贫三年行动计划（2018—2020 年）》，目标任务是：到 2020 年，贫困地区水利基础设施公共服务能力接近全省平均水平，因水致贫的突出水利问题得到有效解决，支撑贫困地区长远发展的水利保障能力得到较大提升，水利良性发展机制初步建立，基本建成与全面小康社会相适应的水安全保障体系。其主要内容体现在以下几个方面：一是加快实施贫困地区农村饮水安全巩固提升工程。到 2019 年基本完成规划目标内 197 万贫困人口饮水安全保障，2020 年实现全国扶贫大数据平台贫困人口饮水安全问题销号清零，确保同步解决贫困地区非贫困人口的饮水安全问题，确保实现国家现行标准下饮水安全全域全覆盖。全省农村饮用水集中供水率达到 85% 以上，自来水普及率达到 80% 以上，水质达标率达到全国平均水平。二是到 2020 年恢复和改善灌溉面积300万亩，贫困地区农田水利灌排设施进一步配套完善。三是实施水资源开发利用工程，力争启动30座以上中型水库和100座以上重点小型水库建设，到2020年贫困地区新增供水能力达6亿立方米以上。四是继续加大贫困地区水土流失综合治理。力争完成水生态建设工程和48个水利风景区建设。到2020年贫困地区治理水土流失面积2.36万平方千米，完成坡耕地综合整治面积27.1万亩。五是全力推进贫困地区中低产田地改造，到2020年完成实施中低产田地改造9万亩。

3.5.3 加快能源基础设施网络建设

加快水电、输电工程等重大项目建设，加强农村电网改造，全面清理整顿5万千瓦以下的小水电站，加快推进乌东德、白鹤滩等大型水电站建设。推进天然气支线管网和成品油管道建设，推动中石油炼油一期项目达产，启动二期炼化项目前期工作，提高输气管道沿线用气比重。新建4万个充电桩，提高纯电动汽车保有量和使用便利性。在光伏发电领域，政策扶持是产业发展的主导，降低发电成本是产业持续发展的重要保障，中上游污染问题和转换效率的提升是光伏产业未来发展的核心问题。云南省能源结构较为特殊，水电资源可开发率居全国首位，同时还蕴含丰富的风力和光电资源，但整个云南省电力系统及电力市场以水电为主，因此，不断完善电力系统及电力市场机制适应光伏发电发展，解决传统能源发电与光伏发电在争夺电力市场方面的冲突是光伏产业发展的重要途径，在水电资源丰富的背景下，着力推进分布式光伏和"光伏+"应用，采取就地、就近消纳原则，结合云南省地理特点，大力开发光伏提水项目，翻开云南省光伏产业新的历史篇章。

云南能源发展的目标是：到2020年能源方面完成增加值达到1400亿元左右；全省一次能源供应能力超过1.5亿吨标准煤；全省电力装机达到9300万千瓦左右，煤炭产量控制在国家核定产能内；力争石油、天然气管道线路合计达5800千米左右。能源消费总量控制在国家下达指标内；全社会用电量2000亿千瓦时左右；非化石能源消费比重占42%左右。民生用能水平显著提高，到2020年人均生活能源消费量超过0.25吨标准煤/年；

人均生活用电量超过 600 千瓦时/年。

3.5.4 加快现代信息基础设施网络建设

扩容升级骨干网和城域网，加快提升高速宽带网络能力，实施"千兆光纤进小区、百兆光纤进乡村"工程。完善 4G 网络全覆盖，启动 5G 商用试点。继续抓好国际光缆、国际通信枢纽建设。按照共享高效的原则，从"云+管+端"和信息安全四个层面，全面建设新一代互联网基础设施网络，确保"互联网+"的应用需求，促进云计算、大数据产业发展。提升骨干网络容量和网间互通能力，加快连接滇中城市经济圈的骨干网、城域网建设，增强玉溪通信传输枢纽地位。依托华为玉溪云计算数据中心，全面提升文化旅游、科教医疗、交通警务、金融保险、商业服务、公交运输等领域的网间互通能力，以政务信息化带动社会信息化发展。探索推进政务信息资源的开发、利用、共享模式创新，打造特色"政务云"，促进政务部门的业务协同和信息共享。完善电子政务统一网络线路租用及资源调度措施办法，以线路资源管理为切入点，推进电子政务运营管理模式创新。实施"宽带乡村"工程，提高区、乡（街道）、村（社区）网络覆盖率，互联网普及率达到 85%。同时，各部门要高度重视信息化建设工作，积极主动适应信息化、网络化的时代要求，不断打牢基础、整合资源、完善体系、创新方式，全面推进信息化建设工作。

3.5.5 加快物流基础设施网络建设

积极推进昆明、大理等物流枢纽建设，加快 15 个省级重点物流产业园和 129 个县级物流集散中心建设，新增一批 5A 级物流企业。加快建设县、乡、村三级物流网，建设一批乡村新型商业中心和服务站点。抓好全国供应链创新与应用试点，稳步发展航空物流，加快口岸物流配套设施建设。进一步完善物流产业体系，充分发挥云南省区位优势，形成农产品、医药、烟草、装备制造、能源产品、冶金化工产品、日用消费品等传统优势产品专业物流不断壮大，冷链、电商、保税等新兴物流蓬勃发展，重点产业与物流业联动发展的现代物流产业体系。

3.6 结论

新中国成立 70 周年之际，也是云南决战脱贫攻坚、决胜全面建成小康社会的关键之年。在这 70 年的发展中，云南省的基础设施建设成就显著，从新中国成立之初的道路交通阻塞、能源建设落后到今天的基础设施发生了翻天覆地的变化。

云南省在 2017 年底实现了 100% 建制村通硬化路。沪昆高铁的开通，使昆明到上海最快只需 10 小时的车程，大大密切了云南与沿线各地的往来，促进了云南经济发展，云南铁路迎来高铁时代，2017 年云南省铁路建设共完成投资 207.3 亿元。水利建设方面，截至 2017 年底，列入全国 172 项节水供水重大水利工程项目进展顺利，其中牛栏江—滇池补水工程已全面完工，累计向滇池补水近 22 亿立方米。光伏发电发展迅速，截至 2016 年底，云南省光伏累计建设规模达 1690MW 以上。2016 年全省完成现代物流产业收入 3450.1 亿元，同比增长 12.8%；实现产业增加值 1241.4 亿元左右，同比增长 13.1% 左右，占全省 GDP 的比重达 8.3% 左右。2017 年全省重点项目计划完成总投资 128.9 亿元，较 2016 年增长 20%，其中亿元以上重大物流项目 30 个、计划完成投资 90.5 亿元。在新时期，云南省需要结合自身的优劣势，有针对性地加快基础设施建设，打牢跨越式发展基础。

参考文献

［1］云南省交通固定资产投资完成情况［EB/OL］.［2018-01-15］. http://www.ynjtt.com/Print.aspx?id=200289.

［2］加快交通发展，打造云南经济增长极［N］.云南经济日报.2017-04-13.

［3］韦凤年，杨桦，周禹辰.加快推进重大水利工程建设，为云南脱

贫攻坚提供基础保障——访云南省水利厅副厅长周金辉［J］.中国水利，2018（16）.

［4］云南省"十三五"节能减排综合工作方案［EB/OL］.［2017-05-30］.http://www.zt.gov.cn/lanmu/zt/contents/1341/37555.html.

［5］云南省能源发展规划(2016—2020年）和云南省能源保障网五年行动计划（2016—2020年）［EB/OL］.［2016-12-06］.http://www.xsbn.gov.cn/116.news.detail.dhtml?news_id=35673.

［6］杨玺，等.云南能源现状问题分析及改革发展对策［J］.经济与节能，2018（12）.

［7］明宇，等.分布式能源的产业发展与云南省实践对策分析［J］.能源与节能，2017（7）.

［8］熊延汉.云南省能源消费结构与产业结构关系研究［J］.产业与科技论坛，2017(16).

［9］施光辉.云南省光伏发电现状分析［J］.云南师范大学学报，2017（1）.

［10］云南省交通运输厅网，http：//www.ynjtt.gov.cn/.

［11］云南省水利厅网，http：//www.wcb.yn.gov.cn/.

［12］云南省人民政府网，http：//www.yn.gov.cn/.

［13］云南日报网，http：//yndaily.yunnan.cn/html/2019-05/12/node_2.htm.

［14］云南省邮政管理局网，http：//yn.spb.gov.cn/.

第4章 云南产业与发展

唐勇智[①]

4.1 引言

云南省位于我国西南部边疆,地处中国与东南亚、南亚三大区域的结合部,是通往东南亚和南亚的门户,也是我国邻国最多的省份,拥有国家一类口岸16个、二类口岸7个。云南地处云贵高原,高原和山地面积占全省土地面积的94%,生态系统脆弱。云南拥有非常丰富的动植物资源和矿产资源,是我国植物种类最多的省份,有"药物宝库""香料之乡"和"天然花园"等众多美誉。人文资源也很丰富,境内有众多的少数民族,具有多姿多彩的民族风情。

新中国成立之初,云南省内各民族聚居区经济发展极不平衡,除封建地主制以外,还存在封建领主制、奴隶社会、原始社会向奴隶社会过渡阶段等社会经济形态。解放后,云南完成了新民主主义革命和对农业、手工业、资本主义工商业的社会主义改造,开启了工业化进程。1953年,开始有计划的经济建设,编制并实施了第一个五年计划,有力地促进了全省经济的发展。1964年的三线建设,对云南省产业产生了深远影响。云南省三线建设规模之大、项目之多、成就之显著,在云南工业和社会经济发展史

[①] 唐勇智(1972—),女,四川合江人,经济学博士,现为西南民族大学经济学院讲师。研究方向:农业经济。

上是空前的，为改革开放后云南的经济发展奠定了基础。

改革开放后，在农村推行的家庭联产承包责任制，调动了农民的生产积极性，农业连年大增产。1984年，云南省粮食总产量达到1005万吨，创历史最高水平。通过经济体制改革，扩大企业生产经营自主权，培育社会主义市场经济体系，值得第二、三产业加速发展。立足于云南的资源优势，集中力量发展有色金属、烤烟、特色农业等支柱产业，取得了巨大成就。

4.2 云南70年产业发展历程

4.2.1 奠定产业发展基础阶段（1949—1978年）

4.2.1.1 产业快速恢复和发展

1949年的云南是一个落后的传统农业社会，第一产业占GDP的70.1%，第二、三产业极其薄弱，人均生产总值仅56元。经过29年的发展，各产业尤其工业有了突飞猛进的发展。从表4-1可见，1978年，第一产业比重下降到42.66%，第二产业上升至39.94%，人均生产总值增加到226元，是1949年的4.04倍，全省生产总值是1949年的7.73倍，第一、第二产业产值分别是1949年的4.71倍和28.43倍[①]。

表4-1　1949—1978年云南省三次产业的产值及其结构

年份	人均生产总值/元	产值/亿元				结构/%		
		GDP	第一产业	第二产业	第三产业	第一产业	第二产业	第三产业
1949	56	8.93	6.26	0.97	1.70	70.1	10.9	19.0
1950	59	9.53	6.44	1.11	1.98	67.6	11.6	20.8
1960	134	25.43	8.83	10.50	6.10	34.7	41.3	24.0
1970	156	38.52	18.87	13.38	6.27	49.0	34.7	16.3
1978	226	69.05	29.46	27.58	12.01	42.66	39.94	17.39

资料来源：《云南统计年鉴2018》。

---

① 罗群，等. 云南省经济史[M]. 太原：山西经济出版社，2016：139.
注：以下未注明的数据都来自《云南统计年鉴2018》。

4.2.1.2 农业经济在曲折中发展

这一时期又可分为三个阶段：1950—1957 年，由于政府采取了一系列有效措施，农业实现快速恢复和增长；1958—1966 年，由于"大跃进"等不切实际的浮夸风运动，农业在曲折中前进；1966—1978 年，"文革"时期政治运动和较高的人口出生率给农业生产造成巨大压力，农业发展十分缓慢，经历了"以粮为纲"阶段和山、水、田、林、路综合治理阶段。

（1）农业快速恢复和增长阶段（1950—1957 年）。

新中国成立伊始，云南省农业水平极低，食物严重短缺。为了快速恢复农业生产，保障粮食供给，政府采取了一系列措施。

① 通过土地改革奠定了农业经济发展的基础。云南省的土地改革采取了慎重稳进的方针和"先内地、后边疆"的原则，全面调整了土地制度，许多少数民族地区的农民有史以来第一次获得土地，极大地鼓舞了他们发展农业生产的积极性。

② 降低税赋，规范纳税政策，扶持农业发展。出台了《农业税征收施行细则》《农业税减免实施办法》等政策，查田评产，依率征收，对山高土瘠和少数民族聚居、生活困苦的地区减免农业税，提出"不能征的坚决不征，可以征的少征或合理征"，实行"慎重稳进""边疆轻于内地"的政策。减免政策使农业税从 1951 年的 13.93% 逐步下降到 1957 年的 6.25%。

③ 在边疆地区兴建国营农场或试验场，促进边疆的开发和稳定。1955 年，将复员转业军人分批安排到耿马、镇康、潞西、潞江、双江、陇川、芒市等地办军垦农场。次年，昆明组织青年垦荒队到陇川和潞西等地办青年农庄。1957 年，军垦农场和青年农庄转为国营农场。截至 1958 年，全省共有 54 个农场、7 个牧场、3 个试验场，开垦荒地 35 万余亩。屯垦农场身兼生产队、战斗队和宣传队数职，大力发展橡胶种植业，使"老少边穷"地区受益。

④ "一五"期间，政府还采取了一系列有效的措施促进农业发展：一是鼓励开荒，增加耕地面积；二是增加农业投资，通过"民办公助"的形式兴修水利和农田基本建设；三是高度重视粮食生产，推广增产技术和新式农具，发展夏收作物；四是鼓励养殖生猪和大牲畜。

通过上述措施,农业经济快速恢复和发展,1956—1957年迎来云南农业发展的第一次高潮。1957年,全省耕地面积和农作物播种面积分别达到4253.96万亩和5577万亩,与1952年相比,分别增长了16.8%和29.6%。经济作物种植面积达466万亩,比1952年增长了309万亩,增加了近2倍。从表4-2可见,有效灌溉面积从1949年的243千公顷增加到1957年的444.7千公顷,为1949年的1.83倍。农作物总播种面积从1949年的2687.3千公顷增加到1957年的3718千公顷,为1949年的1.38倍。

(2)曲折中前进的阶段(1958—1965年)。

1958年开始"大跃进",云南省掀起以兴修水利、建造梯田梯地、大办积肥为中心的群众运动。当年建起了几个较大的水利工程,如独木水库、松华坝水库、东风水库、跃进水库和东山大沟等,显著提高了当地的抗灾能力。1957—1962年,全省有效灌溉面积增加了510万亩,大大改善了农业生产条件。其间,还开展了农具改革运动,推广运输工具、抗旱工具、薅秧工具,至1958年共推广改良农具1200多种1120万件,全省44个县实现水利工地劳动和田间运输以车辆替代人力。促进肥料施用,3年实现亩施万斤肥。

"大跃进"后期掀起浮夸风等不切实际的运动,农业生产出现负增长。从1960年底起,中央要求调整经济发展速度,纠正"大跃进"的错误,开始考虑因地制宜,纠正共产风、浮夸风、强迫命令风、干部特殊风和生产瞎指挥风。确立了公社三级所有队为基础的体制,提出在以粮为主的前提下农林牧副渔全面发展。政府通过补助款、无息贷款等方式帮助农村发展多种经营和农业生产。1964年掀起"农业学大寨"运动,大搞农田基本建设,改造中低产田,以坡地改梯田为主,加快水利建设步伐。通过一系列举措,云南农业快速恢复,并在1964—1965年出现第二次农业发展高潮,粮食、油料、甘蔗、烤烟、生猪等主要农产品产量和农林牧副渔产值都创造了当时的历史最高纪录。

(3)以粮为纲和山、水、田、林、路综合治理阶段(1966—1978年)。

"文革"时期,政治运动和较高的人口出生率给农业生产造成巨大压力,农业发展十分缓慢。为了提高粮食产量,大量开垦农田,1957—

1978年，全省建成梯田、梯地及改造中低产田390万亩，粮食总产量增长48.2%，但引起了环境破坏和生态退化。在此期间，云南省制定了农业机械化发展规划，持续开展水利建设，进行了以改土治水为中心的山、水、田、林、路综合治理，极大地改善了农业生产条件，有效灌溉面积从1957年的444.7千公顷增加到1978年的902千公顷，翻了一番多；农作物总播种面积从3718千公顷增加到4136千公顷，增长了11.2%。从表4-2可见，化肥施用量与农村用电量更是从无到有，突飞猛进。但同期人口大幅增加，使人均占有粮食量下降，农民生活受到影响，1978年农民人均收入只有130.6元，人均粮食仅213千克。

表4-2 1949—1978年云南省农业生产条件

年份	农业机械总动力/万千瓦	有效灌溉面积/千公顷	化肥施用量/万吨	农村用电量/亿千瓦小时	农作物总播种面积/千公顷	其中 #粮食	#油料	#棉花 (千公顷)
1949		243.0			2687.3	2523.3		4.73
1950					2685.0	2539.0		
1957		444.7	0.55	0.04	3718.0	3364.0		24.29
1960					3880.0	3431.3		38.63
1961					3672.0	3437.3		19.73
1965		853.3	18.50	0.47	3728.0	3371.3		19.24
1970			42.95	2.04	3776.0	3462.0		18.06
1978	243.2	902.0	113.19	5.84	4136.0	3678.0	118.5	5.70

资料来源：《新中国六十年统计资料汇编》。

4.2.1.3 确立并扶持了优势工业

新中国成立之初，云南省工业企业仅1400家，工业总产值不及2亿元，税利360万元，工业产值占工农业产值的18%，人均工业产值仅1元。新中国成立后，国家根据云南的工业基础和国家需要，确立并扶持了云南省的优势工业。

一是有色金属工业。云南被列为发展有色金属工业的重点省份之一，其蕴含丰富的铜、锡、铅、锌等有色金属矿产资源。云南省锡业公司、东川矿务局和会泽铅锡矿被列为苏联援建项目。组建了昆明地质勘探公司和主要矿区勘探队,从辽宁和云、贵、川等省调来大批骨干组建了东川矿务局等若干企业及相关科学研究、勘察设计、职业教育等事业单位。1950—1985年,云南冶金工业长期被列为云南重点工业,国家累计投资33.65亿元,占全省同期工业建设投资总额的23.47%。

二是机械制造业。1950年,云南省机械工业的总产值(不含私营企业;按1980年不变价)比1949年增长287%;1952年底是1950年的6倍多。1957年,昆明机床厂、昆明电线厂和昆明电机厂的当年总产值已达4031.5万元,先后研制成功一系列新产品。云南重机厂、昆明电缆厂、昆明汽车厂、昆明拖拉机厂、云南第一轻工机械厂、第二轻工机械厂等分别生产出当时具有重要意义的产品。

三是纺织业及其他工业。对云南纺织业进行技术改造和配套建设,使纺织业相互配套,提高生产能力。1952年,纺织工业产值占全省工业总产值的15.8%,是全省财政支柱产业之一。1957年,纺织工业总产值比1952年增加了93%。"大跃进"期间,农业歉收,棉花减产,纺织厂停工待料,纺织工业严重受挫。直到1965年,纺织工业总产值仍比1957年低3.7%。"文革"期间,工业生产遭受严重破坏,在职工人数增加1.91倍和固定资产原值增加2倍的情况下,总产值仅增加81%。

四是烟草工业。云南省烟草工业具备得天独厚的优势:自然条件优越,可媲美美国最好的产烟州加利福利亚;云南在近代曾有短暂辉煌的烟草工业发展历史;政府的扶持。1952年,恢复老烟区,发展新烟区,将烟草种植纳入国家计划,调整粮烟比价以调动烟农积极性。当年,全省种植烤烟7.5万亩,总产5650吨,比1949年分别增长了1.9倍和2.6倍。1956年,上述指标分别增加到106.4万亩和57350吨。1957年,出口到苏联、越南等国。"大跃进"时期受"以粮为纲"影响,烟草工业迅速下降。直到1970年,复又重视烟草工业。通过扩建、新建卷烟厂,进行技术改造,提高机械化程度,引进国外先进设备等多种措施,复兴了烟草工业。1977年,云南省成为全国高级烟原料基地之一。

从表4-3可见,1949年,原煤、发电量、钢、水泥、化学肥料、十种有色金属、糖和卷烟的产量微乎其微甚至为零。到 1978 年,它们的产量分别增加到 1483 万吨、52.51 亿千瓦小时、35.12 万吨、131.23 万吨、42.05 万吨、7.48 万吨、13.49 万吨和 63.30 万箱。撇开新中国成立之初极其弱小的工业品类不算,仅考虑有一定基础的糖和卷烟,1978 年的产量分别是 1949 年的 5.97 倍和 23.44 倍。此外,汽车从 1970 年开始出产,其后几年在曲折反复中产量有所下降。

表 4-3 1949—1978 年云南省主要工业产品产量

年份	化学纤维/万吨	原煤/万吨	发电量/亿千瓦小时	钢/万吨	水泥/万吨	化学肥料/万吨	汽车/辆	十种有色金属/万吨	糖/万吨	卷烟/万箱
1949		24	0.51	0.04	0.52			0.12	2.26	2.70
1950		23	0.50	0.04	0.40			0.44	2.21	1.90
1951		23	0.53	0.12	0.40			0.66	2.43	1.80
1952		28	0.52	0.25	0.77			1.06	2.39	2.40
1953		41	0.75	0.35	1.31			1.35	2.94	4.40
1954		80	0.93	0.49	1.64	0.03		1.26	3.34	5.40
1955		109	1.35	0.72	3.03	0.03		1.83	3.73	5.50
1956		142	1.85	1.46	3.69	0.08		2.96	4.01	6.80
1957		192	2.41	1.70	4.02	0.07		2.41	4.71	7.50
1958		715	4.09	5.08	17.71	0.01		4.58	4.82	10.70
1959		970	6.68	15.38	31.75	2.30		5.87	6.36	19.90
1960		903	10.41	24.51	36.75	7.79		5.09	4.99	24.40
1961		580	10.11	11.02	17.10	1.90		3.84	4.05	22.80
1962		401	8.93	3.42	11.11	1.70		4.28	3.99	23.00
1963		403	9.76	5.06	18.49	1.41		4.39	4.05	22.20
1964		418	11.00	5.56	28.45	2.88		4.64	6.05	22.60
1965	0.003	536	13.88	7.52	41.09	6.29		5.25	8.22	22.80
1966	0.01	640	18.24	10.90	46.90	10.37		6.52	10.50	23.60
1967	0.01	593	17.03	7.24	44.20	10.03		4.36	9.10	18.80
1968	0.02	240	6.03	0.42	12.50	2.89		1.87	8.80	5.90

续表

年份	化学纤维/万吨	原煤/万吨	发电量/亿千瓦小时	钢/万吨	水泥/万吨	化学肥料/万吨	汽车/辆	十种有色金属/万吨	糖/万吨	卷烟/万箱
1969	0.03	678	21.21	8.84	41.70	6.89		8.09	8.00	27.40
1970	0.05	893	27.66	12.21	62.40	9.50	1257	8.89	7.90	27.40
1971	0.04	1036	31.38	16.72	74.40	10.16	1437	9.02	7.90	26.20
1972	0.03	1094	36.10	24.40	80.43	13.65	1112	8.74	8.83	30.20
1973	0.04	1139	39.55	31.21	88.59	16.85	1855	9.69	11.56	35.30
1974	0.02	1176	41.45	25.45	91.06	17.93	1093	7.55	12.05	41.50
1975	0.01	1291	42.20	25.27	92.82	20.09	1522	7.43	11.02	43.60
1976	0.01	1123	34.25	7.90	73.79	11.49	674	2.91	10.50	36.00
1977	0.004	1350	43.96	22.44	102.39	20.48	1203	5.76	12.84	62.30
1978	0.03	1483	52.51	35.12	131.23	42.05	1084	7.48	13.49	63.30

资料来源:《新中国六十年统计资料汇编》。

4.2.1.4 商业的恢复和初步发展

新中国成立初期,云南省商业市场混乱不堪,一片萧条;通过治理,商业实现了一定的发展,这一时期又可以分为两个阶段。

(1)商业的恢复与建设时期(1949—1956年)[①]。

云南省1949年3月与1948年8月19日相比,趸售国货价格总指数上涨了4237倍,零售物价上涨了4463倍,可见当时商业市场多么混乱。1950年,在接管官僚买办资本企业的基础上组建了国营商业,在农村建立了供销合作社,成立了云南省贸易总公司,向市民大量供应生活必需品,物价渐趋平稳。随后成立了8家省公司,并在各州(市)成立分公司,县一级成立支公司。1950年底,全省有社会商业网点11.56万个,平均每140人就有一个商业网点,每97人就有一个商业从业人员。物价稳定后,市场萎靡,政府通过调整税收负担和公私关系、劳资关系、产销关系,调动私商的积极性,通过国企对私商加工订货、经销代销等方式,市场逐渐

---

① 罗群,等.云南省经济史[M].太原:山西经济出版社,2016:287.

恢复了繁荣。并通过"三反""五反"运动遏制和打击私商中存在的问题。这一系列措施促进了商业的恢复和稳定。

（2）曲折发展时期（1956—1977年）。

1956年，全省基本完成了对资本主义工商业的社会主义改造。1957年，社会商品零售总额占工农业总产值的比重从1950年的32.7%上升到36.7%，人均购买商品从23.84元上升到54.5元。1958年，国企在"大跃进"浪潮下脱离实际开展"大购大销"运动，损失金额高达3.5亿元[①]。1961年开始进行调整，恢复供销社和专业公司，开放集市贸易，市场供应逐步恢复正常。1966年，全省社会零售商品总额为18.27亿元，居民人均消费水平为62.67元，较1957年上升了47.3%。"文革"期间，国营商业遭受严重破坏。1968年的全省购进总值比1966年下降50.8%，直到1974年才得以好转。

4.2.1.5 对外贸易初步发展

1950年，外贸收购额为2911万元人民币，1960年达到26424万元人民币，比1950年增长8倍多，年均增长24.7%；出口额较1952年增长848倍，年均增长130%以上；出口商品以锡等矿产品为主。20世纪60年代，中苏交恶，加上"文革"的影响，对外贸易遭受严重打击。1970年的外贸收购额比1960年下降了72.4%，年均递减12.1%；出口额下降了95.7%，年均递减27%。由于欧美等国对我国封锁禁运，出口产品主要流向苏联、东欧和香港地区。1958—1962年，仅出口苏联就达到1.3亿美元的贸易额，占此期间出口总额的72%。1953—1967年，边境贸易进出口总额为3332万元人民币，其中进口占85%。1968—1970年，边境贸易处于半停滞状态，只有边民互市仍在。

云南省的对外经济合作始于1961年，基本上是对外经济援助。先后为老挝、越南、阿尔巴尼亚、马里、朝鲜、喀麦隆、毛里求斯、乌干达、马尔代夫、南也门和上沃尔特等国家提供援建，投产的成套项目88个，包括工业、农业、医疗、交通和电力等领域。

[①②] 罗群，等.云南省经济史［M］.太原：山西经济出版社，2016：295

4.2.2 改革开放后的快速发展阶段（1979—1990年）

这一时期产业发展的基本思路是：发展农业促轻工，依靠轻工业搞积累，集中财力保重点，积极发展电力、交通、农业、教育和科技，大力开发资源优势，抓好加工增值，形成新的骨干产业[①]。

4.2.2.1 产业快速发展，产业结构优化

改革开放后，云南省各产业加速发展。从表4-4可见，1990年，全省国民生产总值达451.67亿元，是1979年的5.88倍，年均增长17.47%；人均生产总值1224元，是1979年的4.96倍，年均增长15.66%。1979年，第一产业产值占比为42.14%，产业结构呈"一、二、三"型；随着工业化的发展，第一产业比重持续下降。1987年，第二产业比重超过第一产业，产业结构转变为"二、一、三"型。

表4-4　1979—1990年云南省产业结构

年份	人均生产总值/元	产值/亿元				结构/%		
		GDP	第一产业	第二产业	第三产业	第一产业	第二产业	第三产业
1979	247	76.83	32.38	30.50	13.95	42.14	39.70	18.16
1980	267	84.27	35.89	33.98	14.40	42.59	40.32	17.09
1981	294	94.13	41.23	35.80	17.10	43.80	38.03	18.17
1982	339	110.12	47.04	42.39	20.69	42.72	38.49	18.79
1983	363	120.07	49.33	47.28	23.46	41.08	39.38	19.54
1984	416	139.58	57.33	54.38	27.87	41.07	38.96	19.97
1985	486	164.96	66.07	65.41	33.48	40.05	39.65	20.30
1986	528	182.28	71.32	70.83	40.13	39.13	38.86	22.02
1987	653	229.03	84.06	84.30	60.67	36.70	36.81	26.49
1988	845	301.09	103.47	112.40	85.22	34.37	37.33	28.30
1989	1003	363.05	119.01	138.06	105.98	32.78	38.03	29.19
1990	1224	451.67	168.13	157.80	125.74	37.22	34.94	27.84

资料来源：《云南统计年鉴2018》。

---

① 童绍玉.云南区域开发研究——云南区域开发的过程与现状[M].昆明：云南大学出版社，2016：99.

4.2.2.2 农业和农村经济焕发出勃勃生机

农村实行家庭联产承包责任制,极大地调动了农民的生产积极性。1977—1981年,全省增加耕地242.32万亩,年均增加48.46万亩;1982—1986年,新开发耕地470.98万亩。

调整农业生产结构,实行多种经营,由计划生产向商品生产转化,从传统农业转变为多元化的新型农业。1980年,农业内部结构中,种植业下降到56.8%,林业和畜牧业分别上升到8.4%和22.3%。利用云南丰富的自然资源优势,发展烤烟、甘蔗、油料、茶叶、香料、木材、药材和花卉等经济作物。橡胶产业进一步发展,到1985年,初步建成我国第二大天然橡胶生产基地。市场化、国际化的新型农业(如鲜花产业)逐步发展起来。云南省的鲜花不仅占国内市场的一半左右,且在国际市场上也占据重要地位。

农业生产条件明显改善。根据云南省统计资料显示,农业机械总动力从1979年的292.3万千瓦上升到1990年的648.8万千瓦,年均增长7.52%,有效灌溉面积从910.7千公顷上升到1054.2千公顷,农作物总播种面积从4122千公顷上升到4492千公顷,分别为1978年的2.67倍、1.16倍和1.09倍。

4.2.2.3 工业经济迅速发展,传统优势产业巩固和发展,新兴产业逐步形成

改革开放后,确立了市场导向的经济体制,对企业放权让利,引导企业树立商品意识和市场观念。深化企业改革,扩大企业经营自主权,实行承包经营责任制,逐步建立现代企业制度。大力发展轻工业,从表4-5可见,到1989年,轻工业超过重工业,改善了工业内部结构。对传统优势产业,从提升产能到多元化和规模化发展。以有色金属工业为例,政府采取措施调动乡镇集体和个体企业的开采积极性,锡、铅、锌、铜和钢铁等工业均快速发展,矿冶技术不断升级。1990年,云南有色金属产量占全国总产量的9.08%,居全国第四位[1]。

---

[1] 罗群,等.云南省经济史[M].太原:山西经济出版社,2016:243.

表 4–5　云南省轻、重工业产值结构演变　　　　　　　　　　　　%

年份	1952	1978	1980	1990
轻工业	60.3	43.0	45.2	52.5
重工业	39.7	57.0	54.8	47.5
合计	100.0	100.0	100.0	100.0

资料来源：根据《云南统计年鉴1998》整理而来。

主要工业产品产量成倍增长。从表4–6可见，1990年，化学纤维、原煤、发电量、钢、水泥、化学肥料、汽车、十种有色金属、糖及卷烟的产量，分别是1979年的10.2倍、1.65倍、2.27倍、1.95倍、2.96倍、1.94倍、4.03倍、2.54倍、3.10倍和6.33倍。

表 4–6　1979—2000年主要年份云南省主要工业产品产量

年份	化学纤维/万吨	原煤/万吨	发电量/亿千瓦小时	钢/万吨	水泥/万吨	化学肥料/万吨	汽车/辆	十种有色金属/万吨	糖/万吨	卷烟/万箱
1979	0.05	1352	55.30	41.19	159.00	46.55	1520	8.57	16.47	70.80
1980	0.10	1174	56.20	46.33	163.00	46.40	1313	9.92	16.87	89.00
1990	0.51	2227	125.78	80.15	470.73	90.32	6131	21.73	51.01	448.25
1990/1979	10.20	1.65	2.27	1.95	2.96	1.94	4.03	2.54	3.10	6.33
2000	1.39	2216	317.46	189.41	1642.80	197.22	22110	74.85	152.25	612.77
2000/1990	2.73	1.00	2.52	2.36	3.49	2.18	3.61	3.44	2.98	1.37

资料来源：《新中国六十年统计资料汇编》。

新兴优势产业兴起。1982年，云南省将烟草产品作为第一位拳头产品重点发展。1982—1990年，烟草工业迅猛发展，确立了优势地位。烤烟由1982年的10.2万吨上升到1990年的40.75万吨，几乎翻了两番；其中，上等烟的比例由56%上升到77.3%，出口烤烟由1706吨上升到2498吨，出口卷烟由300箱猛增到5.96万箱，上升198倍；创汇由629万美元上升到13792万美元，上升约21倍。1981—1990年，全省卷烟和烤烟共创税利257.22亿元，基本建设、技术改造及烤烟投入，总计41.24亿元，仅占税利收入的 16%。

4.2.2.4 商业和对外贸易迅速发展

在"改革、开放、搞活"方针指引下，云南省商业系统改革统购政策、流通渠道和体制，进入全新发展时期。通过放宽政策、调整结构和改革商业体制，促使企业成为独立经济实体，形成了以"国营商业为主体，多种所有制形式、多条流通渠道和多种经营方式并存"的商业流通格局。1988年，全省社会零售商业网点达22.05万个，比1979年增长7.1倍；全省零售商品总额达152.02亿元，比1978年增长3.44倍，扣除物价上涨因素，实际增长1.7倍[①]。

在陆续成立了一系列进出口公司的同时，改革外贸体制，增强外贸企业活力。1979年，全省出口贸易80%以上改为自营，开始引进技术和利用外资进行出口替代。1990年起，逐渐放开外贸经营权，改革高度集中的垄断经营体制，对外贸易逐渐繁荣起来。

4.2.3 产业稳步发展阶段（1991—2000年）

这个阶段，云南省逐步告别短缺经济，转向调整经济结构和培育新的支柱产业，产业结构持续升级，第三产业比重不断上升。

（1）加强基础设施建设。加速水电开发，建成漫湾、鲁布革等大电站。2000年，全省库容达到100亿立方米，农田水利化程度达到43%，一次能源生产总量年均增长7%。重视交通线建设，重点提高铁路出省运力，连接国内高等级公路网，打通四条出海通道，优化运输网的布局。

（2）继续搞好农业企业开发规划。继续深入资源调查，编制各级农业区域开发规划，加强对已有成果的应用，逐步建立农业资源动态监测网络和农业综合开发试验区。农业经济发展更注重提高效率，农业结构更趋多元化。

（3）培育新的支柱产业和经济增长点。1995—1996年，云南省委和省政府依托资源优势，确立了烟草产业、生物资源产业、矿产资源开发产业

---

① 罗群，等.云南省经济史［M］.太原：山西经济出版社，2016：298.

和旅游业为四大支柱产业。2000年，又将电力产业确定为支柱产业，形成了五大支柱产业的新格局。

（4）根据"因地制宜，合理分工，各展所长，优势互补"的原则，确立了6个经济区及其各自的产业发展重点。①滇中经济区：包括昆明、玉溪、楚雄和曲靖等地州，是全省经济发展水平最高的区域；重点发展城郊型农业、创汇农业、烟草业、钢铁工业、磷化工、旅游业、高新技术产业、信息产业和国际金融业等。②滇东北经济区：重点建设水火并举的能源基地，发展加工工业和热带农作物等。③滇东南经济区：沿公路、铁路和流域等交通线展开工业布局，建设边境开放城市和现代农业示范区，发展外向型经济；开发矿产和水力资源，培育生物资源加工业。④滇西南经济区：重点建设水电能源基地，面向东南亚发展外向型经济和国际旅游业，开发生物资源，培育香料、蔗糖、水果、花卉等重点产业。⑤滇西经济区：重点建设延边对外开放城市，发展外向型经济；发展旅游业、农林产品深加工业等。⑥滇西北经济区：重点开发矿产、水力资源和旅游资源[①]。

（5）农业生产条件大幅度改善。农业机械总动力从1990年的648.8万千瓦上升到2000年的1301.3千瓦，有效灌溉面积从1054.2千公顷上升到1403.4千公顷，农作物总播种面积从4492千公顷上升到5540千公顷，分别为1990年的2.01倍、1.33倍和1.23倍。

（6）工业生产大幅度增长。2000年，主要工业产品化学纤维、原煤、发电量、钢、水泥、化学肥料、汽车、十种有色金属、糖及卷烟的产量，分别是1990年的2.73倍、1.00倍、2.52倍、2.36倍、3.49倍、2.18倍、3.61倍、3.44倍、2.98倍和1.37倍（见表4-6）。短短10年时间，除原煤和卷烟外，主要工业产品产量增长到1990年的2.2~3.6倍，年均增长速度8.1%~13.7%。

（7）产业结构持续优化。经过10年的产业发展和结构调整，第一产业比重不断下降，第三产业比重持续上升。1992年，第三产业比重超过

---

① 童绍玉. 云南区域开发研究——云南区域开发的过程与现状［M］. 云南大学出版社，2016：111.

第一产业，此后，工业大多数年份保持40%以上的增长速度。从表4-7可见，三次产业构成从1991的32.76：34.70：32.54升级为2000年的21.47：41.43：37.10，全省产业结构从"二、一、三"型转变为"二、三、一"型，呈现出工业化成长阶段的基本特征。

表4-7 1991—2000年云南省生产总值及其构成

年份	人均生产总值/元	产值/亿元				结构/%		
		GDP总值	第一产业	第二产业	第三产业	第一产业	第二产业	第三产业
1991	1377	517.41	169.48	179.56	168.37	32.76	34.70	32.54
1992	1625	618.69	186.80	219.03	212.86	30.19	35.40	34.40
1993	2030	783.27	191.45	325.57	266.25	24.44	41.57	33.99
1994	2515	983.78	236.25	428.68	318.85	24.01	43.57	32.41
1995	3083	1222.15	302.69	534.78	384.68	24.77	43.76	31.48
1996	3779	1517.69	360.48	669.06	488.15	23.75	44.08	32.16
1997	4121	1676.17	387.02	743.82	545.33	23.09	44.38	32.53
1998	4446	1831.33	403.43	818.26	609.64	22.03	44.68	33.29
1999	4558	1899.82	406.87	811.90	681.05	21.42	42.74	35.85
2000	4770	2011.19	431.80	833.25	746.14	21.47	41.43	37.10

资料来源：《云南统计年鉴2018》。

4.2.4 形成云南特色的产业发展阶段（2001—2010年）

（1）编制《云南省土地利用总体规划（1997—2010）》，保障产业尤其是农业的发展。土地利用方针是"三保三扩六加速"。"三保"：保障耕地的量和质，保护基本农田，稳定农业基础；保障重点基础设施建设用地；保障重点工矿建设、口岸建设和旅游开发建设用地。"三扩"：扩大园地种植面积，建立水果、桑蚕、茶叶、咖啡、香料、橡胶、花卉及药材等生产基地；扩大用材林、经济林、防护林和薪炭林面积，建立用材林基地和经济林基地；扩大牧草地面积，建立优质商品牛羊基地。"六加速"：加速土地开发、复垦和整理工作，提高土地利用率；加速中低产田地改造；加速低产林地、低产园地和低产水面的改造；加速土地利用基础设施建设；加速对农地和非农地实施用途管制与规划转用许可制度的进程；加速土地利用制度改革。

（2）培育特色优势产业，发展特色经济。"十五"期间，云南省提出"建设绿色经济强省、民族文化大省和连接东南亚、南亚国际大通道"三大战略目标，开始形成具有云南特色的产业发展阶段。在巩固提高烟草产业的同时，着力培育新兴产业。一是将云南建成亚洲最大的花卉生产和出口基地、全国最大的生物资源开发创新基地。二是形成"一个中心、五大片区"的旅游产业布局，即以昆明为中心，连接滇西北、滇西南、滇西、滇东南和滇东北五大各具特色的旅游区。三是利用磷化工和有色金属的优势，加快技术改造，提高矿业经济效益。四是抓住国家实施"西电东送"的契机，开发云南的水力资源。五是改造和提升传统服务业，加快发展现代服务业。

（3）工业稳步发展。2005年起，云南加快推进新型工业化进程，实施工业发展倍增计划和大企业销售收入倍增行动，努力克服煤电油运的瓶颈约束，工业经济实现较快增长。

（4）积极参与中国－东盟自由贸易区和泛珠三角区域合作。全面推进与东盟在农业开发、烟草产业、能源开发、矿产开发、旅游开发和劳务交流六大产业的合作，与泛珠三角区域开展能源开发、交通设施建设等领域的合作。

（5）对外贸易迅速发展。外贸进出口额结束了长期徘徊在20亿美元左右的局面，从2002年的22.32亿美元增长到2007年的87.8亿美元，年均增幅超过全国平均水平。外贸经营主体多元化，增加了大型工业集团、国企、私企和外企等多种主体。出口商品结构不断优化，机电产品、高新技术产品、农产品的出口规模不断扩大，比重不断上升。2007年，出口规模超过1亿美元的产品有磷化工、有色金属、机电产品、农产品、纺织品和电力六类。出口的市场流向增加到137个国家和地区。进口贸易方面，从1990年起转为以原材料进口为主。2007年，进口规模超过1亿美元的有金属原材料、机电产品、非金属原材料、木材和农产品五类。同年,云南省进出口增幅位列全国第五,进出口总额列全国第 22 位。出口增长拉动 GDP 增长达 1.7 个百分点,贡献率为 13.9%。十大贸易伙伴分别是中国香港、越南、缅甸、澳大利亚、美国、新加坡、日本、秘鲁、印度尼西亚和巴西。

(6)产业结构继续优化。从表 4-8 可见,人均生产总值从 2001 年的 5015 元提高到 2010 年的 15752 元,年均增长 13.56%。第一产业占比从 2001 年的 20.8% 下降到 2010 年的 15.3%,第二产业占比则从 40.6% 上升到 44.6%,第三产业占比从 38.6% 上升到 40%,产业结构整体上仍然保持"二、三、一"型的状态。

表 4-8 2001—2010 年云南省生产总值及其构成

年份	生产总值/亿元	人均生产总值/元	产值/亿元			产值结构/%		
			第一产业	第二产业	第三产业	第一产业	第二产业	第三产业
2001	2138.31	5015	444.42	868.06	825.83	20.8	40.6	38.6
2002	2312.82	5366	463.44	934.88	914.5	20.0	40.4	39.5
2003	2556.02	5870	494.60	1047.66	1013.76	19.4	41.0	39.7
2004	3081.91	7012	593.59	1281.63	1206.69	19.3	41.6	39.2
2005	3462.73	7809	661.69	1426.42	1374.62	19.1	41.2	39.7
2006	3988.14	8929	724.40	1705.83	1557.91	18.2	42.8	39.1
2007	4772.52	10609	837.35	2038.39	1896.78	17.5	42.7	39.7
2008	5692.12	12570	1020.56	2452.75	2218.81	17.9	43.1	39.0
2009	6169.75	13539	1067.60	2582.53	2519.62	17.3	41.9	40.8
2010	7224.18	15752	1108.38	3223.49	2892.31	15.3	44.6	40.0

资料来源:《云南统计年鉴 2018》。

4.2.5 产业发展逐渐成熟阶段(2011 年至今)

(1)制定和实施"桥头堡"战略。"桥头堡"战略是云南省"十二五"期间的主要战略,也是国家整体开放战略的重要组成部分,是云南加快发展的重要机遇。充分利用云南的特殊地缘优势，连接我国与东南亚、南亚区域，构建四条经济走廊，打造为承接我国东中部产业转移的重要基地，促进产业结构和贸易结构的转型升级。以此为依据，对全省产业发展进行了优化布局，将云南建设成四类基地：滇中地区以资本和技术密集型产业为主，打造成我国面向西南开放"桥头堡"的重要产业基地、区域性金融中心，建成全国重要的烟草、能源、文化、旅游、生物、冶金、重化工和商贸物流基地，形成综合产业区；滇东北地区以清洁载能型和劳动密集型产业布局为导向；滇东南地区以特色产业和外向型产业为导向；滇西和滇西北地区以生态环保型和外向型产业为导向；滇西南地区以特色产业和外向型产业为导向，发展热区农业、旅游文化、生物、能源、轻工、出口商品加工和商贸物流等产业，促进绿色经济为主的特色经济和外向型产业的形成。

（2）编制《云南省土地利用总体规划（2006—2020）》，将全省划分为6个土地利用区。①滇中区旨在发挥本区经济优势，保障滇中城市群发展的用地需求，发挥本区第二、三产业的领先地位，确保烟草等特色工业的发展；保障重要基础设施、现代农业发展示范基地等用地需求，等等。②滇东北区属于以农业综合开发、煤电水能开发和生态环境保护为主的重点地带，应保障能源基地建设用地，发展山区生态农业和推进环境治理工作。③滇东南区地处边境，为矿产资源富集地，应发展外向型经济，科学保障锡、锌、锰等工矿业发展用地，重视土地生态环境治理。④滇西区应依托口岸发展外向型经济，建设重点小城镇，保障配套基础设施用地及制糖、冶金、食品加工、制药和电力等产业群用地需求。⑤滇西北区重点发展生态旅游产业，落实"滇中调水"工程，实施生态环境建设，发展"立体农业"和高山特色农业。⑥滇西南区在保障森林、生物及水资源的前提下，保障交通和能源建设用地，建设商品粮基地，发展国际旅游业。

（3）加快特色农业发展。2011年，云南省明确提出"大力发展高原特色生态农业"，以因地制宜、多元化、特色化和注重环保为农业发展的主导思想。2013年，启动高原特色农业"十百千"计划，快速推进昆（明）曲（靖）绿色经济示范带建设，开展首批40个高原特色农业示范县和37

个省级农业庄园建设。大力发展农产品加工业，推进"3个10千亿工程"，启动蔗糖产业振兴的三年行动计划，特色经济作物快速发展，甘蔗、蔬果、茶叶、鲜切花、橡胶等产量大幅提高。

（4）工业平稳增长。2013年，启动创新型云南行动计划，实施战略性新兴产业重大科技项目133项，突破一批关键核心技术，自主研发一批重大新产品，新增2个国家工程技术研究中心和1个国家高新技术产业化基地。推进千家企业节能低碳行动，加强重点用能单位能耗的在线监测预警，淘汰落后产能和节能减排。2017年，第二产业产值6204.97亿元，是2011年的1.64倍，年均增长8.6%。

（5）第三产业加速发展。2013年，启动服务业发展三年计划，加快发展商贸、物流、休闲健康、养生养老等服务行业。建设旅游强省，推进昆（明）玉（溪）红（河）旅游文化产业经济带、十大历史文化旅游项目等建设。云南统计年鉴（2018）显示，2017年，第三产业产值7833亿元，是2011年的2.12倍，年均增长13.3%。

4.3 云南产业发展成就

4.3.1 GDP大幅增长，三次产业结构持续优化

云南省三次产业的比重，从1949年的70.1∶10.9∶19.0到2018年的14.0∶38.9∶47.1。第一产业比重持续下降，从1949年的70.1%一直降到2018年的14.0%，摆脱了落后农业国的地位。第二产业从1949年的10.9%上升到2018年的38.9%，从极其弱小上升到举足轻重的地位。第三产业从1949年的19.0%上升到2018年的47.1%，成长为国民经济中首屈一指的产业。1987年，第二产业占比首次超过第一产业；2013年，第三产业占比超过第二产业，此后一直保持了"三、二、一"型结构。

全省生产总值、国民收入和工业总产值在1953—1978年的年均增长速度分别为6.0%、6.0%和7.0%。2017年全省GDP总值16376.34亿元，

是1978年的237倍；人均GDP 34221元/人，是1978年的151倍。从图4-1可见，1978—2017年，云南省人均GDP不断提高，全省GDP和人均GDP的年均增长速度分别为15.05%和13.74%。

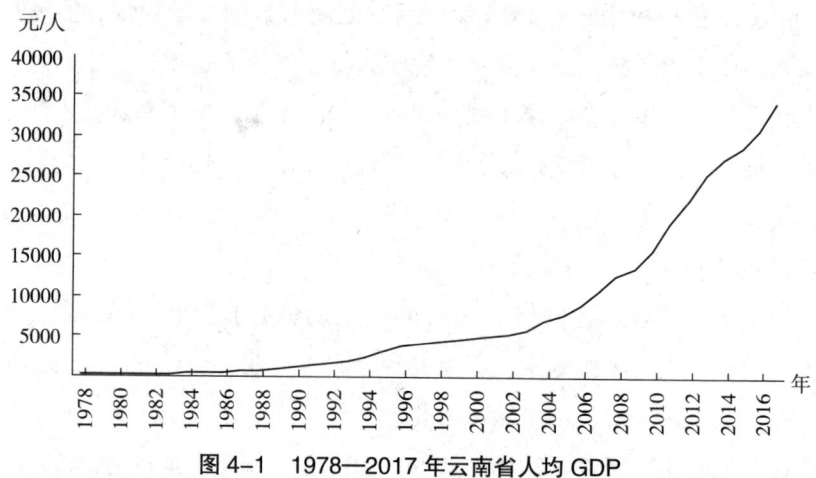

图 4-1　1978—2017年云南省人均GDP

资料来源：《云南统计年鉴2018》。

4.3.2　农业经济水平大幅度提高，农业内部结构优化

根据2018年云南省统计年鉴显示，2017年，第一产业增加值2338.37亿元，是1978年的79.37倍，年均增长11.87%，主要农产品产量均实现大幅度增长。全省农业总产值达3872.93亿元，比1978年增长95.8倍，年均增长5.8%。粮食总产量达1843.4万吨，是1978年的2.1倍。从表4-9可见，全省油料、甘蔗、烤烟、水果、茶叶的产量分别比1978年增长9.2倍、8.5倍、5.8倍、66.5倍和21.1倍。斗南花卉市场的鲜切花交易量达65.3亿支，交易额达53.55亿元，占全国鲜切花交易量的70%。主要农产品中，粮食产量的增长速度相对较慢，年均增长仅2%；油料、甘蔗、烤烟、水果、茶叶、猪牛羊肉和水产品的年均增长速度分别为6.1%、5.9%、5.1%、11.4%、8.3%、6.8%和10.9%，水果和水产品的增速最快，年均增速均超过10%。

表 4-9　云南省主要年份主要农业产品产量及其增长率

	年份	粮食	油料	甘蔗	烤烟	水果	茶叶	猪、牛、羊肉	水产品
总量指标/万吨	1978	864.05	5.51	160.01	12.26	11.62	1.78	29.23	1.12
	1990	1061.21	13.31	661.88	43.60	31.97	4.48	74.74	4.60
	2000	1467.80	26.98	1420.29	64.61	76.95	7.94	191.51	16.62
	2010	1650.00	34.23	1750.92	95.40	397.91	20.73	474.82	48.17
	2017	1843.40	56.26	1516.15	83.85	783.90	39.30	374.10	63.12
各年比上年增长/%	1990	6.3	21.9	20.1	−4.5	50.9	4.9	9.4	4.3
	2000	4.9	30.8	−7.0	6.0	4.2	5.7	6.2	7.0
	2010	4.6	−31.8	−0.6	8.4	16.1	13.3	75.3	11.9
	2017	1.6	−0.1	−0.5	−4.6	−1.7	5.4	1.2	4.9
年均增长速度/%	1979—2017	2.0	6.1	5.9	5.1	11.4	8.3	6.8	10.9
	1991—2017	2.1	5.5	3.1	2.5	12.6	8.4	6.1	10.2
	2001—2017	1.3	4.4	0.4	1.5	14.6	9.9	4.0	8.2
	2011—2017	1.6	7.4	−2.0	−1.8	10.2	9.6	−3.3	3.9

资料来源：《云南统计年鉴 2018》。

从表 4-10 可见，2017 年农业总产值 3872.93 亿元，是 1978 年的 96.8 倍，年均增长 12.4%。农业内部的生产结构持续演变，农业产值比重从 1978 年的 71.4% 下降到 2017 年的 51.2%；牧业产值比重从 1978 年的 17.7% 上升到 2017 年的 33.3%，渔业产值比重从 1978 年的 0.2% 增加到 2017 年的 2.3%。

表 4-10　1978—2017 年云南省农业总产值及其结构

年份	农业总产/亿元	农业产业结构/%				
		农业	林业	牧业	渔业	农林牧渔服务业
1978	40.02	71.4	6.2	17.7	0.2	4.5
1979	44.71	69.4	7.1	18.5	0.2	4.8

续表

年份	农业总产/亿元	农业产业结构/%				
		农业	林业	牧业	渔业	农林牧渔服务业
1980	48.20	68.5	6.1	21.2	0.4	3.8
1981	55.20	69.4	6.8	19.5	0.4	3.9
1982	61.84	67.8	6.3	20.7	0.3	5.0
1983	65.68	64.4	7.2	21.1	0.4	7.0
1984	77.36	63.1	7.7	20.4	0.3	8.5
1985	88.88	58.5	8.9	22.9	0.5	9.3
1986	96.01	54.0	7.7	27.2	0.7	10.4
1987	111.25	55.5	8.0	26.4	0.9	9.2
1988	135.39	56.2	7.4	27.3	1.2	7.9
1989	152.68	55.2	8.5	27.3	1.3	7.7
1990	211.72	56.5	8.6	25.5	0.7	8.7
1991	222.93	58.6	8.4	25.0	0.6	7.4
1992	250.35	58.6	9.1	24.6	0.8	6.9
1993	281.21	63.8	9.0	25.9	1.3	
1994	356.78	64.2	8.5	25.8	1.5	
1995	474.46	63.1	8.5	26.8	1.5	
1996	567.51	65.1	7.6	25.7	1.6	
1997	612.01	64.9	6.6	26.8	1.7	
1998	620.02	61.5	6.7	29.8	2.0	
1999	642.48	61.5	7.1	29.4	2.0	
2000	680.86	61.2	7.3	29.6	1.9	
2001	703.53	61.3	6.7	29.9	2.0	
2002※	743.75	55.8	8.0	30.0	2.0	
2003	799.33	54.3	9.2	30.3	2.1	4.1
2004	965.22	53.6	9.0	31.6	2.0	3.6
2005	1068.58	52.3	9.9	31.8	2.1	3.8
2006	1209.76	52.1	11.8	30.0	2.2	3.7
2007	1414.79	50.0	11.0	32.5	2.5	4.0

续表

年份	农业总产/亿元	农业产业结构/%				
		农业	林业	牧业	渔业	农林牧渔服务业
2008	1641.46	48.2	11.2	34.7	2.3	3.6
2009	1706.19	49.9	11.5	32.7	2.5	3.5
2010	1810.53	51.1	10.2	32.5	2.7	3.5
2011	2306.49	48.8	10.7	35.0	2.4	3.1
2012	2680.22	52.2	8.4	34.1	2.4	3.0
2013	3056.04	53.6	9.6	31.5	2.3	3.0
2014	3261.30	55.3	9.3	29.9	2.4	3.1
2015	3383.09	54.4	9.4	30.5	2.4	3.3
2016	3704.69	51.0	8.9	34.7	2.1	3.3
2017	3872.93	51.2	9.9	33.3	2.3	3.4

资料来源：《云南统计年鉴2018》。

注：2002年起，改用新口径指标。

4.3.3　工业结构升级，传统优势产业继续巩固，新兴优势产业崭露头角

2017年，第二产业增加值为6204.97亿元，是1978年的225倍，年均增长14.9%。2018年，全省工业增加值占GDP的比重达25%，增速高于GDP增速2.7个百分点，拉动GDP增长3.3个百分点，贡献率达37.1%。各行业中，工业对GDP增长贡献率最大；规模以上工业增加值同比增长11.8%，增速位居全国第2位。工业产值占工农业产值的比重上升到72%，工业化进程加快。

主要工业品产量成倍增加。从表4-11可见，2017年，原煤、粗钢、成品钢材、发电量、水泥、卷烟、布、机制纸及纸板、成品糖的产量分别是1978年的2.96倍、43.21倍、62.81倍、51.99倍、86.21倍、11.39倍、0.01倍、17.49倍和16.22倍。除了布的产量是负增长，其他主要工业品的产量年均增长速度分别为2.8%、10.1%、11.2%、10.7%、12.1%、6.4%、7.6%和7.4%。

表 4-11 云南省主要工业产品产量及其增长速度

年份	总量指标 / 万吨					1979—2017 年均增长 /%	2017/1978
	1978	1990	2000	2010	2017		
原煤	1483	2227	2216.00	9763.38	4392.91	2.8	2.96
粗钢	35.12	80.15	189.41	1293.77	1517.50	10.1	43.21
成品钢材	25.59	68.97	183.71	1214.99	1607.38	11.2	62.81
发电量 / 亿千瓦小时	52.51	125.78	317.46	1364.85	2730.09	10.7	51.99
水泥	131	471	1642.80	5786.16	11292.89	12.1	86.21
卷烟 / 亿支	315	2240	3063.85	3573.78	3589.36	6.4	11.39
布 / 万米	10507	17974	5855.00	412.76	93.00	−11.4	0.01
机制纸及纸板	5.12	15.43	22.32	44.87	89.55	7.6	17.49
成品糖	14.00	51.00	152.25	179.78	227.13	7.4	16.22

资料来源:《云南统计年鉴 2018》。

重点培育优势资源产业,取得显著成效。云南省先后提出大力培育 4 大支柱产业、5 大支柱产业、8 大重点产业和全力打造"绿色能源""绿色食品""健康生活目的地"三张牌的发展思路,已经形成烟草、生物资源开发、电力、旅游和矿产 5 大支柱产业。2017 年的工业增加值中,烟草制品业增加值为 1220.48 亿元,占全部工业增加值的 28.62%;卷烟销量占全国市场份额的 20.12%;能源行业增加值为 863.76 亿元,仅次于烟草产业。生物医药和大健康产业实现主营业务收入 2555 亿元,成为云南省发展潜力最大的产业。信息产业、高原特色现代农业等也实现快速发展。

外向型优势工业快速发展。新材料产业的形成和高科技产业基地的建设,带动了有色金属产业转型升级,有色金属产业不仅成为云南省外向型产业的支柱,而且在世界上占据了重要地位。此外,装备制造业、能源产业、磷化工产业、烟草产业、金属矿采选及冶炼加工业、医药制造产业、旅游业、文化产业和光机电产业等也成长为主导优势产业。

4.3.4 第三产业繁荣发展

云南省拥有极为丰富的旅游资源,通过规划发展现已形成了六大各具特色的旅游区：大昆明国际旅游区、香格里拉生态旅游区、澜沧江—湄公河国际旅游区、火山热海边境旅游区、喀斯特山水文化旅游区和红土高原旅游区，成为国内外著名的旅游目的地。"桥头堡"建设更是将旅游业列为重点目标产业之一。从表4-12可见，2017年，旅游总收入达6922.23亿元，是2005年的16.1倍，年均增长26%。

表4-12 云南省游客人数及旅游收入

项目	游客总人数/万人次	国内游客/万人次	外国人和港澳台过夜游客/万人次	旅游总收入/亿元	国内旅游收入/亿元	国际旅游收入/亿美元	折合人民币/亿元
2005	7010.28	6860	150.28	430.14	386.15	5.28	
2012	20088.12	19630.28	457.84	1702.54	1579.49	19.47	123.06
2013	24505.85	23972.35	533.5	2111.24	1961.55	24.19	149.69
2014	28647.55	28116.49	531.06	2665.74	2516.87	24.21	148.87
2015	32914.03	32343.95	570.08	3281.79	3104.37	28.76	177.42
2016	43119.71	42519.33	600.38	4726.25	4536.54	30.75	189.71
2017	57339.81	56672.12	667.69	6922.23	6682.58	35.5	239.65

资料来源：《云南统计年鉴2018》及云南省旅游局。

从封闭半封闭状态迈向全方位、多层次的对外开放格局，从小规模的边境贸易、小额贸易到建设面向东南亚的辐射中心，"一带一路"倡议更是将云南推向了对外开放前沿。成功举办了五届博览会，设立了26个驻外商务代表处，2017年实际利用外资增速排名全国第3位，进出口贸易迅速扩大。从表4-13可见，进出口总额从1978年的1.04亿美元增加到2017年的233.94亿美元，年均增长14.9%。其中，出口额从0.69亿美元增加到114.3亿美元，进口额从0.35亿美元增加到119.64亿美元，分别是1978年的166倍和342倍，年均增长速度分别达到14.0%和16.1%。同时，进出口品种结构和区域逐步向多样化发展。出口商品以农产品、机电产品、化肥和劳动密集型商品为主，磷铵类复合肥、手机及零配件出口增长较快；进口商品以原油、天然气、金属矿产品、硫磺等原材料以及机电产品、农产品为主。外贸市场主要包括东盟、沙特阿拉伯、阿曼、阿拉伯联合酋长国、科威特、美国和"一带一路"沿线国家。2004年以后边境贸易进入跨越式发展阶段。"十五"期间，边贸进出口总额累计实现23.13亿美元，比"九五"期间增长134.8%。社会消费品零售总额从1978年的28.38亿元增加到2017年的6423.06亿元，年均增长14.9%。

表4-13 云南省主要年份进出口额　　　　　　　　　　单位：亿美元

年份	1978	1980	1985	1990	1995	2000	2005	2010	2015	2017
进出口总额	1.04	1.1	2.1	5.48	18.96	18.13	47.38	133.68	245.27	233.94
出口额	0.69	0.96	1.29	4.34	12.15	11.75	26.42	76.06	166.26	114.3
进口额	0.35	0.14	0.81	1.14	6.81	6.38	20.97	57.62	79.01	119.64
差额/出超+、入超−	0.34	0.82	0.48	3.21	5.35	5.37	5.45	18.43	87.25	−5.33

资料来源：《云南统计年鉴2018》及国家统计局官网。

国际金融业逐步发展起来。2010年，云南被批准作为跨境贸易人民币结算试点省，建设面向东南亚和南亚的区域金融中心。当年，全省跨境贸易人民币结算量超过180亿元，占全国的12%，位居前列。次年，全省人民币边境贸易结算量已占全国1/3，位居全国第1位。2018年，全省跨境人民币结算570.61亿元，同比增长10.37%；人民币在全省本、外币跨境收支中占比为33.48%，较上年提高2.22个百分点，继续保持全省第二大跨境结算货币地位。与63个国家（地区）发生结算，其中，结算量最大的是缅甸、中国香港和越南，结算占比分别为35.31%、24.33%和22.33%[①]。

国际物流业基地逐步形成。"桥头堡"建设将物流作为首选产业，依托大通道建设，充分利用海陆空交通线和口岸建设，构建现代物流基地。从表4-14可见，2017年，全省货物周转总量达1798.67亿吨千米，是1978年的29倍，年均增长9%。交通运输线路中增长最快的当属民用航空，37年时间增长到1980年的275倍，其中，国际航线在32年内增长

---

① 云南省跨境人民币结算稳定增长［DB/OL］．［2019-02-10］．http://yn.people.com.cn/n2/2019/0210/c378439-32620165.html．

了 70 倍。

表 4-14 云南省主要年份交通运输线路长度及货物周转量

年份	货物周转量 / 亿吨千米					交通运输线路长度 / 万千米			
	总量	铁路	公路	水运	民用航空	铁路	公路	内河航道	民用航线
1978	62.34	43.52	18.57	0.24	0.01				
1980	68.76	50.59	17.84	0.32	0.01	0.17	4.41	0.10	0.10
1985	154.11	64.83	88.73	0.50	0.05	0.17	4.95	0.10	2.27
1990	260.67	93.91	166.10	0.59	0.07	0.17	5.65	0.11	2.66
1995	307.71	114.24	192.10	1.06	0.31	0.16	6.82	0.13	5.16
2000	479.52	180.76	296.65	0.98	1.13	0.20	16.36	0.16	11.97
2005	656.49	270.37	381.96	2.93	1.23	0.19	19.45	0.28	13.54
2010	915.04	358.31	548.53	6.91	1.29	0.19	20.92	0.29	18.28
2015	1465.30	371.83	1077.89	14.08	1.51	0.27	23.60	0.41	31.69
2017	1798.67	420.62	1360.37	16.21	1.46	0.37	24.25	0.43	27.48

资料来源：《云南统计年鉴 2018》。

说明：1. 公路货物周转量从 1984 年起为国家统计局统一口径的全社会数。

2. 铁路货物周转量从 2008 年起调整口径。

3. 2014 年起交通部门调整了公路、水路货运量计算口径。

对外承包工程和劳务合作得到发展。1990 年以后，云南省充分利用与接壤国家的传统友好关系和技术优势，先后在缅甸、喀麦隆、南也门和科威特等地承建工程项目，对外经济技术业务增长量排名全国第 10。从表 4-15 可见，2017 年，对外承包工程完成营业额 23.42 亿美元，是 1991 年的 293 倍。2018 年，全省对外实际直接投资在全国排名第 16 位，在西部排名第 2 位。主要投资前 4 位的国家（地区）为老挝、缅甸、柬埔寨、中国香港。截至 2018 年 12 月，在全球 58 个国家（地区）设立 788 家（机构）企业，对外实际直接投资额累计达 104.21 亿美元[①]。

---

① 2018 年云南对外投资合作业务简况［DB/OL］．［2019-01-23］．http：//www.ynoiec.gov.cn/htmlswt/nobody/2019/0123/news_5_343291.html．

表 4–15 云南省对外承包工程和劳务合作　　　　　　　　单位：亿美元

	年份	1991	1995	2000	2005	2010	2015	2017
承包工程	合同金额	0.11	2.2	2.96	5.34	9.71	12.86	12.86
	完成营业额	0.08	1.01	1.53	3.87	9.85	23.42	23.42
劳务合作	合同金额	0.01	0.02	0.04		0.05		
	完成营业额			0.01	0.02	0.05		

资料来源：《云南统计年鉴 2018》。

全社会固定资产投资快速增长。从 1978 年的 15.04 亿元增加到 2017 年的 18935.99 亿元，年均增长 20.1%。尤其是房地产投资增长迅猛，2017 年达 2786.25 亿元，是 1990 年的 1351.5 倍，年均增长 30.6%。

高等学校、中等专业学校的在校生人数年均增长 7.5% 和 2.8%。医院病床数、专业卫生技术人员和执业医师年均增长速度分别为 3.5%、3.8% 和 2.9%[①]。

4.3.5　非公经济发展壮大

非公有制经济从无到有，从小到大。从表 4–16 可见，2017 年，全省非公经济增加值达 7721.48 亿元，占当年 GDP 总量的 47.15%，接近一半的水平。非公企业分布在各行各业，尤其是第二、三产业，其中，约 50% 从事第三产业，对全省经济增长的贡献率达 53%，有效地吸纳了劳动力就业。非公经济已成为云南国民经济的重要主体和转型升级的重要力量。

表 4–16　2005—2017 年云南省非公经济增加值

年份	生产总值	非公经济增加值		其中 / 亿元		
		增加值 / 亿元	占 GDP 之比 /%	第一产业	第二产业	第三产业
2005	3462.73	1211.76	34.99	142.27	523.62	545.87
2006	3988.14	1457.20	36.54	159.37	674.70	623.13
2007	4772.52	1784.92	37.40	190.92	831.50	762.50
2008	5692.12	2191.47	38.50	239.81	1056.28	895.38

---

① 资料来源：《云南统计年鉴 2018》。

续表

年份	生产总值	非公经济增加值		其中 / 亿元		
		增加值 / 亿元	占GDP之比 /%	第一产业	第二产业	第三产业
2009	6169.75	2412.38	39.10	263.69	1115.65	1033.04
2010	7224.18	2931.38	40.58	277.06	1412.90	1241.42
2011	8893.12	3743.14	42.09	365.45	1705.82	1671.87
2012	10309.47	4546.48	44.10	455.00	2081.44	2010.04
2013	11832.31	5454.69	46.10	563.44	2410.33	2480.92
2014	12814.59	5958.78	46.50	636.82	2581.55	2740.41
2015	13619.17	6339.94	46.55	658.92	2654.45	3026.57
2016	14719.95	6896.49	46.85	709.19	2821.50	3365.80
2017	16376.34	7721.48	47.15	760.63	3135.70	3825.15

资料来源：《云南统计年鉴2018》。

注：非公经济从2005年开始统计。

4.4 云南产业发展面临的挑战

4.4.1 产业结构发展进程落后于全国，经济发展水平低

从表4-17可见，2018年，云南省三次产业结构比为14.0∶38.9∶47.1，全国产业结构为7.2∶40.6∶52.2，云南的第一产业比全国高6.8个百分点，第二产业比全国低1.7个百分点，第三产业比全国低5.1个百分点，人均生产总值仅为全国水平的57.3%。从总体上看，云南省的产业发展滞后于全国，产业结构层次偏低，经济发展水平与全国相比有较大的差距。

表4-17 云南省与全国产业结构对比

年份	人均生产总值 / 元		全国产业结构 /%			云南产业结构 /%		
	云南	全国	第一产业	第二产业	第三产业	第一产业	第二产业	第三产业
1949	56					70.1	10.9	19.0
1960	134	220	23.2	44.4	32.4	34.7	41.3	24.0

续表

年份	人均生产总值/元		全国产业结构/%			云南产业结构/%		
	云南	全国	第一产业	第二产业	第三产业	第一产业	第二产业	第三产业
1970	156	279	34.8	40.3	24.9	49.0	34.7	16.3
1978	226	385	27.7	47.7	24.6	42.66	39.94	17.39
1980	267	468	29.6	48.1	22.3	42.59	40.32	17.09
1985	486	866	27.9	42.7	29.4	40.05	39.65	20.30
1990	1224	1663	26.6	41.0	32.4	37.22	34.94	27.84
1995	3083	5091	19.6	46.8	33.7	24.77	43.76	31.48
2000	4770	7942	14.7	45.5	39.8	21.47	41.43	37.10
2005	7809	14368	11.6	47.0	41.3	19.11	41.19	39.70
2010	15752	30808	9.3	46.5	44.2	15.34	44.62	40.04
2011	19265	36302	9.2	46.5	44.3	15.87	42.51	41.63
2012	22195	39784	9.1	45.4	45.5	16.05	42.87	41.09
2013	25322	43684	8.9	44.2	46.9	15.73	41.74	42.53
2014	27264	47005	8.7	43.3	48.0	15.54	41.22	43.24
2015	28806	50028	8.4	41.1	50.5	15.09	39.77	45.14
2016	30949	53680	8.1	40.1	51.8	14.91	38.38	46.71
2017	34221	59201	7.6	40.5	51.9	14.28	37.89	47.83
2018	37025	64644	7.2	40.6	52.2	14.0	38.9	47.1

资料来源：《云南统计年鉴2018》及国家统计局官网。

4.4.2 省内各地区产业发展进程差异大

云南地处西南边疆，自然环境以高原山地为主，众多民族并存，经济发展相对落后、封闭和不平衡。各民族大杂居小聚居，因各自地理位置和生产力水平的不同形成经济形态各异的若干区域条块，全省16个州（市）的经济发展差距悬殊。整体而言，昆明、曲靖、玉溪和楚雄等滇中区域第二、三产业较为发达，从滇中向边缘地区工业化水平快速降低，形成明显的阶梯，尤其是迪庆州和怒江州，地处云南省边境，境内高山峡谷纵横，由于农业和工业落后，产业结构虽呈"三、二、一"型，但经济发展水平很低。2017年，昆明、曲靖、红河、玉溪和大理这5个州（市）GDP超过1000亿元，其余11个州（市）的GDP总量均低于1000亿元，尚有2个州（市）在200亿元以下，GDP总量最高的昆明市是最低的怒江州的34.3倍。

4.4.3 工业内部结构不合理

世界各国的产业发展规律，一般沿着"农业—轻工业—重化工业—高新技术工业—服务业"的轨迹发展，产业结构由轻工业向重化工业发展的趋势称作重化工业化。2003年起，云南省的重工业比重超过轻工业，且重工业呈现快速上升的趋势，按照霍夫曼定理，可以判断云南省工业进入重化工业阶段，与全国同期的工业趋势相差不大。但是，云南省的重工业以资源采掘工业为主，轻工业以烟草工业为主，也就是说，云南工业生产以"资源型"和"传统型"为主导，缺乏高技术含量的先进工业。从表4-18可见，2017年，云南省按工业行业划分的规模以上企业工业增加值来看，采矿业占8.16%，制造业中的烟草制品业占31.49%，其他占比靠前的依次为有色金属冶炼及压延工业、非金属矿物制品业、化学原料及化学制品制造业和医药制造业，这样的工业结构属于高污染、高能耗型，不利于吸纳劳动力就业，在市场交换中输出的是附加值低的能源和原材料，处于不利的贸易地位。

表4-18　2017年云南省按工业行业划分的规模以上企业工业增加值及其构成

工业部门	工业增加值/亿元	占比/%	工业部门	工业增加值/亿元	占比/%
全省	3876.34	100.00			
采矿业	316.35	8.16	化学原料及化学制品制造业	151.7	3.91
煤炭开采和洗选业	85.4	2.20	医药制造业	139.6	3.60
石油和天然气开采业			化学纤维制造业	6.11	0.16
黑色金属矿采选业	56.36	1.45	橡胶和塑料制品业	24.33	0.63
有色金属矿采选业	129.95	3.35	非金属矿物制品业	189.75	4.90
非金属矿采选业	44.64	1.15	黑色金属冶炼及压延工业	95.08	2.45

续表

工业部门	工业增加值/亿元	占比/%	工业部门	工业增加值/亿元	占比/%
开采辅助活动			有色金属冶炼及压延工业	230.96	5.96
其他采矿业			金属制品业	27.08	0.70
制造业	2827.82	72.95	通用设备制造业	20.18	0.52
农副食品工业	164.77	4.25	专用设备制造业	24.92	0.64
食品制造业	63.14	1.63	汽车制造业	43.63	1.13
酒、饮料和精制茶制造业	113.52	2.93	铁路、船舶、航空航天和其他运输设备制造业	8.79	0.23
烟草制品业	1220.48	31.49	电气机械及器材制造业	23.02	0.59
纺织业	6.91	0.18	计算机、通信和其他电子设备制造业	58.76	1.52
纺织服装、服饰业	5.26	0.14	仪器仪表制造业	3.12	0.08
皮革、毛皮、羽毛及其制品和制鞋业	3.09	0.08	其他制造业	0.89	0.02
木材加工及木、竹、藤、棕、草制品业	23.68	0.61	废弃资源综合利用业	7.72	0.20
家具制造业	4.28	0.11	金属制品、机械和设备修理业	0.47	0.01
造纸及纸制品业	29.61	0.76	电力、热力、燃气及水生产和供应业	732.17	18.89
印刷业和记录媒介的复制	24.28	0.63	电力、热力生产和供应业	661.39	17.06
文教、工美、体育和娱乐用品制造业	45.88	1.18	燃气生产和供应业	50.14	1.29
石油加工、炼焦及核燃料工业	66.82	1.72	水的生产和供应业	20.63	0.53

资料来源：根据《云南统计年鉴 2018》加工整理。

由于云南省矿产资源非常丰富，相关的资源采掘业将会在较长时间内保持优势地位。但矿区一般地处偏远，加上技术水平低、资金匮乏，矿产资源的勘察和投资体制尚未形成，使得矿产资源开发利用效益低，且对矿区生态环境造成严重破坏，严重制约了矿业经济的发展。

4.4.4 农业面临一系列制约因素

云南省正在着力培育现代特色农业,对农业劳动力的素质有相对较高的要求。但目前云南农村劳动力受教育程度相对偏低,影响了其获取现代农业的生产技术、市场销售和经营管理的相关知识,制约了其应对风险的能力。此外,还面临着农业服务体系薄弱,农业技术人员缺乏,农业资源和环境被破坏、生态环境脆弱,农业生产方式落后,耕地后备资源严重不足,农地利用效率低下等问题。因此,需要积极采取措施改进农业生产方式,优化农业生产结构,提高农民的经营素质,加大农业投资,实现农业经济结构的升级转型。

4.4.5 旅游业快速发展中暴露出的问题

云南省旅游业近些年来发展突飞猛进,但是在加速发展的过程中也暴露出不少问题。一是各州(市)的旅游收入差距很大,昆明、大理、西双版纳和红河这5个州(市)的旅游收入占全省旅游总收入的60%以上,其他地区的收入较少,并且这种差距呈逐年上升的趋势。二是国内游客和国内旅游收入远低于周边的四川,并被贵州和广西超越,海外游客和海外旅游收入的增长率也大大低于贵州和四川。三是不合理低价问题泛滥,旅行社开发新产品的能力和经营管理能力较弱,过度依靠低价竞争。四是旅游市场不规范,出现一些扰乱市场秩序的现象,强迫购物、旅游合同违约等问题突出。旅游商品缺乏创意,山寨、伪劣品泛滥,不仅难以形成品牌,反而频频引发游客投诉。人民网旅游"3.15"投诉平台与其舆情监督室联合发布的《2015年旅游"3.15"影响力报告》显示,该平台当年收到的旅游投诉中,针对云南旅游问题的投诉量位列全国第一,购物陷阱、诱导、强迫购物和强制消费等问题成为投诉重点。五是交通运输条件仍然较差,火车通达性差,铁路路网规模小、车次少。尽管云南的民航发展很快,但飞机的经济性不及火车和汽车,并非游客的首选。六是旅游业配套行业不完善。旅游酒店业结构不合理,高档酒店过多而中低端酒店缺乏,旅游餐饮业不规范,旅游娱乐康体业开发不够、创新不足,旅游产品较单一。

4.5 云南产业发展展望

4.5.1 增强产业创新能力,推动产业转型升级,提升全要素生产率

一方面,大力发展技术密集型的新兴产业;另一方面,运用新技术改造传统产业。具体可以从以下几方面展开:一是加速对八大产业大中型企业的技术改造,积极建设高科技园区,扶持生物技术、节能降耗技术、高端装备制造技术等重点领域的技术创新。二是大力引进国内外新兴产业,加大引进高科技人才的力度,推动本省与沿海地区的技术交流和合作,培育良好的技术创新氛围,加强技术的集聚效应。三是支持民营经济的发展,释放民间创新能力。与国企相比,云南省的民营经济还比较弱小,不利于充分利用广大人民的聪明才智。民营经济思维活跃,对市场敏感度高,尤其是在第三产业有很大的发展空间。四是鼓励研究所、高校与企业研发机构的协作,加大对知识产权保护的力度,促进科学技术在各产业中的运用。

4.5.2 加快推动第二产业的技术改造和转型升级

从轻、重工业结构等指标来看,云南目前处于工业化中期的较早阶段,这个阶段工业增长是经济发展的主导力量,工业是实现云南高质量跨越式发展的关键。应注重工业经济发展和提质增效,加快传统产业的转型升级。以市场需求为导向,实施传统产业的重大技术升级改造工程,围绕冶金、电力、化工、建材、轻纺等重点行业的生产设备、工艺流程、产品结构和生产管理等环节,大力推广新产品、新装备、新技术、新工艺和新流程,提升传统产业的竞争力。采取措施抑制低水平竞争,化解产能过剩。综合运用市场机制和政策引导,建立相关税收、价格和产业政策,按"限量、重组、转移、退出"四种途径,促使高能耗、高污染和低质量的

企业退出、优化存量、引导增量。加强供给侧结构性改革，打造云南工业质量品牌。延伸产业的纵向链条，加强横向配套协作，发挥核心企业的龙头带动作用和各层次企业的集聚功能，打造产业集群。促进八大支柱产业的稳妥发展，提高烟草产业竞争力，发展非烟草的轻工业，推动冶金、化工和建材等骨干企业优化经营管理水平，大力发展精深加工，推进工业创新，引导企业向开放型、创新型和绿色化、信息化、高端化方向转型发展，不断提高新型工业产值在国民经济中的比重。

4.5.3 全面构建现代旅游产业体系，实现旅游强省的战略

云南省经过多年的发展已经成为旅游大省，旅游企业大批量增加，旅游收入成倍增长，但这些是建立在极其丰富的旅游资源的基础上的粗放扩张，不具备可持续性。要从旅游大省转变为旅游强省，需要注入更多的相关知识，投入更多的精力，如此才能打造成为旅游企业实力强、产业贡献大、产业体系完备的旅游产业。首先，应围绕品牌培育和旅游创新，提高旅游产业链条上吃、住、行、游、娱、购、康、养等各环节的发展水平，形成高、中、低档各层次合理配置，规模化和灵活性兼备，规范化和特色化共存，人文与科技并肩，结构合理、管理科学的现代旅游企业体系。其次，引导和鼓励旅游企业面向市场进行改革，培育诚信、专业、规模化、特色化和网络化的现代旅游企业，增强旅游企业的竞争力。再次，充分挖掘人文和自然的地方特色，细分旅游产品市场，拉长旅游产业链条，优化旅游产品结构。改造传统观光产品，使之成长为更高层次的深度观光和文化体验产品；休闲度假产品比观光产品有更高的消费支出，使传统的观光产品与休闲度假产品并重；结合各地经济水平和地方饮食特点，发展特色旅游餐饮街，利用民族节庆，打造地方特色的旅游美食文化节。最后，提高旅游的信息化和智能化水平，大力发展智慧旅游。信息技术可以有效改变供求信息不对称的状况，降低旅游企业和游客双方的成本，优化资源配置，还能监督旅游市场的违规市场行为，规范旅游市场的秩序。建立健全云南旅游网站、旅游指南手机APP；建设智慧景区，选择试点景区，全面覆盖Wi-Fi信号、电子票务、智能导游、视频监控等系统，提高旅游服务水平和效率。

4.5.4 加快发展现代服务业

第三产业的强大是国民经济发达的重要标志。美国以金融服务业为主的第三产业在其 GDP 结构中占比超过 80%，服务业就业人口在整个就业人口中超过 70%。加快发展第三产业尤其是现代服务业，是云南省产业发展的题中之意。应以"桥头堡"战略和"一带一路"倡议为重要契机，以转型升级为导引，推动生产性服务业的专业化发展。加快金融、现代物流、信息服务、科技服务、商务服务、会展等生产性服务业的发展，引导企业剥离非核心业务，积极培育新型服务业态，提高生产性服务业对产业转型升级的支撑力。以规范化、品质化、精细化和便利化为目标，提高生活性服务业的品质。积极对接和组织实施旅游休闲、教育、医疗、文化体育、康养家政等国家重大工程，大力发展旅游文化经济，促进旅游开发与城镇、文化、产业和生态建设及乡村振兴等各领域的深度融合，拓展旅游产业的发展空间。充分利用云南省对外交往的区域优势，打造区域性金融中心和区域性国际经贸中心。云南有 8 个地州、25 个县与缅甸、老挝、越南接壤，国境线总长 4060 千米，是我国通往东南亚和南亚的门户。推动金融市场对外开放，培育离岸贸易和离岸金融功能，建立适应离岸贸易发展的外汇资金结算便利制度和税收制度，推进延边金融综合改革试点、昆明区域性国际金融中心建设，推进跨境人民币业务的创新和发展。

4.5.5 大力发展高原特色现代农业

尽管云南的农业产值和占比在国民经济中的地位持续下降，但从两个方面来看，农业对云南依然重要：一是云南具有非常丰富的农业资源和生物资源，拥有发展特色农业的独特优势，并且是云南旅游业和特色小镇的重要内容；二是农业吸纳了大量劳动力。现代农业应以资源节约、环境友好、产品安全为出发点，发展无公害农产品、绿色食品。加快农产品地理标志"三品一标"的认证管理，健全高原特色农业地方标准体系，加强农业标准化示范园区建设，推进优势经济作物向最适宜地区集聚，促进农业产业集群发展。提升烤烟、橡胶、蔗糖、桑蚕、茶叶、油料等传统优势农业,积极发展花卉、咖啡、水果、中药材、食用菌、辣木等新兴特色产业。做大做强山地畜牧业和高效林业,促进特色农业与旅游业、特色小镇和食品加工业的深度融合,建立面向现代社会、面向国内外两个市场的现代、开放农业。

4.5.6 构筑高效基础设施网络

云南山高地狭,交通运输一直是经济发展的重要阻碍。依托国家的大通道建设战略,加速建造高效的立体交通网络。以铁路和公路为重点,全面打通出省出境通道;以航空为先导,干线铁路和高速公路为骨干,城际铁路、支线铁路、国省干线公路和水运为补充,建设多层次的交通体系;建设专业化的货物运输网和高效便捷的城际轨道交通网。实施交通"互联网+"计划,推动交通运输服务的智能绿色安全发展。以交通助力脱贫攻坚,加快推进建制村通客车、通邮政的进程,实施"四好农村路"建设计划,建设一批产业路、旅游路和资源路。建设国际化的能源保障网、高效节约的水网和高速共享的互联网。

4.5.7 调整投资结构,提高投资效率

目前,云南省的投资资金过于依赖国家预算内资金,利用民间资本和外资的比重低。应努力深化投资体制改革,规范各级政府的投资行为,健全政府投资管理体制。政府的投资应围绕改善投资条件、弥补市场机制不足来进行,侧重于公共领域和老少边穷地区,打造良好的投资环境,切记四处出击、与民间资本争利。积极研究和构建科学合理的政绩评价体系,进一步改变以GDP为中心的考核体系,抑制政府的"投资饥渴症",防止在某些行业的过度投资。政府的投资往往效率低下,造成资源的浪费和投资环境的恶化,因此,要通过信息披露等制度加强对政府资金运用的监督,鼓励民间资本和外资进入更多领域参与竞争,提高投资效率。

4.5.8 努力提升消费水平,通过消费拉动产业发展

一是深化收入分配制度改革,提高低收入群体的收入水平,扩大中产

阶级规模。低收入群体的边际消费倾向明显高于高收入群体，可以通过转移支付增加农民收入和城乡低保水平，增加低收入者的培训和就业机会。二是健全社会保障制度，增加对医疗、养老、教育和住房保障等领域的投资，释放民众的消费热情。三是培育新兴消费热点，鼓励创新商业模式。四是改善消费环境，提供诚信友善、安全放心、公平公正的消费环境，保护消费者合法权益，提振消费信心。

4.6　结论

云南依托其丰富的自然资源、矿产资源和旅游资源，结合各个阶段的国家战略，先后形成了支撑国民经济的三大产业、五大产业和当前的八大产业。以高原山地为主的地理形态，脆弱的生态环境，以及历史上形成的条块分割、空间差异巨大的地区经济发展格局，又在一定程度上阻碍其经济的进一步发展和融合。随着我国经济发展进入新阶段，经济发展的驱动要素日益多样化，技术、创新、消费、人才、资金、协作和管理等皆成为重要的推动力量。云南应充分发挥其资源优势和区位优势，以创新、协调、绿色、开放和共享这五大理念为指引，加快供给侧结构性改革，推动产业结构向中高端转型升级，促进各产业之间、各地区之间、人与自然之间、城乡之间的协调融合发展。

参考文献

［1］童绍玉.云南区域开发研究［M］.昆明：云南大学出版社，2016.

［2］韦馨.云南省旅游产业结构优化研究［D］.昆明：云南财经大学，2017.

［3］刘绍怀，等.云南蓝皮书 中国面向西南开放重要桥头堡建设发展报告（2011-2012）［M］.北京：社会科学文献出版社，2012.

［4］李澜，萝莉．中国少数民族省区经济史 中国少数民族省区经济通论［D］．太原：山西经济出版社，2016.

［5］罗群，等．中国少数民族省区经济史 云南省经济史［M］．太原：山西经济出版社，2016.

［6］武友德，等．云南经济地理［M］．北京：经济管理出版社，2018.

［7］赵兴碧．云南省经济发展研究［M］．昆明：云南大学出版社，2009.

［8］梁双陆，等．云南优化经济结构 转变发展方式研究［M］．北京：社会科学文献出版社，2017.

［9］云南省跨境人民币结算稳定增长［DB/OL］．［2019-02-10］．http：//yn.people.com.cn/n2/2019/0210/c378439-32620165.html.

［10］2018年云南对外投资合作业务简况［DB/OL］．［2019-01-23］．http：//www.ynoiec.gov.cn/htmlswt/nobody/2019/0123/news_5_343291.html.

［11］2018年云南综合交通投资首次突破2000亿元 居全国第一［DB/OL］．［2018-12-24］.http：//yn.people.com.cn/n2/2018/1224/c378439-32442934.html.

第 5 章　云南城镇化与发展

唐勇智[①]

5.1　引言

城镇化是一个历史范畴，是一个动态发展的概念。Urbanization，我国学者将之翻译为"城镇化"，最早见于1867年A.Serda的著作《城镇化基本理论》。城镇是相对于农村而言的，是大中小城市和建制镇的总称。经济学、社会学、人口学和地理学等不同学科对"城镇化"的界定各有侧重，但总体上都认同城镇化是传统农业社会向现代社会的转变，是人口和非农产业向城镇的集聚，带动城镇数量增加、规模扩大的过程。传统意义的城镇化包含经济城镇化、人口城镇化、产业结构城镇化、文明和生活方式城镇化等内容。

产业发展与城镇化发展之间具有内在的紧密联系。产业结构的变动，会引起就业结构、人口聚集密度和消费方式的变化，从而提高城镇化水平。根据配第-克拉克定律，随着经济的发展和国民收入水平的提高，劳动力先从第一产业转移到第二产业；当人均收入继续提高时，劳动力向第三产业转移。早期的城镇化动力主要来自第二产业，随着第二产业的规模化和机械化，劳动生产率迅速提高，制造业对劳动力的吸纳能力会逐渐减

[①] 唐勇智（1972— ），女，四川合江人，经济学博士，现为西南民族大学经济学院讲师。研究方向：农业经济。

弱；而第三产业主要是劳动密集型产业，对劳动力的吸收能力较强。反过来，城镇化的发展能有效地改善基础设施、吸纳优质人才，使社会消费扩张，提供产业发展需要的人力资源和集聚效应，促使产业结构升级。产业结构的优化又进一步刺激人口迁入城镇，提高城镇化水平。后工业与后现代时期的服务业如媒体、IT业和金融业等，主要在城镇区域发展，因此，第二、三产业的发展需要以城镇化的进程为基础。

改革开放后，我国城镇化水平得到快速发展，但传统的粗放型城镇化引致许多负面效应。一方面，城乡二元结构日益突出，城乡差距日渐拉大，城乡户籍区别对待，农民无法享受城市居民的公共服务，城乡矛盾严重；另一方面，粗放型的经济发展带来严重的资源和环境问题，成为制约经济社会持续发展的瓶颈。党的十六大提出"新型城镇化"战略，党的十八大提出"坚持走中国特色新型工业化、信息化、城镇化、农业现代化道路，推动信息化和工业化深度融合、工业化和城镇化良性互动，城镇化和农业现代化相互协调，促进工业化、信息化、城镇化、农业现代化同步发展"。2013年，新型城镇化成为六项工作重点，城镇化从数量转向质量，成为我国社会主义现代化建设的历史任务。

新型城镇化具有更多新的内涵：①新型城镇化是以人为本的城镇化。新型城镇化的主体是农民，要解决农民进城的户籍制度、社会保障制度和就业制度问题，让农民与市民享有同等公共服务，成为真正的市民。②新型城镇化是可持续发展的城镇化。在提高城镇化率的同时，要解决社会、生态和环境等各方面的问题，实现人与自然的和谐相处。③新型城镇化是社会和谐的城镇化。要提高城镇的包容性，更加注重公平，避免两极分化。④新型城镇化是生态文明的城镇化。要推进城镇化绿色、低碳和循环发展，坚持资源节约、环境友好的发展道路。⑤新型城镇化是城乡统筹的城镇化。要优化城乡资源配置，发展农村经济，缩小城乡差距，走工业反哺农业和城市支持农村的道路，最终实现城乡经济的共同繁荣。

5.2 云南70年城镇化发展历程

城镇化是一个综合概念，是一个复杂的社会经济现象，对它的测量有单一指标法和复合指标法。单一指标法运用最广泛的有两个指标：城镇化率和土地利用状况。复合指标法是选取人口、经济、基础设施、环境等多个指标，从不同角度综合分析城镇化。由于单一指标法更简单和明确，资料更容易搜集，因此应用最广，尤以城镇化率指标使用频率最高。本文主要采取城镇化率来衡量云南省的城镇化发展水平。根据国家统计局的定义，城镇化率是城镇人口与总人口之比。美国学者诺瑟姆总结欧美城镇化发展历程，将城镇化发展轨迹总结为拉长的S形曲线，城镇化进程分为三个阶段。国内学者在诺瑟姆等人的理论基础上，将城镇化的三个阶段划分为：城镇化率低于30%，是城市化的初期阶段；城镇化率在30%～70%，属于城镇化加速发展的中期阶段；城镇化率大于70%，则进入城镇化的后期阶段。

本文将新中国成立以来70周年的云南省城镇化发展历程，划分为四个阶段：1949—1959年的起步阶段，1960—1977年的逆向发展和停滞阶段，1978—2000年的恢复和快速发展阶段，2001迄今的稳步快速发展阶段。

5.2.1 城镇化起步阶段（1949—1959年）

产业发展是城镇化的发动机，随着产业结构的演变，劳动力从农业部门转到非农业部门，从农村推向城镇，这个过程表现为城镇化的发展。新中国成立之初，我国仍处于很落后的农业时代，为了快速恢复和发展经济，奠定工业和国民经济发展的基础，党和政府采取了计划经济模式，以农业支持工业，在全国范围内创建了一大批重工业项目。这个时期人口可以自由迁移。在工业发展的强劲吸引力下，全国城市人口占总人口的比重从1949年的10.6%稳步上升到1957年的15.4%。得益于国家经济建设对西部地区的政策倾斜，工业布局向西部转移，云南的城镇化快速起步。从表5-1可见，1949—1953年，云南省的城市人口占比维持在4.86%上下，从

1954年起突飞猛进，迅速攀升到10.96%，1958年跃升至18.27%。这个阶段虽然城镇化发展快速，但城镇化与地区经济发展之间的协调程度比较低。

表 5-1　1949—1959 年云南省城镇化率

年份	城镇/万人	乡村/万人	总人口/万人	城镇/%	乡村/%
1949	77.52	1517.48	1595.0	4.86	95.14
1950	79.01	1547.72	1626.73	4.86	95.14
1951	80.62	1579.61	1660.23	4.86	95.14
1952	82.26	1612.86	1695.12	4.85	95.15
1953	83.94	1646.66	1730.6	4.85	95.15
1954	193.82	1573.93	1767.75	10.96	89.04
1955	201.49	1604.34	1805.83	11.16	88.84
1956	217.72	1623.91	1841.63	11.82	88.18
1957	237.13	1659.65	1896.78	12.50	87.50
1958	349.69	1564.79	1914.48	18.27	81.73
1959	347.61	1564.32	1911.93	18.18	81.82

资料来源：《新中国六十年统计资料汇编》。

5.2.2　城镇化逆向发展和停滞阶段（1960—1977 年）

农业生产率的提高是工业化和城镇化的前提条件，只有农业劳动生产率提高了，才能从农业中释放出剩余劳动力，并为工业提供足够的原材料和资金储备，为城镇人口提供足够的口粮。1958 年，"大跃进"运动全面开展，1959—1961 年又遭遇三年困难时期，国民经济严重受挫。而此时人口高速增长，超过了粮食增长的速度，粮食问题再一次成为困扰我国发展的重要问题。中央认识到粮食短缺会严重阻碍城乡经济发展，无法支撑快速发展的工业和城市化进程。鉴于此，中央开始调整国民经济，压缩城市人口，以保障农业经济和粮食增长，缓解粮食供给不足的问题。为了减少城市人口，1963 年提高了建制镇标准，对已有的建制镇和城市进行严格审查，不达标的建制镇和城市被撤销。1964 年，我国开始正式实施严格的户籍制度，控制迁入城镇的人口数量，阻断了农民自由迁入城镇的途径。此后的"文化大革命"运动对城镇化过程又是一个打击。

这一阶段经历了两次逆城镇化潮流，一次是 1959—1961 年的三年困难时期，另一次是 1968—1970 年的知识青年下乡运动。从表 5-2 可以看出，从 1960 年起，云南省城镇化发展出现倒退，城镇化率从 1959 年的 18.18% 一直降到 1968 年的 11.64%，之后的十年间城镇化发展处于停滞状态，1977 年城镇化率为 11.63%。同期，全国的城镇化进程也经历了类似的巨大波动和随后的停滞，到 1977 年全国城镇化率才 17.55%。按照城镇化发展的三阶段理论，云南省这个阶段仍然处于城镇化的低级阶段。

表 5-2　1960—1977 年云南省城镇化率

年份	城镇/万人	乡村/万人	总人口/万人	城镇/%	乡村/%
1960	305.25	1589.3	1894.55	16.11	83.89
1961	280.39	1619.47	1899.86	14.76	85.24
1962	275.03	1688.69	1963.72	14.01	85.99
1963	247.41	1773.67	2021.08	12.24	87.76
1964	296.1	1792.34	2088.44	14.18	85.82
1965	261.39	1898.97	2160.36	12.10	87.90
1966	273.92	1957.94	2231.86	12.27	87.73
1967	276.09	2011.04	2287.13	12.07	87.93
1968	274.96	2086.73	2361.69	11.64	88.36
1969	271.19	2151.6	2422.79	11.19	88.81
1970	271.16	2232.17	2503.33	10.83	89.17
1971	297.42	2295.27	2592.69	11.47	88.53
1972	312.2	2350.89	2663.09	11.72	88.28
1973	323.95	2422.94	2746.89	11.79	88.21
1974	326.06	2492.91	2818.97	11.57	88.43
1975	335.91	2548.38	2884.29	11.65	88.35
1976	343.25	2608.5	2951.75	11.63	88.37
1977	351.65	2672.94	3024.59	11.63	88.37

资料来源：《新中国六十年统计资料汇编》。

说明：此阶段的人口数据为户籍人口。

5.2.3　城镇化恢复和快速发展阶段（1978—2000 年）

这一时期又可以细分为两个阶段。

城镇化恢复发展阶段（1978—1984 年）。1978 年，十一届三中全会以农村改革为先导，在农村实行家庭联产承包责任制，极大地调动了农民发展生产的积极性，粮食和其他主要农作物的产量迅速提高，为农村劳动力的优化配置提供了基础条件。同时，结束了"上山下乡"并恢复高考，大量的知识青年从农村回到城镇，积压多年的知识青年重新迁入城镇。1979年，党的十一届四中全会提出要有计划地加快小城镇建设。1980年，提出积极引导小城镇发展，以解决农村剩余劳动力就业问题。1984年，调整了建制镇的标准，中小城镇数量迅速增加。通过这一系列举措，我国的城镇化步伐得以重启，城镇人口迅速增加，全国的城镇化率从1978年的17.9%提高到1984年的23.01%，年均增长速度4.27%。同期，云南省的城镇化率缓慢上升，从表5-3可见，1978年为12.15%，1983年升到14.17%[1]，与全国城镇化水平的差距逐步扩大。

城镇化快速发展阶段（1985—2000年）。1985年起，改革的重点从农村向城市转移，将高度集中的计划经济体制逐步转变为有计划的商品经济体制，为中国经济的发展注入了新的活力。20世纪80年代中期至90年代，乡镇企业兴起并蓬勃发展，为农村劳动力的转移提供了巨大的空间。同时，为了适应新的发展需求，国家逐步改革户籍制度，为人口的城镇化松绑，1985年全国的城镇化率为23.71%，2000年猛增到36.22%[2]。从表5-3可见，此间，尽管西部大开发战略和1999年的昆明世博会有力地带动了云南省城镇化水平的提升，使得全省城镇化率2000年达到了23.36%，但比起全国城镇化水平依旧落后了12.86个百分点，较1978年的差距扩大了7.09个百分点。

表5-3　1978—2000年云南省和全国城镇化率

年份	云南省			全国		差距
	城镇/万人	总人口/万人	城镇化率/%	城镇人口/万人	城镇化率/%	全国-云南省（%）
1978	375.8	3091.47	12.15	17245	17.92	5.77
1979	388.3	3134.79	12.39	18495	18.96	6.57

---

[1] 说明：1984—1999年的云南省人口统计数据出现多个版本，故有所舍弃。
[2] 说明：不同的数据来源渠道，2000年的全国城镇化率数据有差异。

续表

年份	云南省			全国		差距
	城镇/万人	总人口/万人	城镇化率/%	城镇人口/万人	城镇化率/%	全国-云南省(%)
1980	395.4	3173.39	12.46	19140	19.39	6.93
1981	416.5	2806.23	12.92	20171	20.16	7.24
1982※	433.0	2850.1	13.19	21480	21.13	7.94
1983	472.0	2858.8	14.17	22274	21.62	7.45
1985	405.4	3418.1	11.86	25094	23.71	11.85
1988	466.7	3594.0	12.99	28661	25.81	12.82
1990	458.9	3730.6	12.30	30195	26.41	14.11
1991	470.1	3782.1	12.43	31203	26.94	14.51
1992	484.7	3831.6	12.65	32175	27.46	14.81
1993	504.7	3885.2	12.99	33173	27.99	15.0
1994	524.7	3939.2	13.31	34169	28.51	15.2
1995	544.2	3939.6	13.64	35174	29.04	15.4
1996	564.2	4041.5	13.96	37304	30.48	16.52
1997	587.9	4094.0	14.36	39449	31.91	17.55
1998	605.8	4143.8	14.62	41608	33.35	18.73
1999	637.7	4194.2	15.21	43748	34.78	19.57
2000	1037.2	4440.2	23.36	45906	36.22	12.86

资料来源:《新中国六十年统计资料汇编》及国家统计局官网。

说明:1982年以前为户籍人口数,1982年起为常住人口数。

5.2.4 云南省城镇化稳步快速发展阶段(2001年至今)

21世纪以来,我国将城镇化和工业化作为经济发展的两个引擎。随着改革的深化,市场经济体制不断完善,1992年,我国经济迎来新一轮高速增长,国民经济总量和城市化率双双保持了高增长势头,是城镇化与工业化良性互促的发展阶段。1998年东南亚金融危机后,我国经济增长出现滞缓,在此背景下,城市化政策首次提升到核心政策层面,成为推动经济增长和城市发展的重要因素。随着城镇化步伐的加快,国家持续调整发展战略。2013年，我国的城镇化率达到53.73%，首次超过了工业化率（40.45%）；全国的城镇化率从2001年的37.66%稳步提升至2018年的59.58%。

这一阶段，云南省结合西部大开发战略，提出并实施城镇化战略。到2005年，全省形成了由各级城市组成的城市体系，包括：昆明1个大城市，玉溪、曲靖、大理、个旧4个中等城市，保山、昭通、楚雄、丽江、思茅（普洱）、临沧、瑞丽、潞西、宣威、安宁、景洪和开远12个小城市，109个县城和597个小城镇。2006年，云南省人均GDP首次突破1000美元，云南省的经济和城镇化进入高速发展阶段。

2013年，中央经济工作会议指出，要科学布局各层次的城市和小城镇，城镇化的发展要与当地的经济发展方向相适应，结合当地的资源条件，与当地的产业布局相结合。当年，云南省城乡规划工作会议提出，要走云南特色的城镇化道路。云南省委和省政府将城镇化作为云南省经济社会发展的四大战略之一，制定了《云南省新型城镇化规划（2014—2020年）》，指出，深入推进云南新型城镇化进程，是推动新型工业化、信息化、农业现代化同步发展和区域协调发展的有力支撑，也是扩大内需和促进产业结构优化升级的重要抓手。

从表5-4可见，这个阶段，伴随着经济的高速发展和各级政府的高度重视，云南省的城镇化率从2001年的24.87%持续上升到2018年的47.69%，年均增速达到3.9%，超过同期全国城镇化率的增长速度（2.74%）。云南省的城镇化率与全国的差距略有缩小，从2001年落后12.79个百分点，到2018年落后11.89个百分点。2014年，云南省的城镇化率（41.73%）首次超过工业化率（41.22%）。

表5-4 2001—2018年云南省和全国城镇化率

年份	云南省			全国	
	城镇/万人	总人口/万人	城镇化率/%	城镇人口/万人	城镇化率/%
2001	1066	4287	24.87	48064	37.66
2002	1127	4333	26.01	50212	39.09

续表

年份	云南省			全国	
	城镇/万人	总人口/万人	城镇化率/%	城镇人口/万人	城镇化率/%
2003	1163.9	4376	26.60	52376	40.53
2004	1240.7	4415	28.10	54283	41.76
2005	1312.9	4450	29.50	56212	42.99
2006	1367.3	4483	30.50	57706	43.90
2007	1426.4	4514	31.60	59379	44.94
2008	1499.2	4543	33.00	60667	45.68
2009	1554	4571	34.00	64512	48.34
2010	1597	4602	34.70	66978	49.95
2011	1704	4631	36.80	69079	51.27
2012	1831	4659	39.30	71182	52.57
2013	1898	4687	40.49	73111	53.73
2014	1967	4714	41.73	74916	54.77
2015	2055	4742	43.34	77116	56.10
2016	2148	4771	45.02	79298	57.35
2017	2242	4801	46.70	81347	58.52
2018			47.69	83137	59.58

资料来源：《新中国六十年统计资料汇编》及国家统计局官网。

5.3 云南城镇化发展成就

云南省从落后的传统农业社会起步，克服种种困难，历经70年的努力奋斗，取得了城镇化发展的重大成就。城镇化与产业发展之间的协调度逐渐提升，城市规模不断扩大，小城镇数量显著增加，户籍制度的改革步伐加快，城市功能不断完善，公共服务水平进一步提高。

5.3.1 城镇规模扩大，城镇化率持续提高

1949年，云南省的城镇人口仅有77.52万，占全省总人口的4.86%，

尚处于城镇化的史前阶段。到1958年，城镇人口增加到349.69万，短短的10年时间增加了4.51倍，增长到占全省总人口的18.27%。改革开放后，城镇化发展步入持续快速发展的轨道，城镇人口和城镇数量迅速增加，城镇规模显著扩张。1978年，云南省城镇户籍人口为375.8万人，2015年城镇常住人口突破2000万人，2017年进一步增加到2242万人，为1978年的5.97倍。从图5-1可见，2017年末，全省城镇化率46.7%；第二产业就业402.33万人，占就业人数的13.44%；第三产业就业1071.6万人，占就业人数的35.81%；年末城镇从业人员824.08万人，参加城镇职工基本养老保险人数591.46万人，城乡居民基本养老保险参保总人数达2258.95万人，全年领取城乡居民基本医疗保险待遇人数516.60万人。此外，参加失业保险、工伤保险和生育保险的人数也明显增加①。

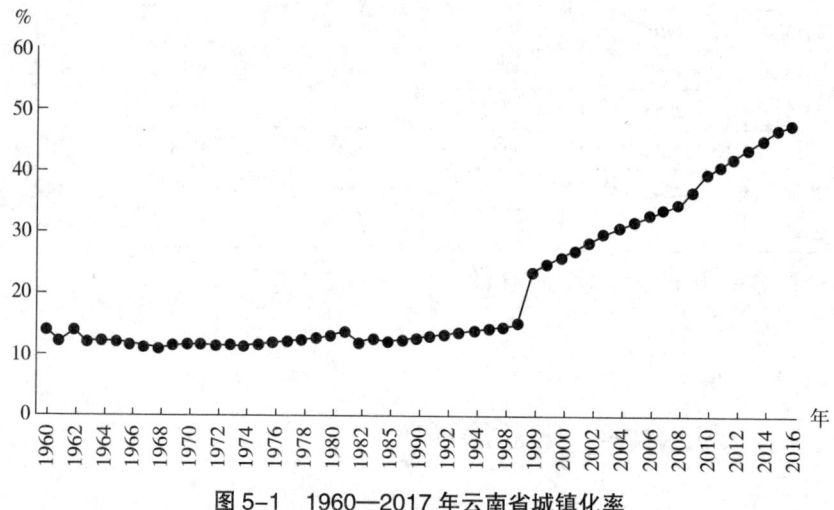

图5-1　1960—2017年云南省城镇化率

资料来源：《新中国六十年统计资料汇编》及国家统计局官网。

从图5-2可见，云南省城区面积从2008年的1820平方千米增长到2017年的3157平方千米，是2008年的1.73倍；建成区面积从2004年的428平方千米增长到2017年的1142平方千米；城市人口密度从2004年的

---

①　云南省人力资源和社会保障厅云南省统计局文件.云南省人力资源和社会保障厅 云南省统计局关于印发《2017年云南省人力资源和社会保障事业发展统计公报》的通知［EB/OL］.［2018-05-25］. http://www.stats.yn.gov.cn/tjsj/tjgb/201807/P020180730641164232391.pdf.

373人/平方千米增加到2017年的3000人/平方千米,分别是2004年的2.67倍和8.04倍。

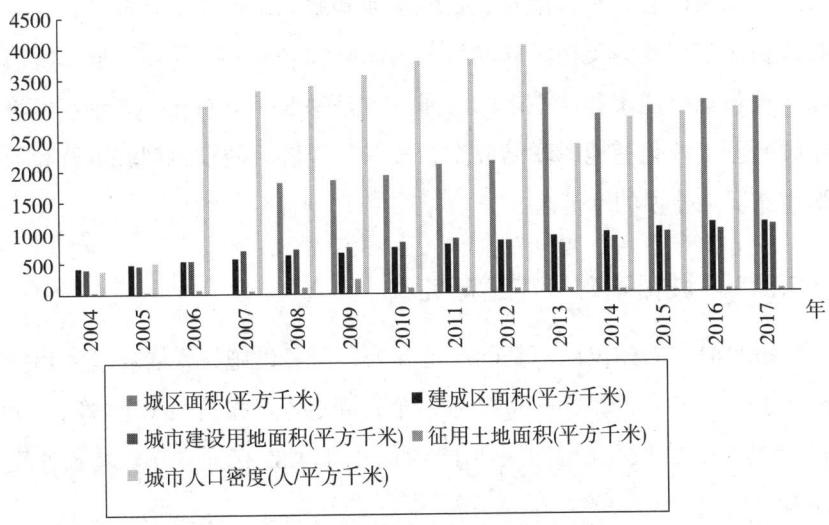

图5-2　2004—2017年云南省城市建设各项指标

资料来源:国家统计局官网。

5.3.2　初步形成了以滇中城市群为核心的六大城市群

云南省根据主体功能区定位,加快发展滇中城市群、延边开放城市带、5个区域性城镇群和7条经济走廊城镇带,形成"一区、一带、五群、七廊"为主架构的城镇化规划布局,打破了行政地域划分的空间限制,形成了覆盖全省的城镇化发展网络。六大城市群分别为:①滇中城市群是云南省的核心城市群,总面积为113600平方千米,占全省面积的29%,人口数量占全省总人口的44.02%。它以昆明为核心,以曲靖、玉溪和楚雄为重要节点,包括红河州北部的蒙自县、个旧市、建水县、开远市、弥勒市、泸西县和石屏县,是云南省"桥头堡"战略的核心区域。②滇西延边开放城市群包括大理市、德宏州、保山市和怒江市的泸水县、兰坪县,以大理、芒市、隆阳和瑞丽为核心,以腾冲、龙陵、盈江和祥云等为节点。③滇东南城市群包括红河州和文山州,以文山州、砚山县、丘北县为核心,以蒙自、文山和砚山公路为纽带,加强与北部湾和珠三角的联系。

④滇西城市群包括普洱、西双版纳和临沧3个州（市），是云南最具民族特色的延边开放型城镇群。⑤滇西北城镇群包括丽江市、迪庆州和怒江州的福贡县、贡山县，是云南省重要的水能基地和矿产资源开发区，是以大香格里拉旅游环线为支撑，联动川藏的国际知名旅游休闲城镇群。⑥滇东北城镇群包括昭通市和曲靖市的会泽县，是攀西—滇东北—六盘水经济区的重要新型工业化基地、联结成渝和长三角经济区的枢纽型城镇群和长江上游生态屏障建设的示范区。

5.3.3　城镇基础设施逐渐完善

各级政府大力建设城镇基础设施和公共服务设施，人居环境大幅度改善。从图5-3可见，2012—2017年，全省固定资产投资额（不含农户）从2012年的7553.51亿元增加到2017年的18474.89亿元，年均增长速度达19.59%。

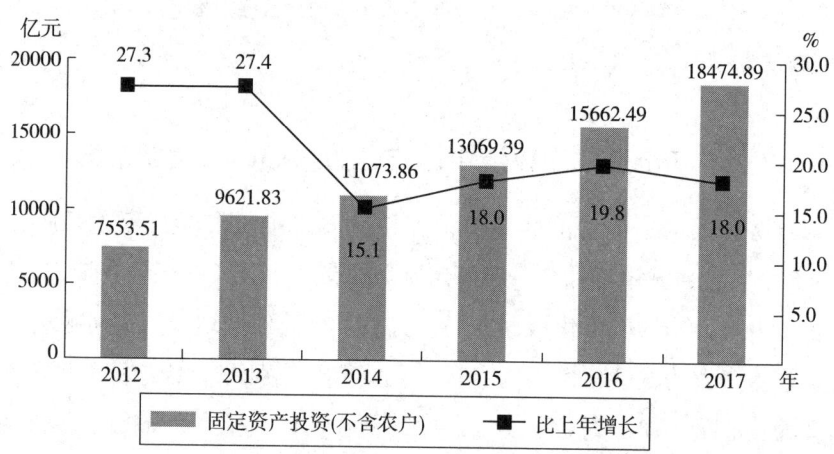

图5-3　2012—2017年云南省固定资产投资额（不含农户）及其增长速度

资料来源：云南省统计局及云南省2017年国民经济和社会发展统计公报。

从表5-5可见，2017年，电力、热力、燃气及水的生产和供应的固定资产投资额（不含农户）为631.25亿元；交通运输、仓储及邮政业固定资产投资额（不含农户）为3718.24亿元，水利、环境和公共设施管理业固定资产投资额（不含农户）为3035.39亿元。

表 5-5　2017 年云南省主要基础设施固定资产投资额（不含农户）及其增长速度

项目	投资额/亿元	比上年增长/%
全省	18474.89	18.0
电力、热力、燃气及水的生产和供应	631.25	−26.2
建筑业	1.72	143.2
交通运输、仓储及邮政业	3718.24	45.2
信息传输、软件和信息技术服务业	136.02	−40.5
金融业	8.75	−14.4
房地产开发	2786.25	3.6
租赁和商务服务业	70.26	18.2
科学研究和技术服务业	27.66	52.6
水利、环境和公共设施管理业	3035.39	50.1
居民服务和其他服务业	70.86	27.7
教育	584.85	33.3
卫生和社会工作	288.10	33.7
文化、体育和娱乐业	310.14	66.7
公共管理和社会组织	945.33	85.9

资料来源：云南省统计局及云南省 2017 年国民经济和社会发展统计公报。

2017 年末，云南省城市建成区绿化覆盖率达到 38.9%，人均公园绿地面积达 11.5 平方米，城市人均道路面积 12.52 平方米[①]；从表 5-6 可见，2017 年城市燃气普及率 75.93%，城市用水普及率 96.71%，用水人口达 915.98 万人；移动电话普及率 88.08%，电话普及率 94.36%；城市污水处理厂日处理能力达到 349 万立方米，污水处理率 92.31%，其中污水处理厂集中处理率为 91.31%。2018 年，云南省全力推动"厕所革命"，城镇生活垃圾无害化处理率达到 88%[②]。全省加大对城市路桥、供水、供电、供气、污水、路灯等设施管护力度。

---

① 国家统计局官网。
② 云南城镇生活垃圾无害化处理率达 88%［DB/OL］.［2019-01-28］. http://www.tibet.cn/cn/instant/municipal/201901/t20190128_6491072.html.

表 5-6　云南省城镇基础设施和服务设施的发展

指标	2006 年	2010 年	2017 年
城市用水普及率 /%	74.46	96.5	96.71
城市燃气普及率 /%	57.37	76.4	75.93
电话普及率 /%		61.41	94.36
城市人均道路面积 / 平方米		10.90	12.52
城市人均公园绿地面积 / 平方米	6.4	9.3	11.5
城市污水处理率 /%			92.31
城市污水处理能力 / 万立方米	179	226.4	349
城市生活垃圾无害化处理率 /%	34.3	88.3	88
普通中学 / 所	2266	2183	2175
病床数 / 万张	11.05	15.71	27.48
人均病床数（张 / 百人）	17.30	24.50	43.92

资料来源：《云南统计年鉴 2018》。

交通基础设施方面，2018 年实现 82 个县通高速公路，通车里程达 5198 千米；铁路营运里程达 3856 千米，其中高铁 1026 千米；通航运营机场 15 个，新开和加密国际航线 13 条。水利和能源基础设施方面，滇中饮水等重大水利工程顺利进行，新开工 62 个重点水网工程。信息基础设施方面，4G 网络覆盖 99.5% 以上的行政村和 80% 以上的自然村，基本覆盖景区景点和高速公路沿线。物流基础设施方面，昆明、大理、河口、磨憨和瑞丽等地正在进行物流枢纽布局和选点工作。城市基础设施方面，开工建设城市地下综合管廊 122 千米，建成海绵城市 50.7 千米，新建污水配套管网 523 千米①。

5.3.4　城镇服务功能得以提升，社会保障体系不断完善

2017 年，云南省共完成房地产开发投资 2786.25 亿元，比 1990 年增长 1351.5 倍，年均增长 30.6%，占全省固定资产投资的 14.71%。云南博物馆群建设、"国门文化"工程启动实施。

---

① 云南省发展和改革委员会.关于云南省 2018 年国民经济和社会发展计划执行情况与 2019 年国民经济和社会发展计划草案的报告［EB/OL］.［2019-02-03］. http://yn.yunnan.cn/system/2019/02/03/030195115.shtml.

教育、医疗和社会保障等各方面全面提升。1978 年，云南省普通高等学校 15 所，普通中等专业学校 70 所，普通中学 1476 所，普通小学 66672 所，幼儿园 371 所；2017 年，上述数据分别达到 77 所、82 所、2175 所、11186 所和 8286 所。1978 年，普通高校、普通中专、普通中学、职业中学、普通小学和幼儿园的教师数分别为 0.37 万人、0.22 万人、5.90 万人、0.02 万人、16.41 万人和 0.25 万人；2017 年，上述数据分别达到 3.93 万人、0.78 万人、18.56 万人、1.08 万人、22.73 万人和 5.89 万人。1978 年，普通高校、普通中专、普通中学、职业中学、普通小学和幼儿园的在校学生数依次为 1.59 万人、2.66 万人、128.54 万人、0.39 万人、436.03 万人和 4.08 万人；2017 年，上述各类学校在校生人数依次增加到 70.59 万人、32.12 万人、270.69 万人、17.79 万人、375.21 万人和 139.43 万人。研究生招生人数、在校人数和毕业生人数分别从 1985 年的 0.04 万人、0.07 万人和 0.01 万人，增加到 2017 年的 1.4 万人、3.66 万人和 1.03 万人。1985 年，全省医院、门诊部（所）、疾病预防中心（含防疫站）和妇幼保健站分别为 1813 所、3845 所、159 所和 145 所；2017 年，上述数据分别增加了 1252 所、290 所、153 所和 145 所。1985 年，卫生医疗机构病床数及每万人口床位数分别为 7.45 万张和 20 张；2017 年，上述数据分别增加到 27.48 万张和 43.92 张，人均数量增长到 1985 年的两倍以上。

根据云南省统计资料显示，参加城镇职工基本养老保险的人数从 1988 年的 69.38 万人，增加到 2017 年的 591.46 万人，是 1988 年的 8.52 倍。同期，参加失业保险的人数增加了 1.04 倍。城镇职工基本医疗保险起步较晚，1999 年全省仅 45 万人参保，之后发展迅速，2017 年参保人数是 1999 年的 10.92 倍。到 2018 年，国家 36 种谈判药和 17 种抗癌药已全部纳入医保支付。

5.3.5 城镇数量增加、规模扩大，城镇体系逐步完善

新中国成立时，云南全省只有昆明 1 个设市的城市，到 1978 年，有 4 个设市的城市。改革开放后，云南省的市镇数量快速增加，规模持续扩大。如表 5-7 所示，1979 年，云南省的建制镇为 145 个，2000 年增加到

496 个，2017 年增加到 682 个。同期，设市的城市由 1979 年的 4 个增加到 2017 年的 16 个。1984 年，全省只有一个人口规模达到 95 万人且建成区面积仅 75 平方千米的大城市，即昆明市，其余城市均为人口规模 20 万以下的小城市，建成区面积都小于 10 平方千米。1999 年，昆明市成为特大城市，非农业人口 182.9 万人，建成区面积达 182.9 平方千米；曲靖、大理等城市规模也有所扩大[①]。截至 2017 年，云南省共有 8 个省辖市、8 个民族自治州；16 个市辖区、15 个县级市、29 个民族自治县、69 个县。在 16 个州（市）中，昆明市的人口达到 459.56 万人，建成区面积达 542.23 平方千米；人口规模超过 100 万的有曲靖市和红河州，50 万～100 万人的有昭通市、玉溪市、保山市、普洱市、临沧市、楚雄州、文山市和大理市，10 万～50 万人的有德宏州、丽江市、西双版纳州、怒江市和迪庆州。城镇规模持续扩大，辐射能力提高。

表 5-7　云南省城镇数量变化　　　　　　　　　　单位：个

指标	1979 年	2000 年	2013 年	2017 年
400 万以上人口城市	0	0	0	1
100～200 万人口城市	0	1	1　1	2　1　1 2
50～100 万人口城市	1		7	8
50 万以下人口城市				5
州（市）小计	4	10		16
建制镇	145	496	663	682

资料来源：《云南统计年鉴 2018》及国家统计局官网。

5.3.6　产业结构明显优化，经济实力明显提升

鉴于云南省第二、三产业较薄弱、产业布局分散、与城镇化发展不协调等缺陷，云南省各级政府在发展新型城镇化的过程中，按照"调优一产、调强二产、调快三产"的产业发展理念，合理规划产业空间布局，立足当地资源优势和城镇化发展需要，因地制宜地建设了一大批具有竞争力

[①] 罗宏翔，曹阳. 云南省城镇化进程及耕地保护研究［J］. 云南财经大学学报，2008，8（2）：100-103.

的产业园区，初步形成了产业集聚效应。云南省三次产业结构中，第三产业的比重从2000年的37.1%上升到2017年的47.83%，反映出云南省的产业结构正趋向合理的方向稳步迈进。

改革开放以来，云南省经济快速发展，全省生产总值大幅度提高，经济实力不断增强。截至2017年，全省生产总值比1978年增长238.4倍，年均增长10%。尤其是近年来，云南省的经济增长速度超过全国大部分省份，十八大以来，全省生产总值增速年均达到9.4%，呈现出高增长、低通胀的良好局面，为新型城镇化的发展提供了经济基础。

5.3.7 城镇化率尤其户籍城镇化率与全国的差距缩小

尽管云南省的城镇化率一直低于全国平均水平，但是近年来差距持续缩小。2010年以来，云南省实施了一系列户籍制度改革，打破了城乡隔绝的户籍屏障。2011年底，云南省委省政府以户籍制度改革为切入点推动城乡统筹发展，制定了加大城乡统筹力度、促进农业人口转变为城镇居民的战略决策。从表5-8和图5-4可以看出，从2011年至2015年上半年，全省累计转户595万人，全省城镇户籍人口达到1349万人，户籍人口城镇化率从2011年底的16.5%上升到2016年的31.42%[①]，短短5年时间提高了14.92个百分点，年均增长速度13.75%。2013年，云南常住人口城镇化率落后全国13.25个百分点，到2018年只落后10.83个百分点，缩小了2.42个百分点。

表5-8 2011—2016年云南省户籍人口城镇化率与常住人口城镇化率

年份	常住人口城镇化率/%	户籍人口城镇化率/%	常住-户籍（%）
2011	36.80	16.50	20.30
2013	40.49	27.24	13.25
2015	43.34	31.0	12.34
2016	45.02	31.42	13.60

资料来源：常住人口城镇化率来自国家统计局官网，户籍人口城镇化率来自相关年度云南省有关机构公布的数据。

---

① 云南省城镇人口已达1471万人 城镇化率31.42%［DB/OL］.［2017-09-20］. https：//www.sohu.com/a/193336354_115092.

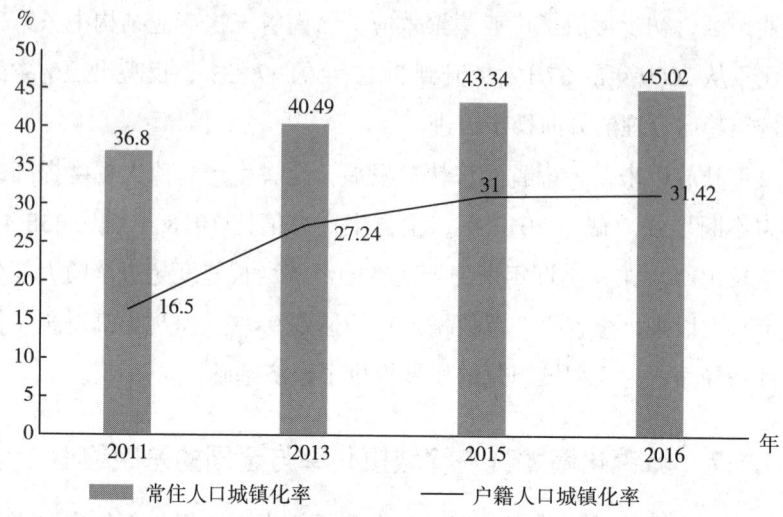

图 5-4　2011—2016 年云南省户籍人口城镇化率与常住人口城镇化率

资料来源：常住人口城镇化率来自国家统计局官网，户籍人口城镇化率来自相关年度云南省有关机构公布的数据。

从表 5-9 可见，2013—2018 年，云南省城乡居民人均可支配收入比分别为 3.34、3.26、3.20、3.17、3.14 和 3.11，6 年时间从 3.34 下降到 3.11，城乡居民人均可支配收入比的差距逐步缩小。其中，农村居民收入年均增长 10.7%，比同期城镇居民收入增速快 1.9 个百分点。与 2017 年相比，2018 年全省城乡居民人均可支配收入分别增长了 8.0% 和 9.2%，增速高于全国平均水平，城乡居民收入比的差距略有缩小。其中，贡献最大的是工资性收入，城镇居民工资性收入 18744 元，增长 10.8%；农村居民工资性收入 3260 元，增长 16.6%，反映出农村劳动力进一步转移，就业率继续提升。

5.3.8　新型城镇化建设初见成效

2011 年，云南省政府出台《关于加快推进特色小镇建设的意见》，要求每个县市都要重点培育一个具有完善配套的、人居环境优美的、具有突出产业特征并具有较强活力和一定带动作用的特色小镇，丰富旅游文化资源和促进城乡协调发展。2015 年，云南省新平县戛洒镇、剑川县沙溪镇、

表 5-9　2013—2018 年云南省城乡居民收入对比

年份	城镇居民人均可支配收入（元/年）	农村居民人均可支配收入（元/年）	城镇居民人均可支配收入增长（%；与上年比）	农村居民人均可支配收入增长（%；与上年比）	城乡居民人均可支配收入比（城镇:农村）
2013	22460	6724	10.3	13.4	3.34
2014	24306	7456	8.2	10.9	3.26
2015	26374	8242	8.5	10.5	3.20
2016	28593	9020	8.5	9.4	3.17
2017	30996	9862	8.3	9.3	3.14
2018	33488	10768	8.0	9.2	3.11

资料来源：改革开放 40 年　云南农村居民人均可支配收入增长 75 倍 [DB/OL]．[2018-09-07]．https://km.focus.cn/zixun/8dbdb083092cfc77.html．

弥勒市新哨镇被纳入首批国家级建制镇示范试点；同年，会泽县待补镇等 5 个镇被列为省级建制镇示范试点；曲靖市、大理市、保山市隆阳区板桥镇、保山市腾冲市、楚雄州楚雄市、德宏州瑞丽市、大理州剑川县沙溪镇被列为国家新型城镇化综合试点地区。其中，曲靖市和大理市是首批进入新型城镇化试点的城市，主要有 5 项阶段性任务：建立农业转移人口市民化成本分担机制，建立多元化可持续的城镇化投融资体制，改革完善农村宅基地制度，探索建立行政管理创新和行政成本降低的新型管理模式，综合推进体制机制改革创新。

2017 年，国家发展改革委在中期评估报告中称曲靖市为"探索产城融合新路径"的典型案例，将大理市作为"主打宜居特色、以人为本"的典型案例。曲靖市在扩权强镇试点中，深化户籍制度改革，全面放开落户限制；引导就地就近城镇化，鼓励具备条件的农民有序地向城镇集聚和落户；保留转户进城农民的 5 项权益：农村土地承包经营权、宅基地及农房的使用权、林地承包权和林木所有权、原户籍地计划生育政策、参与原农村集体经济组织资产分红权。同时，将农村转户进城的居民纳入城镇住房、养老、医疗、就业和教育五大社会保障体系。大理市有六项成绩：一是突出"多规合一"，强调规划的引领作用；二是强化产业培植，大力发展现代服务业，有效带动"人口聚集"；三是突出"以人为本"，推进户籍制度改革、建立健全居住证制度、保障转移人口权益、开展农业转移人口市民化成本测算，有序推进市民化进程；四是抓实土地改革，解决农民"后顾之忧"，宅基地改革试点工作有序推进，启动宅基地有偿使用制度改革，积极推进殡葬改革；五是大胆探索创新，拓宽筹资融资渠道，积极推行 PPP 等多元化投入机制，着力破解资金瓶颈；六是创新行政管理，完善政务服务工作平台，有序推进智慧大理建设，提高行政管理效率。

清华大学中国新型城镇研究院认为，曲靖市户籍制度改革的不少理念和政策设计已走在云南省乃至全国前列，呈现出"八大亮点"：一是拓展了城镇落户区域，将乡政府驻地和工业园区也纳入城镇范畴；二是削平了城镇落户门槛，在当地城镇经商、务工、购房和生活的人员，只要有落户意愿均可落户；三是解除了落户羁绊，公安机关可以直接办理，不再受其他部门制约；四是消除了租房落户障碍，在全市所有社区（村）居委会设立集体户；五是倒逼相关部门的改革统筹进行，公安机关不再出具"农业人口"和"非农业人口"的户口性质证明；六是全面解决了户口遗留问题，对排查出来的无户口人员全部落户；七是保障了流动人口的合法权益，独家将本县（市、区）跨乡镇流动的人员纳入了流动人口服务管理范围；八是全面实现了居民身份证异地受理和户籍业务"一站式"网上办理。

此外，安宁市以建成滇中产业高地和现代花园城市为目标，大力推进产业新城、绿色新城等建设，先后荣获"国家园林城市"等一系列称号，连续 8 年荣获"中国中小城市科学发展百强县（市）"，成为云南省唯一的全国县域经济百强县（市）。示范试点的剑川沙溪古镇、弥勒可邑小镇的创建成效和经验也得到了国家部委的高度评价。

5.3.9 民营经济发展迅速，吸纳就业人数快速增长

云南省的民营经济近 10 年来发展迅速。2016 年，全省民营企业 248 万户，较上年增长 10.4%，全年民营经济完成增加值 6967.8 亿元，是 2005 年的 6 倍左右；民营企业成为全省出口贸易的主力军。民营企业主要从

事劳动密集型产业,是吸纳就业的生力军,2016年民营企业从业人员已达748.7万人,比2005年增加了近2倍,仅2016年就新增从业人员124万人。

5.4 云南城镇化发展面临的挑战

5.4.1 云南省城镇化发展远滞后于全国水平

云南省的城镇化率从1978年的12.15%提高到2018年的47.69%,虽然有明显提升,但从图5-5可见,长期以来云南落后全国大概10年的水平。2010年"六普"时云南省城镇化率为35.20%(同年全国城镇化率为49.69%),比2000年"五普"时城镇化率的23.36%上升了11.84个百分点,平均每年提高不到1.2个百分点(全国平均提高1.3个百分点)。

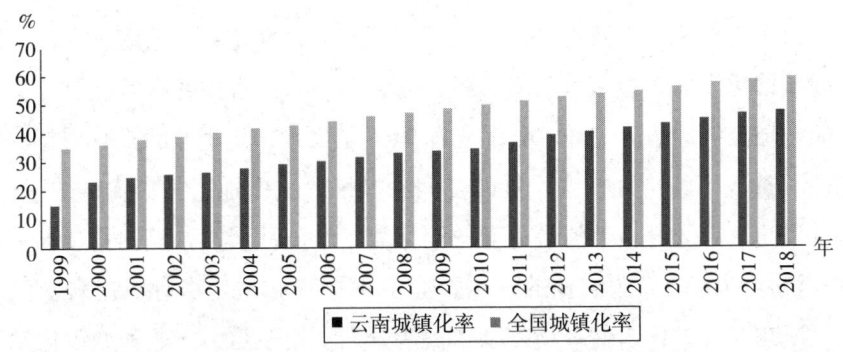

图5-5　1999—2018年云南省和全国城镇化率比较

数据来源:国家统计局官网。

与西南地区其他省区相比,从图5-6可见,云南的城镇化率处于倒数第四的位置,仅超过西藏、甘肃和贵州。2017年末,我国常住人口城镇化率平均水平为58.52%,其中,上海、北京和天津的人口城镇化水平均超过80%,广东、江苏、浙江、辽宁等东部地区的城镇化率在70%左右,仅云南、甘肃、贵州和西藏四个省区低于50%。可见,云南省的城镇化水平与全国差距较大,尤其与沿海地区的差距相当大,城镇化的规模和质量也比较落后。

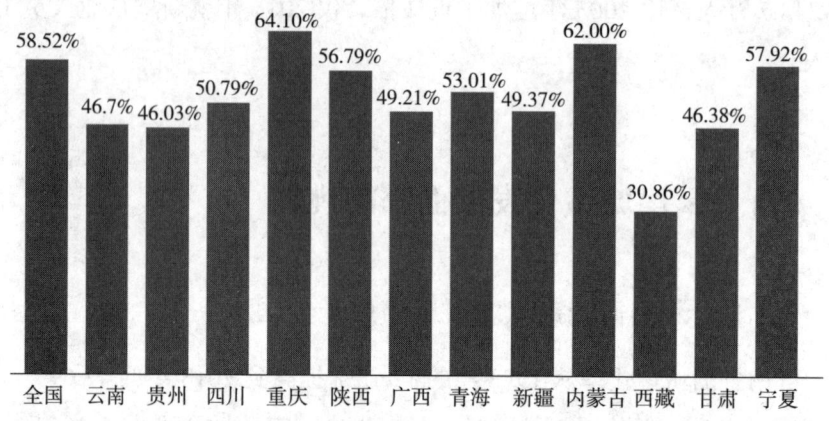

图 5-6　2017 年西南 12 省（区、市）及全国城镇化率

资料来源：国家统计局官网。

5.4.2　省内各区域间城镇化发展严重不均衡

由于历史原因以及地理位置和资源分布的巨大差异，云南省内各地区之间城镇化发展落差很大。新中国成立初期，云南省内各区域甚至处于不同的社会经济形态。此外，云南全省 94% 是山地，地理空间具有明显的分割性，造成了经济和社会发展的空间分割性。滇中地区凭借优越的区位、基础设施、人才和自然资源以及政策优势，经济社会及城镇化发展水平较高；滇西地区依靠旅游业的发展，经济水平和城镇化率有所提高；滇西北、滇东北等地区自然环境复杂，资源开发利用不足，产业和城镇化发展缓慢。大中城市集中在滇中地区，能够发挥经济增长集聚作用的极化点有限，吸引产业的能力不强。

目前，云南形成了 1 个大城市（昆明）、1 个中等城市（曲靖）和 18 个小城市的体系结构，这种城镇空间结构极不合理，大城市和中等城市稀缺，导致经济实力和辐射能力弱。目前，云南省还没有城区人口超过 500 万的特大城市。除昆明市主城区以外，其他城市（镇）城区人口均未超过 50 万，属于小城市和建制镇。从表 5-10 可见，2017 年末，昆明市的城镇人口为 488.7 万人，占全省城镇人口的 21.8%，城镇化率高达 72.05%，已经是高度城镇化阶段；人口密度达 314.3 人/平方千米，是全省平均水平的 2.58 倍。其次为曲靖市，城镇人口 289.4 万人，城镇化率略高于全省平均水平，人口密度 205.1 人/平方千米。城镇化率超过全省平均水平的还有玉溪市、红河州和西双版纳州。规模最小的州（市）为迪庆州，城镇人口仅 14.2 万人，城镇化率 34.58%，人口密度仅 17.3 人/平方千米。城镇化水平最低的州（市）是怒江市，常住人口城镇化率仅 31.73%，比全省平均水平落后 14.96 个百分点。此外，研发机构及人才、现代服务业、资金和技术等各种资源也主要集中于昆明地区。

2017 年，云南省城镇居民人均可支配收入 30996 元，农村常住居民人均可支配收入 9862 元，城乡居民收入比为 3.14；2018 年，上述数据分别为 33488 元和 10768 元[①]，城乡居民收入比为 3.11。各州（市）中，昆明市城镇和农村常住居民人均可支配收入分别为 42988 元和 14895 元，城乡居民收入比为 2.89。

表 5-10 2017 年末云南省各州（市）人口数及常住人口城镇化率

州（市）	总人口/万人	城镇人口/万人	城镇化率/%	城镇人口占全省城镇人口比重/%	人口密度（人/平方千米）
全省	4800.5	2241.4	46.69	100.00	121.8
昆明	678.3	488.7	72.05	21.80	314.3
曲靖	612.2	289.4	47.28	12.91	205.1
玉溪	238.1	120.7	50.71	5.39	155.8
保山	261.4	93.3	35.68	4.16	133.1
昭通	553.7	184.8	33.38	8.25	240.5
丽江	129.0	50.6	39.26	2.26	60.8
普洱	262.7	111.1	42.31	4.96	57.9
临沧	252.6	102.9	40.75	4.59	103.2
楚雄	274.4	121.1	44.15	5.40	63.3
红河	471.3	220.3	46.74	9.83	143.1
文山	363.6	148.4	40.81	6.62	112.8
西双版纳	118.0	55.3	46.85	2.47	59.9

---

① http：//yn.people.com.cn/n2/2019/0129/c378439-32587372.html。

续表

州（市）	总人口/万人	城镇人口/万人	城镇化率/%	城镇人口占全省城镇人口比重/%	人口密度（人/平方千米）
大理	358.4	163.7	45.68	7.30	121.7
德宏	130.9	59.2	45.23	2.64	113.5
怒江	54.7	17.4	31.73	0.77	37.2
迪庆	41.2	14.2	34.58	0.64	17.3

资料来源：《云南统计年鉴 2018》。

5.4.3 城镇化与产业发展不协调

对城镇化与工业化之间关系的测量，国际上主要采用两种方法：一是 IU、NU 比，二者的国际标准值依次为 0.5 和 1.2；二是钱纳里标准。本文采用前者。IU 是劳动力工业化率与城镇化率之比，NU 是非农就业率与城镇化率之比，可以反映城镇化与工业化的同步程度。如表 5–11 所示，2000—2017 年，云南省的 IU 均小于 0.5，NU 均小于 1.2，说明城镇化相对超前，或者说工业化滞后。近年来，IU、NU 与标准值之间的偏差越来越大，尤其是 IU，2015 年以来的偏差值超过标准值的 40%。IU 明显偏小的情况下，NU 基本正常，考虑到云南省同期的失业率并未明显增加，可知严重偏差的原因是工业过于薄弱。

表 5–11　2000—2017 年云南省的工业化率、城镇化率与 IU

年份	工业就业/%	非农就业/%	城镇化率/%	IU	NU	登记失业率/%
2000	8.8	23.3	23.36	0.39	1.12	2.6
2001	9.2	26.1	24.87	0.36	1.06	3.3
2002	9.0	26.4	26.01	0.34	1.03	4.0
2003	8.8	26.7	26.6	0.34	1.03	4.1
2004	8.9	27.4	28.1	0.32	1.02	4.3
2005	9.1	28.7	29.5	0.34	1.04	4.3
2006	10.0	30.6	30.5	0.34	1.07	4.3
2007	10.4	32.6	31.6	0.34	1.09	4.2
2008	10.9	34.6	33.0	0.34	1.10	4.2
2009	11.3	36.4	34.0	0.35	1.11	4.3

续表

年份	工业就业 /%	非农就业 /%	城镇化率 /%	IU	NU	登记失业率 /%
2010	12.0	37.7	34.7	0.36	1.14	4.2
2011	12.6	39.6	36.8	0.36	1.10	4.1
2012	13.1	40.6	39.3	0.34	1.10	4.0
2013	13.5	43.2	40.49	0.33	1.10	4.0
2014	13.2	44.5	41.73	0.32	1.11	4.0
2015	13.2	46.3	43.34	0.30	1.07	4.0
2016	13.0	46.4	45.02	0.29	1.05	3.6
2017	13.3	47.1	46.7	0.29	1.05	3.2

资料来源：根据国家统计局官网有关年度数据计算。

5.4.4 户籍相关制度不完善，户籍人口城镇化率低于常住人口城镇化率

户籍以及与之挂钩的教育、医疗、养老和失业保险等诸多社会保障，是彻底脱离土地的重要前提。长期以来的城乡二元体制有了很大改善，但仍然未能解决农民市民化的一系列问题，进城农民无法享有与城市居民相同的公共服务，游离在城市社会保障制度之外。大量农民工及其家属进入城镇务工，却不具备城镇户籍，导致户籍人口城镇化率低于常住人口城镇化率。2011年末，云南省常住人口城镇化率为40.49%，户籍人口城镇化率仅为16.5%，相差23.99个百分点。直到2016年末，全省户籍人口共4691万人，其中城镇人口1471万人，户籍城镇化率为31.42%，比常住人口城镇化率低13.6个百分点。意味着约700万农村人口没被算作城镇人口，他们在城镇就业或生活，但却没有获得市民身份，这极大地削弱了农民工对城市的归属感，也限制了他们素质和技能的提升，制约了城镇化的发展。

5.4.5 农转城成本分担机制缺乏，城镇自身经济实力薄弱

曲靖市和大理市的试点中发现共同的问题，即地方政府财力有限，资金筹措困难，具体表现在三个方面：一是转移人口成本分担机制不配套，

尚未建立各级政府、企业和个人共同参与的农业人口市民化成本分担机制，财政资金挂钩转移支付路径不明晰，现行财政收支矛盾突出，可用财力有限；二是城市基础设施和功能配套资金筹措方式难以突破创新，财政收支平衡十分困难；三是公共服务均等化推进困难，相当部分地区尚未建立农转城人口权益保障经费纳入年度财政预算的稳定保障机制，基层政府保障公共服务和公共基础设施的资金短缺，导致农民进城缺乏稳定的就业支撑和配套的社会保障体系，使得农民进城意愿不高。曲靖市"两区同建"模式推进迟缓，麒麟区越州镇、沾益区白水镇开展农村居住社区和产业园区同步建设试点，面临的资金、就业和基础设施建设的压力很大；大理市项目建设资金紧缺，而"智慧城市""海绵城市""地下综合管廊"等项目需要投入大量资金，PPP项目推广难度大，计划实施的PPP项目多集中在生态文明建设和市政基础设施方面，这些项目几乎没有收费来源，很难吸引社会资本参与。

除了滇中城市群，云南省绝大部分城镇经济实力较弱。多数县域经济产业结构单一，财政收入低，缺乏城镇化的经济基础。2017年，全省16个州（市）中，财政收入超过100亿元的只有昆明（560.86亿元）、曲靖（136.22亿元）、玉溪（137.22亿元）和红河（141.28亿元）。最低的怒江市不足10亿元（9.93亿元）。截至2017年末，全省129个县中，普洱市的西盟县（0.78亿元）、香格里拉市的德钦县（0.92亿元）以及怒江州的福贡县（0.75亿元）和贡山县（0.75亿元）的年财政收入尚不足亿元。城镇化需要在住房建设、基础设施、公用事业、医疗卫生、教育和社会保障等方面投入巨额资金。云南是全国脱贫任务最重的省份之一，截至2018年9月，还有73个贫困县（全国共585个），高居全国第一。不少地方政府在前期扩张的过程中，欠下大量债务，未来的资金投入更是捉襟见肘。

5.4.6　部分乡村特色文化被商业化侵蚀

云南省少数民族众多，各民族文化特色鲜明，且少数民族文化主要凝结在传统村落中。随着城镇化的推进，粗放式的开发以及片面追求

GDP 和过度的商业开发，加速了对传统文化的侵蚀和破坏。粗暴的商业开发只重视物质层面的低劣模仿，忽视文化内在精神的传承，部分村寨的乡土民俗、歌舞艺术、节日庆典甚至语言文字都在消亡，村寨的个性特色正在逐渐消逝，云南特有的文化旅游资源正在丧失，长此以往，将失去对世界各地游客的吸引力。

5.5　云南城镇化发展展望

5.5.1　加快产业结构调整，促进产城协调发展

产业结构是城镇化的根基，只有加快产业结构的升级转型，才能促进城镇化的发展。云南的工业化过于依赖资源开采，附加值低，与乡村的产业联结薄弱，在市场交换中处于不利地位，也不利于提高工业效益和吸纳就业。应加快对工业的技术改造，促进创新，积极引进先进技术和人才，提升工业的层次。加大对农民、旅游等各产业人员的培训，培养适应特色现代农业、现代服务业的专业人才。改变发展观念，加快改革开放的步伐，积极发展外向型经济，构建以现代农业为基础、战略性新兴产业为先导、制造业和服务业为重点的产业发展格局。

5.5.2　抓住"一带一路"倡议和"桥头堡"战略的巨大机遇，化劣势为优势

"一带一路"倡议的推行，使云南的区域发展劣势有机会转化为优势。地处偏远的滇西南地区，成为联通南亚和东南亚的前沿阵地，未来可以形成"曼昆经济走廊""昆孟国际大通道""延边对外开放经济带""广大经济走廊"四条发展轴，带动滇西南地区产业与城镇的同步发展。同时，主动融入"一带一路"建设，积极推动泛亚铁路、国际公路和陆水联运等互联互通基础设施的建设，打通云南—缅甸—印度洋国际大通道和泛亚国际大通道，加快与周边国家的经贸合作，推动云南各区域的产业和城镇平衡发展。

"桥头堡"战略的核心内容是大通道建设。2015年,十部委联合发布《全国流通节点城市布局规划(2015—2020)》①,划定三纵五横骨干大通道并确定流通节点城市。纵向的西线呼昆流通大通道,以包括昆明在内的几个西部重要城市为支点,促进西部地区流通基础设施建设,向东联系京津冀、长三角和珠三角地区,向南辐射南亚和东南亚。横向的沪昆沿线和珠江西江2个流通大通道,依托沪昆高铁、沪昆铁路、沪昆高速公路和云桂铁路等组成的综合运输体系,经缅甸联系南亚和孟加拉湾,加强长三角沿海发达地区与中部内陆地区、西南延边地区流通产业联动发展,以及经越南辐射东盟和南亚。昆明在37个国家级流通节点城市之中,曲靖和红河则在66个区域级流通节点城市中。这个战略无疑为弱化云南省山高地远的地理劣势、加强云南省与外部交流、加速产城发展提供了强大的支撑。

着力构建"桥头堡"战略的先行区域。建设滇中产业新区,作为科技创新、改革开放、产城融合和绿色发展的示范区。建设瑞丽延边开发开放示范区、普洱绿色经济示范区、昆明区域金融中心和昆明空港物流保税区,带动云南开放型经济和绿色经济的发展。

5.5.3 充分利用丰富的资源优势,支持民族地区发展特色城镇

云南全省尤其是民族地区拥有得天独厚的自然环境和丰富迷人的民族文化,最近10多年来,其旅游业大放异彩。旅游业在快速发展的过程中,服务水平却未能跟上,屡屡发生"宰客"事件,对全省旅游业造成负面影响。旅游业界和有关政府机构应迅速做出积极应对,提升旅游从业人员的专业素养,改善旅游企业的经营管理,促进云南省旅游业健康发展。云南省多姿多彩的民族文化、动植物资源,对发展乡村旅游业和现代农业极为有利。在提升昆明、丽江、大理、西双版纳和香格里拉等著名旅游景点服务水平的同时,力争将腾冲、抚仙湖和呈贡鲜花市场等打造为更出色的旅游景点,将云南省从旅游大省转变为旅游文化强省。

---

① 全国划定三纵五横骨干大通道,37个国家级流通节点城市出炉[DB/OL].[2015-06-02]. https://www.thepaper.cn/newsDetail_forward_1337580.

5.5.4 培育更多经济增长极，促进各地区城镇化协调发展

云南当前的城镇化现状是昆明一枝独秀，其他地区城镇化水平很低。应选择其他地区中发展较好的城市，培育更多经济增长极，除昆明以外，将玉溪、曲靖和红河打造为经济中心。此外，由于区域增长极的辐射范围有限，还应打造一批中小城镇为次增长极。城镇建设的规划应紧紧围绕产业的发展，立足各地资源优势，合理布局产业，促进区域间协调发展。

云南当前的城镇化率接近50%，按照发达国家的规律，正处于经济增长的黄金时期，虽然离发达国家80%的平均水平还有很大差距，离全国水平也有不小的距离，但城镇化发展潜力巨大。随着城镇化率的提升，将带动生产性服务业和消费性服务业的快速增长；同时，城市的基础设施、人口素质、制度建设等各方面的水平将日益提高，逐步推动云南省经济发展的转型升级。

5.5.5 继续就近就地城镇化，形成合理布局的新型城镇化

立足本省实际，着力发挥区域旅游休闲资源、生物资源及特色农业资源等优势，化山高路远、地僻人稀的劣势为优势，通过打造特色小城镇和新型农村社区，实现"就地就近城镇化、就地就近市民化、就地就近基本公共服务均等化"，形成城乡各具特色但整体水平差距不大的和谐发展状态。发展特色农业和旅游业所创造的税收，应运用于当地公共服务的提供。政府应出台优惠政策，鼓励和扶持部分地区的农民就地创业和就业，防止在城镇化过程中使农村出现过度"空心化"的现象，应形成合理布局的城镇体系。

5.5.6 完善城镇化政策，建立合理的农转城成本分担机制

党中央提出"新型城镇化"发展大战略后，云南省先后出台了《云南省新型城镇化规划（2014—2020年）》《中共云南省委云南省人民政府关于推进云南特色新型城镇化发展的意见》《云南省沿边城镇布局规划（2015—2030年）》《云南省人民政府关于进一步推进我省产城融合发展的实施意见》，逐步完善城镇化健康发展的机制，促进云南省特色新型城镇化的建

设。一方面，制定产业政策和区域开发规划时，应遏制政府盲目和过度投资的冲动，提高政府支出的效益，降低产城不匹配的概率；另一方面，应尽快建立由中央、省市、县级和个体共同分担农转城成本的合理机制，促进城镇化的健康和可持续发展，避免单纯地通过户口改变来提升城镇化率。

5.5.7 大力吸引民间资金，壮大民营经济

民营经济是经济发展和创新创业的活力源泉，更是吸纳就业的重要力量。云南省的民营经济近10年来发展迅速，2016年民营企业从业者已达748.7万人，比2005年增加了近2倍，但整体水平仍然远远落后于沿海地区。城镇化过程中基础建设耗资巨大，而云南省各级政府财力薄弱，远不能满足需要。在建设新型小城镇过程中，可以引入美式"经营城市"的理念，尽可能地开放市场，积极吸引民营经济参与基础设施建设，充分运用民间资金和市场机制，弥补政府资金的不足，并提高资源配置的效率，抑制政府的盲目投资。

5.6 结论

新中国成立70年来，云南省从一个落后的传统农业社会，逐步发展起门类齐全的非农产业，城镇化发展过程经历了新中国成立之初的骤起、跌落、停滞，到改革开放以来40年间的稳步提升，城镇化发展取得了巨大成就，逐步形成了以滇中城市群为核心的八大城市群，初步形成了覆盖云南全省的城镇体系。在工业化和第三产业发展的带动下，城镇规模显著扩大，城市的基础设施和各种服务功能持续改善，城镇化的配套制度也在逐步完善。然而，云南省的城镇化发展依然远落后于全国水平，与东部省区的差距尤其明显，省内地区之间发展极不平衡，这也意味着云南省的城镇化事业还有很大的发展空间。在党中央"新型城镇化"战略的指引下，云南省各级政府立足本省的资源和发展实际，及时出台了一系列政策，有力地推动了云南省新型城镇化的发展。本着以人为本的理念和实事求是的

精神，假以时日，有望探索出农转城的成本分担机制，合理布局工业化与城镇化，推动产业化和城镇化融合发展。

参考文献

［1］杨妍．云南省城镇化发展与产业结构调整研究［D］．昆明：云南财经大学，2015．

［2］高涵．云南省城镇化与经济增长关系研究［D］．上海：华东师范大学，2016．

［3］许云娜．云南省山地城镇化与区域经济协调发展研究［D］．昆明：云南师范大学，2017．

［4］焦镜泽．云南省城镇化与工业化协调发展研究［D］．昆明：云南师范大学，2015．

［5］赵燚．云南省旅游业与新型城镇化的耦合协调发展研究［D］．昆明：云南师范大学，2018．

［6］王海虹．民营经济对新型城镇化影响研究——以云南省滇中城市群为例［D］．昆明：云南财经大学，2018．

［7］中国城市化发展水平及省际差异［EB/OL］．［2010-01-28］．http：//www.chinacity.org.cn．

［8］舒文明．云南省8地"新型城镇化"试点分析［EB/OL］．［2018-04-02］．http：//finance.vunnan.cn/htm/2018-04/02/content 5147816.htm．

第6章 云南对外贸易与发展

袁苏湘[①] 张小兰[②]

6.1 引言

云南省是我国西南边疆地区的重要省份，拥有长达4000多千米的国境线，与缅甸、老挝、越南三国接壤。现阶段，我国形成了以丝绸之路经济带、21世纪海上丝绸之路、中巴经济走廊和孟中印缅经济走廊共同构成的对外发展战略格局，其中孟中印缅经济走廊与中巴经济走廊共同组成了未来我国两条重要的陆上连通印度洋的战略要道，云南作为面向南亚、东南亚的辐射中心，在国家发展战略中的地位不言而喻。

2018年云南省进出口总额完成1973亿元，同比增长24.7%（全国进出口305050.4亿元，增长9.7%）。其中，出口完成847.7亿元，同比增长9.4%（全国出口164176.7亿元，增长7.1%）；进口完成1125.3亿元，同比增长39.3%（全国进口140873.7亿元，增长12.9%）。全国进出口总值排名第20位。折合美元来看，云南省进出口总额完成298.9亿美元，同比增长27.5%（全国进出口46230.4亿美元，增长12.6%）。其中，出口完成128.1亿美元，同比增长11.7%（全国出口24874亿美元，增长9.9%）；进

---

① 袁苏湘（1998— ），女，山东青岛人，现为西南民族大学经济学院金融学本科生。
② 张小兰（1971— ），女，安徽马鞍山人，经济学博士，现为西南民族大学经济学院教授、硕士生导师。研究方向：产业经济。

口完成 170.8 亿美元，同比增长 42.5%（全国进口 21356.4 亿美元，增长 15.8%）[①]，可见云南对外贸易增长很快，这其中的原因是由于云南省有着发展对外贸易的内外优势。

6.1.1 云南省发展对外贸易的内在优势

从地理、气候来看，云南省北依亚洲大陆，南连东南亚半岛，属山地高原地形，山地面积 33.11 万平方千米，占全省总面积的 84%；高原面积 3.9 万平方千米，占全省总面积的 10%；盆地面积 2.4 万平方千米，占全省总面积的 6.0%。地形以元江谷地和云岭山脉南段宽谷为界，分为东西两大地形区。东部为滇东、滇中高原，是云贵高原的组成部分，平均海拔 2000 米左右，表现为起伏和缓的低山和浑圆丘陵，发育着各种类型的岩溶地貌；西部高山峡谷相间，地势险峻，山岭和峡谷相对高差超过 1000 米。云南气候基本属于亚热带高原季风型气候，立体气候特点显著，类型众多、年温差小、日温差大、干湿季节分明、气温随地势高低垂直变化异常明显；滇西北属寒带型气候，长冬无夏，春秋较短；滇东、滇中属温带型气候，四季如春，遇雨成冬。在一个省区内，同时具有寒、温、热（包括亚热带）三带气候，并且在东南季风和西南季风的共同作用及西藏高原区对其常年产生的影响下，共同形成了云南复杂多样的独特的自然环境。同时，云南还拥有丰富的自然资源，由于云南的地质构造复杂，其金属矿及非金属矿产资源十分丰富，云南的有色金属矿产资源储量大、种类多。除了有"锡都"美誉的个旧和东川的"云铜"，云南省还有丰富的锌、锗、银、钾、钴、镍等矿产资源。这些资源为云南省工业的发展提供了原材料，促进了云南经济的起飞。

再从地理位置来看，云南省位于中国西南边陲，有着得天独厚的优势，其北部与四川省相连，东部与贵州省、广西壮族自治区相邻，西北部紧靠西藏自治区，西部与缅甸接壤，南部和老挝、越南相邻，这独特优越的地理位置使云南省成为连接我国西部其他省（区、市）与东南亚、南亚

[①] 云南省商务厅. 2018 年 1—12 月云南省进出口情况［DB/OL］.［2019-01-16］. http://www.bofcom.gov.cn/tjsj/jcksj/201901/t20190116_833567.html.

的重要贸易枢纽，云南省具有天然优越的发展对外贸易地理自然优势。

6.1.2 云南省发展对外贸易的外在优势

新中国成立的70年里，云南凭借着优越的对外贸易地理优势，在与东南亚各国的对外交往中一直扮演着重要角色。近年来，随着"桥头堡"战略、"孟中印缅经济走廊"倡议以及"一带一路"倡议的提出，云南在中国对外开放格局中的地位不断上升。为了结合云南实际发展情况落实"桥头堡"发展战略，云南省制定了《云南省加快建设面向西南开放重要桥头堡总体规划2012—2020年)》，规划中提出要推进滇中经济圈的建设，建设延边经济带构建内外联通的综合交通运输体系，加强对内对外合作水平，深化"走出去"战略，提高对外贸易水平，在此背景下云南省经济将会得到进一步的发展。"一带一路"提倡的国际大通道建设也为云南对外贸易的发展创造了丰富的可能性，国际大通道是云南连接国内外的重要枢纽，包括了公路、铁路、航空、水运等，它是一种集多种运输方式和信息网络于一体的传导体系，国际大通道的建设使云南与东南亚地区和国家的联系加深往来更加频繁，这些特点都预示着这些地区拥有巨大的潜在市场。在此过程中会促进云南产业结构的调整和升级，促进贸易和经济的发展。"桥头堡"战略和国际大通道建设等政策为云南发展带来了机遇。

6.2 云南70年对外贸易发展历程

6.2.1 新中国成立后云南对外贸易发展（1949—1978年）

云南省是西南地区开始展开对外贸易比较早的省份之一。新中国成立初期，云南省对外贸易起点较低，1950年云南省贸易总公司成立，当时也有一些私营进出口商，1951年建立各种贸易专业公司。在各种有利政策和因素的共同协作下，云南对外贸易在20世纪50—60年代得以迅速发展，1960年对外贸易收购额比1950年增长了8倍多。云南省对外贸易一般由收购和出口两部分构成，云南省收购与出口的品种有 13 大类，例如纺织、茶叶、土产、轻工、工艺、五金矿产等，主要出口对象是苏联、东欧和香港，其中出口比重最大的是苏联。云南省对外贸易收购在 20 世纪 60 年代有较大发展，特别是 1960 年，是新中国成立后历史最高水平。但由于处在计划经济时期以及其他各方面的原因，云南省的进出口额远远不能满足经济和社会发展的需要。20 世纪 60 年代中期开始的"文革"运动以及和苏联关系的破裂，对云南省的对外贸易造成了极大的冲击，小额贸易基本停止，特别是生活中的边民互市活动也受到了更为严格的限制，1970 年与 1960 年相比，仅对外贸易收购额就下降了 72.4%。

6.2.2 改革开放后云南对外贸易发展（1978 年至今）

改革开放后，云南对外贸易迎来了大发展时期，可以把改革开放后云南的对外贸易发展分为三个阶段。

6.2.2.1 云南省对外贸易的初步发展阶段（1978—2000 年）

在这一时期，云南省对外贸易开始起步并且迅速发展起来，其对外贸易发展具有以下几个特点：

（1）对外贸易实现了飞跃式增长。

改革开放后，云南省进出口贸易迅速发展起来。凭借着国内政策的扶持和国际贸易稳定快速发展的大背景，1980—1985 年，云南省几乎就实现了进出口总额翻倍，在 1985 年突破 2 亿美元。20 世纪 90 年代，云南省进出口贸易总额实现飞跃式增长，东南沿海地区得益于对外开放，经济迅速发展，云南省也认识到对外开放对于本省经济发展的重要性，认识到若要缩小云南省与经济迅速发展地区的差距，就必须开创对外开放的新格局，加大加深对外开放程度。从表 6-1 的数据中我们不难发现，20 世纪 90 年代的云南省进出口贸易总额实现飞跃式增长，并且贸易顺差持续增长。

表 6-1　1980—2000 年云南省进出口贸易总额　　　　单位：亿美元

年份	进出口总额	出口额	进口额	差额
1980	1.10	0.96	0.14	+0.82
1981	1.35	1.03	0.31	+0.72

续表

年份	进出口总额	出口额	进口额	差额
1982	1.36	1.09	0.27	+0.82
1983	1.47	1.19	0.29	+0.90
1984	1.51	1.11	0.39	+0.72
1985	2.10	1.29	0.81	+0.48
1986	2.65	1.69	0.96	+0.72
1987	3.42	2.62	0.80	+1.82
1988	4.44	3.42	1.02	+2.40
1989	5.48	3.74	1.73	+2.01
1990	5.48	4.34	1.14	+3.21
1991	5.51	4.01	1.50	+2.51
1992	6.71	4.67	2.04	+2.63
1993	8.40	5.23	3.17	+2.06
1994	13.44	9.10	4.34	+4.76
1995	18.96	12.15	6.81	+5.35
1996	19.22	10.96	8.26	+2.70
1997	19.37	11.72	7.65	+4.08
1998	19.03	11.74	7.30	+4.44
1999	16.60	10.34	6.25	+4.09
2000	18.13	11.75	6.38	+5.37

资料来源：《云南统计年鉴2018》。

注：差额中"+"表示出超、"-"表示入超。

（2）边境贸易发展很快。

1978年，中国政府决定实行改革开放，云南省逐步恢复了边境贸易。不过，受制于当时的地区形势，云南省此时对外开放的重点是美国、日本、港澳地区，对东南亚、南亚的关注相当有限。20世纪80年代后，国际国内形势发生了许多变化，为云南发展与周边国家的经贸关系创造了有利条件。1984年12月，中国经贸部颁布了《边境贸易暂行管理办法》，规定边境小额贸易由有关省、区人民政府管理，按照"五自原则"进行。云南省于1985年3月公布了《云南省关于边境贸易的暂行规定》，放宽了对边境贸易的限制，奠定了云南边贸发展的基础。1989 年，不再限制边境贸易互市金额，边贸得到进一步发展。从 1985—1989 年，中缅边境和中老边境全面开展边境贸易，发展速度加快，边贸额几乎每年都成倍增长，5 年间边贸进出口额达到 36 亿元。随着 1992 年沿边开放正式启动，国内实行了边贸进口"双减半"政策，昆明海关也给予云南省一些专项政策。为促进我国沿边地区紧跟沿海开放步伐，这一时期政策明显加大了边境对外贸易政策优惠力度，并侧重于促进我国边境贸易额积累，对云南边贸发展提供了宽松、优越的发展环境。加之云南与周边国家交往日益密切，特别是"大湄公河次区域经济合作"正式实施，较好地促进了云南与越南、老挝及缅甸次区域合作。1992—1993 年云南仅边境小额贸易就分别占全省进出口额的 30.54% 和 30.25%，边境贸易已成为云南对外经贸往来的重要组成部分。1996 年初国务院下发《关于边境贸易有关问题的通知》，取消部分边境贸易管理和优惠政策。此时亚洲金融危机爆发，使国家政策导向与企业发展定位之间出现摩擦，导致云南边境贸易在 1996 年后出现较大幅度下跌。1998 年后，由于边境贸易出口退税和四种主要商品新增税赋实行"先征后返"政策，这时金融危机影响逐渐消除及"兴边富民"行动和西部大开发战略的实施，云南边境贸易出现恢复性增长，从表 6-2 可见，1985 年，边境小额贸易开始发展起来，而后贸易额持续不断增加，2000 年边境小额贸易的出口额和进口额分别达到 2.78 和 0.78 亿美元[①]，发展非常迅速。

表 6-2　1980—2000 年主要贸易方式进出口总额　　　单位：亿美元

年份	进出口总额			边境小额贸易	
		出口额	进口额	出口额	进口额
1980	1.10	0.96	0.14		
1981	1.35	1.03	0.31		
1982	1.36	1.09	0.27		
1983	1.47	1.19	0.29		
1984	1.51	1.11	0.39		

[①] 云南省统计局.云南统计年鉴 2018［M］.北京：中国统计出版社，2018.
注：以下数据未注明的，皆来自《云南统计年鉴》。

续表

年份	进出口总额	出口额	进口额	边境小额贸易	
				出口额	进口额
1985	2.10	1.29	0.81	0.21	0.23
1986	2.65	1.69	0.96	0.28	0.31
1987	3.42	2.62	0.80	0.61	0.64
1988	4.44	3.42	1.02	1.31	1.01
1989	5.48	3.74	1.73	1.66	0.90
1990	5.48	4.34	1.14	1.28	0.75
1991	5.51	4.01	1.50	1.03	0.53
1992	6.71	4.67	2.04	1.55	0.75
1993	8.40	5.23	3.17	2.08	0.77
1994	13.44	9.10	4.34	1.46	1.11
1995	18.96	12.15	6.81	1.18	1.13
1996	19.22	10.96	8.26	0.45	0.91
1997	19.37	11.72	7.65	0.42	0.32
1998	19.03	11.31	5.22	0.89	0.42
1999	16.60	10.34	6.25	2.32	0.56
2000	18.13	11.75	6.38	2.78	0.78

资料来源：《云南统计年鉴2018》。

（3）外资利用工作逐步开展。

改革开放后，云南省开始了利用外资的工作。1984—1991年，针对云南的投资主要来自香港，外商投资数量少、规模小，水平低，投资领域主要是一般小型加工业、餐饮业和旅游宾馆，平均每个项目协议外资金额仅71.75万美元。由于经济发展水平不高、思想观念较为保守，地域条件和周边国家的发展限制，在1991年以前，云南的外资投资很少，云南也没有出台明确的、系统的引进利用外资的政策。

1991年，云南出台了较为明确的引进外资的政策措施，将吸引外资视为对外开放的重要方面。而且随着外资对贸易以及经济发展的推动作用日益明显，云南进一步制定和完善了吸引外资的优惠政策。1992年，国家批准昆明市实行沿海开放城市政策,批准畹町、瑞丽河口为边境开放城市,批准昆明设立高新技术开放区和滇池旅游度假区。1992—1993年批准外资企业711家,协议总投资16.18亿美元,协议外资6.79亿美元实际利用外资1.88亿美元。到云南来投资的外商涉及中国香港、中国台湾,东南亚,美国、日本,投资云南的国家和地区增加到21个。全省17个地、州、市都有外商投资企业,平均每个项目协议外资额95.6万美元。1994—1995年,全省共批准外商投资企业531家,协议总投资13.86亿美元,协议外资6.58亿美元,实际利用外资4.38亿美元。外商投资开始涉及电站、资源勘探开采等基础设施项目,国际大财团、跨国公司开始向云南投资。1996年,云南又进一步制定和完善了吸引外资的优惠政策。其中在利用外资方面,最重要的政策措施是2000年6月出台的《中共云南省委、云南省人民政府关于进一步改善投资环境,扩大开放,全面实施西部大开发战略的若干意见》,该意见明确提出要按照公开、公平、公正的原则改善政务管理,为外来投资者提供更加优惠的政策和条件,提供更加优良的服务,推出更加有吸引力的项目,使云南省成为中国西部投资环境最好的省份之一。从表6-3可见,2000年签订利用外资协议项目有110个,比1987年增加了12倍;2000年外商直接投资项目106个,比1987年增加了11.78倍。

表6-3 1987—2000年引进利用外资概况

年份	协议利用外资		对外借款		外商直接投资		外商其他投资	
	项目/个	金额/亿美元	项目/个	金额/亿美元	项目/个	金额/亿美元	项目/个	金额/亿美元
1987	9	0.14			9	0.11		0.04
1988	9		1		8			
1989	10	0.04			10	0.03		0.01
1990	16				11			
1991	31	0.60		0.34	22	0.16	6	0.10
1992	202				202			
1993	509	5.64			509	5.01		0.63
1994	262				262			

续表

年份	协议利用外资		对外借款		外商直接投资		外商其他投资	
	项目/个	金额/亿美元	项目/个	金额/亿美元	项目/个	金额/亿美元	项目/个	金额/亿美元
1995	277		8		269			
1996	159		6		153			
1997	135	3.25	8	0.57	127	2.67		
1998	122		3		119			
1999	140		2		138			
2000	110		4		106			

资料来源：《云南统计年鉴2018》。

6.2.2.2 云南省对外贸易的快速发展阶段（2001—2010年）

在这一阶段，我国于2001年正式加入WTO，使得对外贸易进一步大幅度增长，同时西部大开发战略的实施、中国与东盟自由贸易区建设的启动，以及澜沧江－湄公河流域次区域全面合作的开展，给云南省对外贸易的发展带来了前所未有的挑战和机遇。云南省紧紧抓住这些战略机遇，进一步扩大对外开放，推行了一系列政策，大力促进了云南省对外贸易的发展。

（1）云南省对外贸易额进一步扩大。

我们从表6-4的数据中不难发现，除了2009年，云南省进出口贸易总额每年都有大幅度的增长，对外贸易发展迅速。云南省对外贸易总额从2001年的19.89亿美元增长到2010年的133.68亿美元，实现了对外贸易跨越式增长，其中2004—2006年连续三年外贸增长速度超过全国平均水平。2009年，由于受2008年金融危机的影响，云南省对外贸易在2009年小幅回落至80.19亿美元，金融危机过后，国内采取促使经济复苏的政策，在各种财政及金融政策的刺激之下，市场回暖，云南省的对外贸易总额继续保持增长，到2010年底，实现进出口总额133.68亿美元，其中进口额为57.62亿美元，出口额为76.06亿美元，较2009年分别增长66.5%、64.2%和68.4%。在2009年，国家指出将云南建设成我国向西南地区开放的重要"桥头堡"。通过"桥头堡"战略来吸引多方资源，成为生产与流通、产业与市场、经济与文化、贸易与服务等一体化的重要枢纽，成为推动需求关系、生产关系、经济关系、社会关系、国际关系的桥梁。

表 6-4　2001—2010 年云南省进出口贸易总额　　　　单位：亿美元

年份	进出口总额	出口额	进口额	差额
2001	19.89	12.44	7.45	+4.99
2002	22.26	14.30	7.97	+6.33
2003	26.77	16.77	9.91	+6.85
2004	37.48	22.39	15.09	+7.30
2005	47.38	26.42	20.97	+5.45
2006	62.32	33.91	28.40	+5.51
2007	87.80	47.36	40.44	+6.92
2008	95.99	49.87	46.12	+3.75
2009	80.19	45.14	35.05	+10.09
2010	133.68	76.06	57.62	+18.43

资料来源：《云南统计年鉴 2018》。

注：差额中"+"表示出超，"-"表示入超。

（2）边境贸易进一步规范和发展。

这一阶段，云南省边境对外贸易发展进一步规范并且具备了稳定环境。随着 2003 年 6 月起 20 种商品边贸进口税收优惠政策的停止执行、2008 年边民互市进口生活用品免税额度的提高和以财政转移支付制度替代"两减半"优惠政策，表明我国边贸政策重点不再是单纯强调数额增加，而是通过政策主体从"两减半"获惠的企业向以财政转移支付为手段的政府转变，更加强化政府在外向型经济发展中的引领作用。在政策推动下，云南边境对外贸易进入到质与量双重推进沿边开放水平提升新时期。同时，2005 年初中国－东盟自由贸易区建设的两个主要协议《货物贸易协议》和《争端解决机制协议》生效，云南与东盟进行交易的商品开始大规模减税，进一步促进云南边境对外贸易总体发展格局的优化和提升。

2009 年后，云南边境对外贸易发展进入重要战略机遇期。2010 年中国－东盟自贸区全面启动及 2011 年《国务院关于支持云南省加快建设面向西南开放重要桥头堡的意见》的下发，为云南边境对外贸易创造了巨大发展空间。2000年以来，云南在提高开放型经济水平，完善互利共赢、多元平衡，建立安全高效开放型经济体系等方面被赋予了更多的期望和责任。同时，针对边境对外贸易发展中不均衡、不协调等问题，云南省也相继出台了《云南省人民政府关于加快推进通关便利化的若干意见》《云南省商务厅关于促进外经贸发展暂行办法》等政策文件。在国内促进边境贸易发展方式转型、深化开放型经济结构调整政策导向下，云南边境对外贸易取得了新进展。从表6-5可见，云南省边境小额贸易出口额，2010年是9.88亿美元，是2001年的4.296倍，2010年云南省边境小额贸易进口额是7.47亿美元，是2001年的6.44倍，表明了云南边境小额贸易发展迅速。

表6-5 2000—2010年主要贸易方式进出口总额　　单位：亿美元

年份	进出口总额	出口额	进口额	边境小额贸易 出口额	边境小额贸易 进口额
2001	19.89	12.44	7.45	2.30	1.16
2002	22.26	14.29	7.97	2.31	1.37
2003	26.77	16.76	9.92	2.53	1.66
2004	37.48	22.39	15.04	3.09	2.15
2005	47.38	26.42	20.97	3.86	2.69
2006	62.32	33.91	28.40	4.65	3.11
2007	87.80	47.36	40.44	5.68	4.43
2008	95.99	49.87	46.12	5.72	6.29
2009	80.19	45.14	35.05	7.07	5.54
2010	133.68	76.03	57.62	9.88	7.47

资料来源：《云南统计年鉴2018》。

（3）利用外资规模进一步扩大。

从表6-6可见，云南省在利用外资方面无论从项目数量还是金额上都有明显的发展。2007年，云南省利用外资增速超过全国平均水平。全省利用外资项目170个，合同外资额9.66亿美元，增长21.11%，实际利用外资金额3.95亿美元，增长30.49%，外商投资企业缴纳税收超过15亿元。到2006年底已有来自29个国家和地区的投资者在云南设立了外商投资企业，累计达1962家，合同利用外资累计28亿美元，实际利用外资累计14

亿美元。但利用外资的规模和质量与全国相比，还有很大的差距，2006年全国出口总额的50%以上由外资企业提供，全国出口增量的60%以上来自外资企业，而云南省外资企业出口占全省出口总额的比重仅为8.4%，出口增量也不到20%。

表6-6 2000—2010年引进利用外资概况

年份	协议利用外资项目/个	协议利用外资金额/亿美元	外商直接投资项目/个	外商直接投资金额/亿美元
2001	140	2.94	140	2.94
2002	150		150	
2003	167	5.44	167	5.44
2004	167		167	
2005	152	4.36	152	4.36
2006	204		204	
2007	170	9.66	170	9.66
2008	228		228	
2009	190	16.82	190	16.82
2010	163		163	

资料来源：《云南统计年鉴2018》。

6.2.2.3 云南省对外贸易飞速发展阶段（2011年至今）

在这个阶段，由于我国精准扶贫战略和"一带一路"倡议的提出，使云南省经济获得了快速发展，对外贸易无论从数量上还是质量上，无论从"引进来"还是"走出去"，云南都有了前所未有的发展。

（1）云南省对外贸易迎来了新的发展机遇。

2013年李克强总理访问印度，在双方签署的《中印联合声明》中指出，倡议建设孟中印缅经济走廊，孟中印缅经济走廊是以昆明、曼德勒、达卡、加尔各答等沿线重要城市为依托，以铁路、公路、航空、水运、电力、通信、油气管道等国际大通道为纽带，以人流、物流、资金流、信息流为基础，通过共同打造优势产业集群、特色城镇体系、产业园区、口岸体系、边境经济合作区等，形成优势互补、分工协作、联动开发、共同发展的经济带。建设经济走廊的重要目的是充分发挥各自的比较优势,加强区域内交通联系,减少区域运输成本和贸易成本,促进沿线国家的产业分工协作,推动各种资源和生产要素自由流动,促进共同发展。这一政策大大刺激了云南对外贸易的发展。

2013年9月和10月,习近平主席在访问中亚国家和印度尼西亚时提出共建"一带一路"建设重大战略构想,也就是构建"丝绸之路经济带"和"21世纪海上丝绸之路"。2000多年前的古代丝绸之路,是贯通中国同欧亚非国家贸易交流的要道,同时也是沟通中西文化的桥梁,"孟中印缅经济走廊"是古代南方"丝绸之路"的重要路段。习近平主席在考察云南时指出"云南的优势在区位,潜力在开放",把建成面向南亚、东南亚的辐射中心作为云南的三大定位之一,而在国家发布的"一带一路愿景与行动"中也明确指出,要"发挥云南区位优势,推进与周边国家的国际运输通道建设,打造大湄公河次区域经济合作新高地,把云南建设成为面向南亚、东南亚的辐射中心"。这使得云南成为当今中国推进"一带一路"建设的重要省份,在"一带一路"建设中具有重要地位。在这些政策的影响下,云南省进一步加大自身对外开放,对外贸易进一步持续发展,进出口贸易总额增长迅速。从表6-7可见,2017年云南省进出口总额是2011年的1.46倍,除2012年和2017年贸易逆差外,其余年份都是贸易顺差。

表6-7　2011—2017年云南省进出口贸易总额　　单位:亿美元

年份	进出口总额	出口额	进口额	差额
2011	160.53	94.73	65.80	+28.93
2012	210.05	100.18	109.87	-9.69
2013	258.29	159.59	98.70	+60.88
2014	296.22	188.02	108.20	+79.82
2015	245.27	166.26	79.01	+87.25
2016	199.99	115.82	84.17	+31.65
2017	233.94	114.30	119.64	-5.33

资料来源:《云南统计年鉴2018》。

注:差额中"+"表示出超,"-"表示入超。

2. 边境贸易实现稳定快速增长。

受云南省"桥头堡"战略和"一带一路"倡议的影响，云南省边境贸易获得了快速发展，从表6-8可见，云南省2017年进、出口额比2011年都有了较大的增长，其中出口额，2017年是2011年的1.59倍，进口额2017年是2011年的1.89倍，云南省边境贸易为我国沿边开放做出了重要的贡献，云南省通过边境贸易与东南亚、南亚各国进行贸易往来，不仅促进了当地的经济发展与贸易发展，而且促进了与沿边国家的文化交流，促进了边疆长期稳定。

表6-8　2010—2017年主要贸易方式进出口总额　　　　单位：亿美元

年份	进出口总额	出口额	进口额	边境小额贸易	
				出口额	进口额
2011	160.53	94.73	65.80	12.16	7.88
2012	210.05	100.18	109.87	13.95	7.54
2013	258.29	159.59	98.70	18.47	14.87
2014	296.22	188.02	108.20	21.79	14.00
2015	245.27	166.26	79.01	16.75	8.16
2016	199.99	115.82	84.17	17.51	11.96
2017	233.94	114.30	119.64	19.32	14.90

资料来源：《云南统计年鉴2018》。

（3）利用外资规模日益扩大。

目前已有100多家世界500强企业落户云南，改革开放以来，重点区域到位资金年均增长超过12%，重点省（区、市）到位资金年均增长20%以上。从表6-9可见，云南省2017年协议利用外资项目比2011年有了较大的增长，2017年是2011年的1.32倍，外资从传统区域向现代农业、生物医药、信息产业流动，外资在产业间的分配日益合理，同时外资还带来了人才、技术和管理的引进，为云南省的经济发展注入新鲜血液，促进了云南省与其他国家的经济交流，促进了云南省经济发展、民生改善、税收增加和产业升级，对就业的促进作用日益明显，培育产业新动能的积极作用亦不断显现。

表 6-9　2010—2017 年引进利用外资概况

年份	协议利用外资项目/个	协议利用外资金额/亿美元	外商直接投资项目/个	外商直接投资金额/亿美元
2011	163	21.54	163	21.54
2012	121	10.95	121	10.95
2013	116	12.14	116	12.14
2014	132	10.82	132	10.82
2015	142	22.58	142	22.58
2016	134	26.54	134	26.54
2017	215	51.61	215	51.61

资料来源：《云南统计年鉴2018》。

6.3　云南对外贸易发展成就

6.3.1　云南整体开放水平不断提高

云南省对外开放，随着"桥头堡"战略、"一带一路"倡议、长江经济带战略、"孟中印缅经济走廊"倡议、大湄公河次区域合作等的深入实施，依托重点开发开放试验区、跨境经济合作区、边境经济合作区等各类产业园区，实现开放式发展，不断拓展对外开放的合作广度与深度。云南省开放型经济体制改革工作的实施，利用昆明对51个国家过境免签政策的正式实行，促进了过境旅游发展，带动旅游综合改革，加快了沿边金融综合改革、招商引资、"走出去"企业税收管理与服务、口岸、电子商务等，促进了云南对外开放保障体系的建立与完善。通过金融创新发展，加强与东盟国家和南亚国家经贸合作，增加了国内外投资，促进了云南开放型经济的蓬勃发展。不断完善和扩大外向型特色产业体系，承接国际与国内中东部地区资源加工型、技术密集型、出口导向型工业产业转移，完善区域内产业体系，特别是出口导向型产业体系，建成面向周边国家和地区市场的出口加工基地深化沿边口岸优势，通过城镇化改革，构筑沿边开放城镇带。在国家战略的推动下,云南已经建成 17 个公路口岸、3 个空港口岸、2 个水运口岸。公路口岸中对老口岸 2 个,对越口岸 4 个,对缅口岸 11 个,口岸数量居全国第 2 位,同时建成了瑞丽、猴桥等 10 个国家一类口岸。依托众多的沿边口岸,加快口岸通道和物流体系建设,依托中越、中老泰、中缅、中缅印 4 个外向通道,建成河口、磨憨、瑞丽、腾冲 4 个口岸门户国际物流枢纽。同时,全面推进基础设施建设,加速国内国际大通道的建设步伐,不断提升通关便利化水平和过境免签的时间,将对外开放便利性落到实处,切实提升开放水平。

6.3.2　形成了云南对外开放的交通格局

云南连通着"丝绸之路经济带"和 21 世纪"海上丝绸之路",具有南来北往、东行西去的通道优势,特别是以深圳为起点的第三亚欧大陆桥建设,以云南为起止点的中老、中泰、中越、中缅国际通道的建设和沪昆、银昆、兰昆等国内大通道的建设,将加速云南的内连外通,形成新的东达两三角、北上大西北、西接孟印巴、南抵泰新马的交通格局。这一交通格局促进了云南交通的日益完善,加速了云南省全面对内对外开放,加深各地州的开放程度,整合国际国内两大市场和资源,推动全省的综合协调发展。同时伴随国内交通网络的完善以及中越、中老、中泰、中缅国际陆路通道的建设,云南省作为面向南亚、东南亚陆路交通走廊的地位将更加明显,云南省推动了内陆地区与南亚、东南亚联系的加深,扩大内地对外交流的深度。

6.3.3　云南省多边合作机制不断完善

云南省作为国家面向南亚、东南亚开放的前沿,积极服务和融入国家战略,不断深化完善中国–东盟自贸区、大湄公河次区域合作和孟中印缅经济合作,推动云南—泰北、云南—老挝、云南—越北、滇缅合作论坛、GMS 经济走廊论坛、孟中印缅经济合作论坛等多边合作机制,强化推进与周边国家"通路、通电、通信、通商、通关、通油、通气、通币"等八项工作,促进区域内部的协同发展、实现多边共赢,不断扩大"引进来"和

"走出去"的规模。并以"桥头堡"战略和"一带一路"倡议实施为契机，积极参与孟中印缅经济走廊、中国-中南半岛经济走廊合作建设及大湄公河次区域合作，对外开放层次和水平不断提升。同时，云南省加快推进区域性跨境人民币金融服务中心建设以保障对外贸易的健康发展，汇丰、恒生、东亚、泰京、渣打、马来西亚6家外资银行设立昆明分行，同时金融机构也走出国门，继太平洋老挝合资证券公司和富滇银行老中合资银行相继开业后，2017年老中银行在老挝磨丁特区设立磨丁分行，成为我国在该国的首家合资证券法人机构和国内商业银行境外银行法人机构，这些金融机构的发展推动了云南省对外贸易企业的发展，使其发展更为迅速，形成以云南为门户、以周边为基础，涵盖南亚、东南亚的多层次、宽领域的区域合作新格局，对外开放呈现新态势。

6.3.4　云南在我国对外贸易中地位不断提升

改革开放后，特别是20世纪90年代东南沿海地区对外开放取得的巨大成就，使云南省认识到对外开放对于经济发展的重要性，若要使云南省缩小与发达地区的经济差距，就必须开创对外开放的新格局，加大加深对外开放的程度与深度。再加上2001年中国正式加入WTO，中国对外贸易大幅度增长，同时国家也决定实施西部大开发战略和中国与东盟自由贸易区建设的启动，以及澜沧江—湄公河流域次区域全面合作的开展，云南省对外贸易的发展迎来了前所未有的重要挑战和机遇，对外开放不断扩大，对外贸易不断发展，云南省在我国对外贸易中地位日益重要。云南省凭借着"桥头堡"战略、"孟中印缅经济走廊"倡议、"一带一路"倡议等一系列国内政策的扶持，以及国际贸易稳定快速发展的大背景，利用云南自然区位优势，借助政策和平台优势，打通面向东南亚及南亚的国际通道，吸引我国东部发达地区的资金、人才和技术转移，吸引国外尤其是欧洲发达工业国家的产业转移，不断吸纳国内外的先进技术和人才，不仅促使云南省产业不断进行更新换代，而且使得云南成为当今中国发展对外贸易的重要省份，在我国对外贸易中具有重要地位。

6.3.5 边境贸易获得了不断发展

20世纪80年代以后,国际、国内形势发生许多变化,首先,中美关系发生重大转变,美国开始将中国视为遏制苏联势力扩张的重要战略伙伴,改变了在东南亚地区对中国的"围堵"策略。其次,中国重回联合国,极大地提升了国际地位,促使周边国家改变了对中国的态度。最后,越南侵略柬埔寨,东盟各国面临越南霸权扩张的直接威胁,而中国则在改革开放后经济不断发展。中国与东盟在寻求区域和平与稳定上出现了共同利益。在这种情况下,云南省进一步扩大对外开放的时机已经成熟。云南省于1985年3月公布了《云南省关于边境贸易的暂行规定》,放宽了对边境贸易的限制,奠定了云南边贸发展的基础。1989年,不再限制边境贸易互市金额,边境贸易得到进一步发展。随着1992年沿边开放正式启动,国内实行了边贸进口"双减半"政策,昆明海关也给予云南省一些专项政策,为云南边境贸易发展提供了宽松、优越的发展环境。使云南与周边国家交往日益密切,特别是"大湄公河次区域经济合作"正式实施,较好地促进了云南与越南、老挝及缅甸的次区域合作。1992—1993年,云南仅边境小额贸易就分别占全省进出口额的30.54%和30.25%,边境贸易已成为云南对外经贸往来的重要组成部分。2009年以后,云南边境对外贸易发展进入重要战略机遇期。2010年中国-东盟自由贸易区全面启动及2011年《国务院关于支持云南省加快建设面向西南开放重要桥头堡的意见》下发,为云南边境对外贸易创造了巨大的发展空间。2013年李克强总理访问印度,双方签署的《中印联合声明》中倡议建设孟中印缅经济走廊,这一政策大大刺激了云南对外贸易的发展。2013年9月和10月,习近平主席在访问中亚和印度尼西亚时提出共建"一带一路"倡议构想,也就是构建"丝绸之路经济带"和"21世纪海上丝绸之路",这使得云南成为当今中国推进"一带一路"建设的重要省份,在"一带一路"建设中具有重要地位,云南省边境贸易总额增长迅速。

6.3.6 利用外资规模与范围不断发展

1996年以来,全省引进省外到位资金从11.2亿元增长到2017年的

8486.6亿元，增长了757.7倍。党的十八届三中全会以来，100余家世界500强企业落户云南，重点区域到位资金年均增长超过12%、重点省（区、市）到位资金年均增长20%以上[①]。外来投资逐步从传统领域向现代农业、生物医药、战略性新兴产业以及现代服务业流动，省外到位资金在第一、二、三产业的分布日益合理，有力地推动了产业的转型升级和结构调整。外来资金带来的技术、管理和人才，对云南经济增长、民生改善、税收增加、扩大就业的促进作用和支撑作用日益凸显。（从表6-10可见，在2017年云南省利用外资的重点是：制造业、社会服务业、房地产业以及电力、煤气及水生产和供应业、有色金属、磷矿等资源开发性项目，交通，以机械、电子等行业为中心的现有企业的技术改造，新材料、新工艺、新品种的开发和综合利用，新型饲料、食品、农副畜产品等。）

表6-10　2017年分行业利用外商直接投资情况　　　　单位：亿美元

国民经济行业	协议投资		实际投资金额
	项目/个	金额	
全省	215	51.61	9.63
农、林、牧、渔业	29	20.33	0.23
采矿业	1	0.07	
制造业	19	5.50	3.81
电力、煤气及水生产和供应业	17	1.91	1.15
建筑业	2	-2.38	
地质勘查、水利管理业			
交通运输、仓储及邮电通信业	7	1.83	0.45
批发和零售贸易餐饮业	70	3.43	0.63
房地产业	5	0.57	1.47
社会服务业	65	20.34	1.88
卫生体育和社会福利业			
教育、文化艺术和广播电影电视业			
科学研究和综合技术服务业			
其他行业			

资料来源：《云南统计年鉴2018》。

---

① 昆明信息港. 云南实际利用外资超百亿美元 谷歌等世界500强企业落户[DB/OL].[2019-02-03]. http://sh.qihoo.com/pc/9530824bb48eeb961.

6.3.7 昆明在对外贸易中作用日益增大

昆明作为云南省的省会，是云南省政治、经济、文化、科技的中心，因此昆明对外贸易的发展情况对于云南省而言有着重大的意义，其对外贸易的发展最能凸显和展现云南省的对外贸易发展情况。从新中国成立至今，随着改革开放，"桥头堡"战略、"一带一路"倡议、长江经济带战略、"孟中印缅经济走廊"倡议、大湄公河次区域合作等的深入实施，昆明作为西南门户、"一带一路"前沿枢纽、面向南亚、东南亚辐射中心的优势愈加凸显。昆明市对外贸易规模不断扩大，2016年实现对外投资项目45项，投资地区分别为泰国、老挝、中国香港、马来西亚、缅甸、柬埔寨、美国、印度尼西亚、毛里求斯、尼泊尔、加拿大、新加坡、赞比亚、几内亚、印度等，协议投资总额4.2亿美元，实际投资额为2.4亿美元。产业涉及邮政业、金融服务业、地产业、贸易进出口、出租汽车、汽车租赁、太阳能电站、加工制造业、图书音像文体用品销售、农业种植、橡胶种植加工贸易、矿业开发、电缆销售、机械设备等。昆明充分利用了作为"一带一路"和长江经济带重要支点的优势，在"引进来"的同时，进一步推进"走出去"战略，使昆明市在东南亚乃至全球范围优化资源配置，更广泛地参与国际分工合作，带动资本、产品、技术、劳务输出。昆明市正在努力实现全方位、高水平的对外开放，拓展经济发展空间，增强综合实力和国际竞争力，并努力将自己打造成区域性国际化城市。

6.4 云南对外贸易发展面临的挑战

6.4.1 省内沿边开放水平不平衡

云南作为我国面向东南亚、南亚开放的重要省份，在对外开放水平方面取得了较好的成效，但云南省内各地区对外开放水平存在较大差异。从表6-11可见，2017年云南16个主要州（市）中，昆明凭借其特殊的政治经济地位，2017年进出口总额达78.18亿美元，是排名第二的德宏的1.85

倍还多，是位于最后一名迪庆的 1954.5 倍，仅昆明占全省对外贸易总额的 33.42%。云南对外贸易的中坚力量由红河、玉溪、曲靖、西双版纳、楚雄、普洱、临沧、文山、大理和保山构成，10 地区 2011 年进出口总额均超过 1 亿美元，外贸实力明显优于省内其他地区。而在 8 个边境口岸中也存在发展不均衡的现象，如怒江 2017 年贸易总额仅能维持在 900 万美元左右，与其他边境口岸相比贸易额过小。

表 6-11　2017 年各州（市）进出口总额　　　　单位：亿美元

	进出口总额	出口额	出口额 2017 年比 2016 年增长 /%	进口额	进口额 2017 年比 2016 年增长 /%	进出口总额 2017 年比 2016 年增长 /%
全省	233.94	114.30	−0.5	119.64	42.3	17.6
昆明	78.18	29.43	−27.5	48.75	90.9	18.2
德宏	42.15	22.69	0.1	19.45	−2.0	−0.9
红河	36.66	17.26	81.2	19.40	88.2	84.8
玉溪	21.01	20.64	3.6	0.37	34.7	4.0
普洱	12.46	1.79	−8.5	10.66	15.2	11.1
西双版纳	10.45	2.12	−4.0	8.32	26.4	18.7
曲靖	8.72	8.42	33.9	0.29	865.5	38.0
临沧	6.57	1.25	17.1	5.32	−4.6	−1.1
楚雄	5.84	5.82	14.7	0.01	−51.4	14.3
文山	5.36	0.39	−27.1	4.96	−7.8	−9.6
保山	3.20	1.30	−11.5	1.89	64.0	21.7
大理	2.68	2.57	−2.3	0.11	1006.10	1.5
丽江	0.47	0.47	−31.1		−65.1	−31.7
怒江	0.09	0.05	−62.3	0.04	121.3	−39.3
昭通	0.05	0.50	−11.4		−85.0	−20.6
迪庆	0.04	0.03	−52.0	0.01	−77.5	−63.1

资料来源：《云南统计年鉴 2018》。

6.4.2　对外投资额高速增长，但总量太小

从表 6-12 可见，2007—2017 年，云南省进出口贸易额占全国比重，除 2009 年、2015 年和 2016 年出现小幅下滑外，其余年份均保持了持续上

升的势头。不过占全国比重的增幅并没有进出口额的增幅高,说明云南省进出口贸易额增速的优势正在被其他省份赶上,并且从总体上看,云南的进出口贸易占全国的比重极低,最高值不过 6.9‰。在非金融类直接投资存量上,云南省在绝对值上保持了连续增长势头,不过占全国的比重同样较低,最高值仅为 7.1‰,且在 2013 年后出现了持续的下滑,说明云南对外贸易总量相对发展不足,还有很大的发展空间。

表 6-12 2007—2017 年云南省对外贸易额   单位:亿美元

年份	2007	2008	2009	2010	2011	2012	2013	2014	2015	2016	2017
云南省进出口贸易额	87.8	95.99	80.19	133.68	160.53	210.05	258.29	296.22	254.27	199.99	233.94
进口额	40.44	46.12	35.05	57.62	65.8	109.87	98.7	108.2	79.01	84.17	119.64
出口额	47.36	49.87	45.15	76.06	94.73	100.18	159.59	188.02	166.26	115.82	114.30
云南省占全国比重/%	0.40	0.37	0.36	0.45	0.44	0.54	0.62	0.69	0.62	0.50	0.60

资料来源:《云南统计年鉴 2018》。

6.4.3 "走出去"步伐不大

近年来,随着国家"一带一路"倡议的实施,云南省与东南亚、南亚国家经济融合的趋势越来越明显,企业"走出去"的积极性越来越高,对外投资呈现高速增长的良好态势。但相对于东部发达地区,高增长是建立在基数小的前提下,与云南省的发展目标仍有较大差距。与此同时,云南省企业"走出去"还处于初步探索阶段,投资目的国大多数局限于东南亚国家,还不具备把生意做到全世界的实力,投资领域也主要是种植业、矿产业、贸易公司等,核心竞争力不强。企业走出国门做生意,所面临的困难要比在国内经营多得多,加上企业本身规模不大、实力不强,解决困难的能力和承受风险的能力都非常弱,在这种情况下,很多有发展前景的企业还不敢"走出去",有些已经"走出去"的企业由于面临重重困难无法得到更好的发展，有的甚至难以维持经营。

在国家"一带一路"建设的大背景下，要发挥云南省作为"我国面向西南开放的重要桥头堡省份"的辐射带动作用，提升云南省经济外向度，提高对外开放水平，必须大力推动企业"走出去"，除了企业自身的努力，政府层面应当给予更多的关心和支持。而目前的状况是，总体来讲对落地在省内的企业扶持多，各种招商引资政策都非常优惠，但对"走出去"的企业关心支持少。云南省要用重视"引进来"的思路来重视"走出去"，下大力气对"走出去"企业进行扶持，如此一定会有更多企业"走出去"，并且"走得好"，把云南的经济影响力辐射到东南亚、南亚，甚至全世界。

6.4.4 贸易结构不合理，限制贸易发展因素较多

首先，出口商品结构不合理，受产业结构制约，资源性初级产品出口比重大，高新技术、高附加值产品出口比重小，高数量、低价格、低效益的出口局面仍然存在，严重制约了外贸出口质量的增长。其次，贸易方式结构不合理，云南省出口商品中70%以上为一般贸易出口，加工贸易出口约10%，而全国加工贸易占出口总额的50%以上，有些沿海省区甚至超过80%。再次，出口市场结构不合理，云南省出口到中国香港、日本和东南亚10个国家和地区的出口额约占了全省出口的80%。而欧洲、北美洲不到20%。最后，云南省高层次人才的紧缺及分布不均也限制了云南省对外贸易发展。作为西部内陆地区，云南和国内其他地区一样，在人才建设方面较为落后。特别是过去，云南省经济发展缓慢，发展潜力潜藏，对于人才储备不够重视，导致缺乏各方面的人才。现在，虽然经过10多年的发展和人才引进，但是自身的人才体系仍然不完善，高精尖端人才依旧比较缺乏，短缺的人才储备在此时显然已经开始掣肘云南省对外开放的开展。

6.4.5 周边国家经济发展与不稳定因素带来的挑战

经过长时间的发展，东南亚部分国家的发展水平已经有了较大提升。根据世界银行的统计，2016年东南亚地区的印度尼西亚和泰国的国内生产

总值已分别达到9322.6亿美元与4068.4亿美元，分列世界第16位和第26位。其中，与云南直接接壤的越南、老挝、缅甸三国的人均国内生产总值位列世界第117、119、121位，这些国家相对落后的经济发展水平限制了该地区投资、贸易和消费需求的增长，并导致交通基础设施建设的滞后。此外，由于东南亚部分国家尚处于工业化的起步阶段，劳动密集型或资源密集型产业在他们的经济结构中占主导地位，云南省周边国家产业结构与云南省同质性较高，这与云南形成了一定的竞争关系，不利于云南省企业实施"走出去"战略。同时，云南省周边的国际局势变数仍然较大，缅甸、泰国、越南等国家内部都还有着较大的不安定因素。同时，由于南海问题的动荡，使得云南与越南的关系也极不稳定，经常处于变动之中。由于西方国家想要限制我国发展，从二战以后就不断对该区域进行渗透，使这些地区潜藏着恐怖主义袭击、政治稳定性和连续性差、宗教冲突隐患等问题。因此，云南对外投资环境存在不安定因素，投资环境的不稳定在很大程度上影响着云南对外开放的程度，也进一步影响着云南经济贸易的发展。

6.5 云南对外贸易发展展望

6.5.1 深化统筹云南省域合作战略布局

随着中国与东盟间合作领域的不断扩大，特别是中国－东盟自由贸易区全面启动后，双方贸易零关税将是自贸区发展方向。目前，中国－东盟自贸区已进入第二阶段，该阶段越南、老挝、柬埔寨、缅甸4国与中国贸易绝大多数产品将实现零关税。同时，双方将开发更广泛深入的服务贸易市场和投资市场。因此，云南应积极参与中国－东盟自贸区建设，深度拓展澜沧江—大湄公河次区域合作，充分利用其与越北、老北和泰北合作机制，提升与次区域国家经贸合作机制，不断深化与南亚国家经贸合作，创造贸易与投资便利化条件，在巩固传统市场基础上，开拓新兴市场，培育周边市场。通过建立和完善各种经贸合作机制与平台，支持开发潜力大、辐射力强的新兴市场。特别是促进水资源开发、旅游合作和人力资源合作等，达到一法多效的积极效果。

6.5.2 合理制定省内协调性发展规划

为缩小云南各地开放水平差异，促进省内对外开放和经济可持续发展，建议制定省域总体发展规划，并根据各口岸所面向的国家，制定差异化发展战略：依托昆明—河口高速公路及国际航空港，以个（旧）开（远）蒙（自）城市群和河口为载体，重点发展以现代物流、矿产开采加工为主的产业集群；以楚雄、大理、保山、瑞丽等城市为节点，重点发展石油化工、现代物流、农产品替代种植、宝玉石加工和旅游业，推动与环孟加拉湾国家区域合作；以玉溪、普洱、景洪、磨憨、临沧等城镇为依托，重点发展以农林产品深加工、生物产业、商贸旅游服务业为主的产业集群，务实推进大湄公河次区域合作；积极谋划以保山、腾冲为节点的昆明—密支那经济走廊建设，适度发展钢铁、有色金属等产业，大力发展现代物流和旅游业。通过全局性规划，实现省内开放水平协调。同时，在原有边境外贸进出口结构基础上，进一步利用境内发展要素和周边国家优势资源，调结构，稳定传统优势产品出口，扩大高新技术产品、特色农产品和自主品牌产品出口，提高有色金属、磷化工等资源型出口产品附加值。保障重要资源和节能降耗环保产品进口，稳定各项进口促进政策和便利化措施，促进外贸平衡。

6.5.3 加快发展开放型经济，提升沿边开放水平

云南省作为面向南亚和东南亚的重要门户，应积极响应"桥头堡"战略，肩负起与南亚及东南亚的贸易对接，着力打造开放型经济，进而带动沿边地区的对外开放步伐。借助"一带一路"带来的机遇，推动全国经济发展，自身也要充分利用资源，向东南亚及南亚各地区开放发展经济的同时，积极促进沿边各地州市（县）的开放水平，政府应提供相应政策，积极鼓励沿边各地州市（县）"走出去"。德宏州、西双版纳州、红河州、保

山市、普洱市、临沧市、文山州地处云南省的边陲地带，其对外开放水平还有待提高，借助"一带一路"的辐射作用，对提升其对外开放水平是一个极大的机遇。

6.5.4 加大贸易政策支持，降低边境对外贸易成本

一般而言，边境贸易成本主要受边贸退税政策、人民币结算政策及交通设施影响，因此，国家针对性的对外贸易政策很重要。首先，恢复"两减半"政策，采取更为直接的退税政策，以减轻边贸企业负担，并允许各边境地区根据毗邻国家商品结构的不同出台差异化边民互市商品管理办法，增强政策可操性，切实提升边民参与边境对外贸易程度。云南省内要因地制宜，如加快研究制定瑞丽国家重点开发开放实验区相关配套优惠政策等。同时，在人民币结算方面，进一步加强与周边国家央行合作，推进人民币对越南盾、老挝基普等非主要国际储备货币在银行间市场区域交易落户云南，扩大业务规模，为区域金融中心建设、桥头堡建设助力。继续推进跨境人民币清算体系建设，畅通结算渠道，为进入机构建立代理结算协议等对外合作搭台。此外，利用专项资金改善口岸基础设施。在土地受限的口岸，突破土地限制，尽快启动编制试验区土地利用总体规划评估方案，争取试验区用地指标实行国家单列。在具有可行性口岸，推广类似畹町口岸人货分离、"一口岸、多通道"的监管方式，以提升口岸通关效率。

6.5.5 调整和优化对外贸易的主体结构和不断拓展新型贸易方式

第一，鼓励民营和中小企业发展出口商品生产，开拓国际市场；在不断壮大云冶、昆钢、云锡、云天化等出口超亿元企业出口竞争实力的基础上，继续培育一批实力雄厚、具有较强竞争能力和自主创新能力、出口超亿美元的大型骨干企业集团。第二，要加快出口商品基地建设，着力打造烟草、能源、有色金属、高浓度磷复肥、煤化工、光电子等产业基地，鼓励和支持资源型企业延伸产业链，大力发展深加工产业。培育壮大云药、林浆纸等具有竞争优势的产业，做强做大烟草及其配套、能源、冶金、化

工、建材、机械制造、电子信息和农副土特产品加工等重点产业。发挥现有高新技术开发区的骨干作用，建立一批高新技术产品出口生产基地，形成若干个高新技术产品出口的产业集群。形成大型骨干带动，出口生产基地支撑，众多中小企业联动的对外贸易主体发展态势。第三，为改变贸易方式单一的状况，建议在具体操作层面，大力拓展新型贸易方式。从货物贸易层面做强一般贸易，促进其产业升级和技术创新。努力提升加工贸易，完善相关政策，推动传统加工贸易企业开展技术创造，提高产业层次和配套能力，优化产品结构，延伸产业链。不断扩展传统边境贸易，建设边民互市示范点，利用边境贸易关税优惠政策，扩大与周边国家边民往来。同时，提高服务贸易在边境贸易中的比重，把发展服务贸易作为推进外贸战略升级的重要内容，加快完善其促进体系，推动服务贸易与货物贸易相互倚重，共同发展。积极与周边国家在跨境旅游、跨境劳务等优势领域及国际运输服务、国际货物保险、国际结算、国际分销服务等传统优势领域开展服务贸易业务。积极开拓与发达国家在医疗卫生、会展、教育、特许、专利等新兴领域服务贸易。第四，充分利用外资项目拓展国际技术、人才及服务业跨境流动和发展。适当扩大服务出口，带动国内和省内服务业发展。积极承接信息整理、数据处理、财会核算、技术研发、工业设计等国际服务外包业务。通过边境对外贸易方式拓展，带动各口岸城市特色产业体系，以此进一步提升云南省域经济竞争力水平。

6.5.6 建立对外贸易的财政扶持体系和金融支持

用足用好国家鼓励对外贸易的各项优惠政策，积极争取国家和省各类政策性扶持资金和援外资金的同时，建立市级鼓励对外贸易企业的财政扶持政策体系，例如统筹安排专项资金，用于支持云南省企业"走出去"战略的实施；对云南省推动企业"走出去"组织的各类境内外展会、论坛、咨询交流活动给予一定资助；对境外投资、对外承包工程和外派劳务服务等方面发展前景较好的企业和项目给予扶持；对培养和引进"走出去"高端人才给予补助；对大力实施"走出去"的相关企业以及支持"走出去"的金融机构、中介给予适当表彰奖励。国土、住建、人社、农业、林业、教育、科技、文化、旅游等行业主管部门，要认真研究本行业支持"走出去"的具体措施，从相关专项资金中优先安排一定比例用于支持企业"走出去"。

积极争取中国进出口银行、国家开发银行、出口信用保险公司等政策性金融机构对云南省对外贸易企业的信贷、保险支持。充分利用跨境人民币结算等金融服务，创新执行国家外汇管理政策，切实帮助企业解决资本扩张中遇到的障碍。鼓励各有关金融机构到国外设立分支机构，积极开发新的金融服务品种，为云南省对外投资企业享受国内金融服务提供便利。促进对外投资企业加强与风险投资公司、保险公司合作，建立风险共担机制，防范和化解对外投资风险。鼓励民营企业、股份制企业灵活运用离岸控股公司上市等国际通行融资形式，到境外资本市场上市。鼓励优势企业与境外金融机构合作，拓展境外融资渠道。

6.5.7 管好用好国际金融组织和外国政府贷款

20世纪90年代初期，云南省开始利用国际金融组织贷款，一直以来都保持着增长的势头。但随着国际政治、经济形势的变化，国际金融组织和外国政府开始限制对中国的贷款，如世界银行从1999年开始不再向中国提供贷款条件优惠、无利息、手续费低、还款期长的"软贷款"，而且还提高了"硬贷款"的利率，这无疑加大了中国利用贷款的成本，再加上其他非贷款条例的限制，利用世界银行贷款的难度越来越大。亚洲开发银行贷款的情况也与世界银行相似。日本政府贷款也增加了贷款条件，从2001年开始，不再对中国采用特殊的一次性承诺贷款额，项目的方式也改为1年一定，这对云南省利用国外长期优惠贷款也有较大的影响。从整体情况看，虽然借用国外长期优惠贷款的难度增加了，但仍然可以利用云南省的特点和知名度争取到优惠贷款。借、用、管、还是用好国际金融组织和外国政府优惠贷款的四个重要环节，要建立完善的管理体制，积极争取并管好用好贷款资金。

6.5.8 加快人才的培养和引进

进一步加强对外贸易专业人才的培养，引进的规划制定和实施工作，充分发挥境内外著名高校、企业、行业协会和中介组织的作用，实行政府资助和企业自我培养相结合，强化对跨国经营人才的培训，造就一批通晓国际经济运行规则、熟悉当地法律法规、具有国际市场开拓能力的复合型跨国经营管理人才队伍。建立国际经贸人才库，积极引进留学、就业海外的专业人才，注重吸纳具有丰富实践经验的"走出去"高层次人才。鼓励境外企业聘用所在国的专门人才，逐步推进企业经营管理"本地化"。

与此同时，还应该加大人力资源开发与人才引进力度，制定鼓励人才开发和引进的政策；放宽人才落户的政策限定；重视发展高等教育；大力培养适合产业发展需要的中高级职业人才队伍；鼓励企业引进沿海发达城市的经营管理和技术人才。例如，在外经贸人才培训方面，加强实用型国际经贸人才的培训，组织实施外贸实务、外贸单证员、报关报检员、外贸英语、涉外法律等对外贸易专业知识培训。采取专题讲座、交流研讨、外出考察学习等形式，对企业经营管理者进行涉外法律、国际惯例、海外企业管理、人力资源管理等知识培训。在外经贸人才引进方面，积极发动企业参加各类人才招聘洽谈会，招聘专业人才，并组织好赴省外的"外经贸人才专场招聘会"，吸引更多高素质人才。

6.5.9 积极营造全方位支持对外贸易的良好氛围

例如，做好宣传和扶持工作，争取更多企业到国外承包工程。目前，对外承包工程仍然实行资格审批制度，企业开展对外工程承包需要取得相应资格，在一定程度上限制了对外承包工程业务的开展。应做好政策宣传工作，争取更多企业从事对外承包工程业务。同时，对现有的对外承包工程企业做好服务，争取落实扶持政策，帮助企业解决实际困难，促进企业拓宽业务渠道，逐步做大做强，以及加强与相关部门对接，推进对外劳务服务平台建设。努力与人社局对接，建立省级对外劳务合作平台，并选择有条件的市、县（区）建立市级、区级对外劳务服务平台，逐步推动对外劳务输出工作的开展。同时，应深度探讨有关"推进云南省劳务合作服务平台建设研究"课题，详细研究云南省劳务合作服务平台建设的重要意义、现状及工作手段、支持政策等，积极推动云南省劳务合作平台的建设。

6.6 总结

云南省地处亚洲的腹地位置，是南北方贯通亚洲泛亚铁路的国际大通道。云南省北连"丝绸之路经济带"，南接"21世纪海上丝绸之路"，地处"一带一路"中间位置，拥有面向"三亚"、肩挑"两洋"的独特区位优势，在东西方向上联系亚、非、欧三大洲，并贯通三大洋的新亚欧大陆桥的交通枢纽，是中国唯一一个能从陆上同时沟通南亚和东南亚的省份，并通过连接中东延伸到欧洲和非洲。

新中国成立70年来，特别是改革开放40年来，云南省对外贸易方面迅速蓬勃发展。云南省面临众多发展机遇，例如"桥头堡"战略、孟中印缅经济走廊倡议以及"一带一路"倡议等的推行加上云南自身优越的区位优势使云南省的对外贸易迎来了稳步强健的发展，但云南省对外贸易发展中也存在众多问题制约了云南省对外贸易的发展。在国家与云南省委、省政府的重视下，云南省的对外贸易今后一定会实现更加快速健康的发展。

参考文献

［1］黄宁．云南省对外贸易发展特征分析［J］．对外经贸，2015（7）：21-23.

［2］吴磊，曹峰毓．云南对外开放的历史透视、问题与出路［J］．思想战线，2018，v.44；No.267（3）：89-99.

［3］葛良．云南省边境贸易发展研究［D］．北京：中央民族大学，2012.

［4］国务院关于支持云南省加快建设面向西南开放重要桥头堡的意见［EB/OL］．［2011-05-06］．http://www.gov.cn/zwgk/2011-11/03/content_1985444.htm.

［5］秦绍娟，孙鹤.云南如何利用自身优势发展地方经济［J］.时代金融，2015（23）：57-58.

［6］张丽君，郑妍.云南边境对外贸易成就、问题与对策研究［J］.中央民族大学学报（哲学社会科学版），2014（2）：43-51.

［7］云南省统计局.云南统计年鉴2018［M］.北京：中国统计出版社，2018.

［8］罗群，等.云南省经济史［M］.太原：山西经济出版社，2016.

［9］张梅梅.云南省对外贸易可持续发展的实证研究［D］.昆明：云南财经大学，2011.

［10］张伟，杨洪波，王新燕.改革开放以来云南对外开放政策的演变及其绩效［J］.云南行政学院学报，2004，6（6）：112-115.

［11］刘尔思.承接与转移的再思考——云南桥头堡建设面临的问题与对策［J］.经济问题探索，2011（2）.

［12］赵畅.浅析中国云南"桥头堡"战略的现实意义［J］.对外经贸，2012（4）：9-10.

［13］陈利君.建设孟中印缅经济走廊的前景与对策［J］.云南社会科学，2014（1）.

［14］陈利君.孟中印缅经济走廊与"一带一路"建设［J］.东南亚南亚研究，2015（4）：54-62.

［15］刘虹.云南省利用外资情况浅析［J］.时代金融，1994（12）：39-40.

［16］赵颖新.云南对外贸易发展问题及对策［J］.中共云南省委党校学报，2007，8（4）：82-85.

［17］张丽君，郑妍.云南边境对外贸易成就、问题与对策研究［J］.中央民族大学学报：哲学社会科学版，2014（2）：43-51.

［18］龙雨帆，李慧男."一带一路"背景下云南省对外贸易前景分析［J］.现代交际，2016（18）：39-40.

［19］陶小龙，杨先明.提升云南利用外资能力和引进重大项目对策研究［J］.当代经济，2008（13）.

第7章 云南生态环境保护与发展

唐勇智[①] 张小兰[②]

7.1 引言

云南省地处云贵高原西部，位于金沙江、怒江、澜沧江、红河水系等水系的源头或中上游，是全球生物多样性最为富集的地区之一，也是自然资源最为丰富的地区之一。云南东部地区属于喀斯特山地石漠化生态脆弱区，西北部和东北部地区属于西南高寒山地生态脆弱区，中部的滇中高原是丘陵状红尘高原，上覆红色风化壳，极易发生水土流失。云南省兼跨七个气候带，地势崎岖，新构造活跃，自然地理环境复杂，是典型的多灾省份。据统计，1994—2003年，云南因自然灾害造成的直接经济损失达735.49亿元，年均73.55亿元，损失最大的2000年达到128.24亿元[③]。云南高原地表起伏大，地表侵蚀强，崩塌、滑坡、泥石流和水土流失等地质灾害严重，容易受外界干扰发生退化演替，自我修复能力较弱，自我恢复时间较长。脆弱的生态环境容易导致发生洪涝、地震、滑坡和泥石流等自然灾害。1950—2009年，云南旱灾频发，平均2.5年出现一次重大以上

---

① 唐勇智（1972— ），女，四川合江人，经济学博士，现为西南民族大学经济学院讲师。研究方向：农业经济。

② 张小兰（1971— ），女，安徽马鞍山人，经济学博士，现为西南民族大学经济学院教授。研究方向：产业经济。

③ 黄鹏．云南省自然灾害类型及其防治措施探究［J/OL］．https://wenku.baidu.com/view/7965c83d52d380eb62946d3a.html．

的旱灾①。各种灾害中，干旱对农业生产影响最大，其次是洪涝灾害，然后是低温、霜冻灾害和风雹灾害。此外，在印度洋板块和欧亚板块推挤碰撞作用下，云南地震活动极为频繁，全省国土都在6度以上的地震危险区内。随着生态恶化给人类生产和生活环境带来的影响，越来越多的人开始反省人类与生态环境之间的关系，越来越重视对环境的保护和生态文明的建设。党的十八大以后，云南省全面推进生态文明建设。近年来，习近平总书记几次来到云南，他除了关心云南的经济建设，对云南的生态文明建设也是牵挂于心。云南省的生态文明建设与经济建设在不断地发展与完善之中。

生态环境作为重要的生产要素被卷入人类的经济行为，长期以来被当作无偿不竭的免费品使用。云南地势西北高、东南低，呈阶梯递降，1973—1984年，全省平均侵蚀模数为849吨/平方千米·年，1973年三级以上水土流失面积为9100平方千米，1984年达到28128平方千米。1949—1991年，全省因气象灾害造成的直接经济损失超过150亿元，农作物受灾面积3.3亿亩，死亡1.4万人。房屋建设的耗材，1956年时每万元投资平均消耗木材约12立方米，1979年降低为3.66立方米，但1979年的基本建设投资是1956年的5倍。

7.2　云南70年生态环境保护发展历程

云南省的环境保护进程，整体上与全国大致是同步的。可以分为以下六个阶段。

7.2.1　生态环境保护意识尚未形成阶段（1949—1971年）

近代以前，云南省大部分地区人烟稀少，林木茂盛，各民族作为自然环境的一分子，形成了对山、水、树等自然世界的原始崇拜和由敬

---

① 余航，王龙，等.云南旱灾综合指数时间序列趋势分析［J］.安徽农业科学，2012（4）：2087-2089.

畏而生的原始宗教信仰。虽然明清以来曾有过大规模开发，生态环境也曾遭遇破坏，但边疆少数民族在长期的生产和生活实践中，形成了与自然环境友好相处、对资源取之有度的良好传统，具有朴素的"前生态文明"特征。很多民族村寨保存下来的碑刻和乡规民约中，禁止砍伐森林、保护水源林和幼小林木的规定极为常见，部分地方政府和官员也曾发布过禁止樵采等禁令，这些乡约或官令客观上保护了人类生存的自然环境。19世纪末20世纪初，随着滇越铁路的建成和通车，云南开启了近代化进程，大量的矿产资源被开采输出，生态环境遭遇了前所未有的冲击和破坏，石漠化范围扩大、干热河谷区不断增加，湖面萎缩，外来物种入侵，生态系统平衡被打破。新中国成立后，随着工业化进程的深入，自然资源被大规模开采，生态环境遭遇严重破坏，生态灾害日益增多。在大自然的报复面前，人类开始反思人与自然、经济与环境的关系。

云南省总人口从1949年的1595万，增加到1978年的3091万，将近翻了一番，而随着人口的快速增长，对耕地、薪材和建筑材料的需求也不断增长。长期以来，云南省农村的燃料主要靠木材，工业和城市的发展对木材的需求量也快速增加，仅坑木用材每年就需3万立方米左右。此外，1958年的"大炼钢铁运动"，以及由于林地长期产权不明，导致乱砍滥伐、毁林开荒，使得全省的森林资源被大量消耗。

但是总体上，改革开放之前，由于我国的经济发展水平尚低，工业化处于起步阶段，对自然资源的消耗和对环境的破坏还比较有限，所以因生态环境遭破坏而造成的恶果还未完全显现。1979年以前，年均旱灾受灾面积基本上在200公顷以下。

7.2.2 生态环境保护的启蒙阶段（1972—1977年）

在这个阶段，民众的生态环境保护意识开始形成。1972年，我国派代表参加了斯德哥尔摩人类环境会议，初步认识到环境问题对经济和社会发展的重大影响。1973年，在北京召开了第一次全国环境保护会议，这标志着中国环境保护事业的开端。会议提出"合理布局、全面规划、综合利用、化害为利，依靠群众、大家动手、保护环境，造福人民"的方针。要求防止环境污染的设施必须与主体工程同时设计、同时施工、同时投产的"三同时"原则。这个阶段的环境保护工作主要包括：①制订环境保护规划和计划；②逐步形成一些环境管理制度，制定"三废"排放标准；③全国重点区域的污染源调查、环境质量评价及污染防治途径的研究；④以水、气污染治理和"三废"综合利用为重点的保护工作。

1976年，云南省首个县级监测站——个旧市环境监测站应运而生。最初环境监测的对象以工业废气、废水为主，那时还没有环境质量管理的概念[1]。

7.2.3 生态环境恶化和保护的起步阶段（1977—1991年）

改革开放后，经济快速发展，人类消耗自然资源的速度也飞速发展。当时，国家层面已经初步意识到环保的重要性，但民间各界绝大多数人尚未形成环境资源保护的意识，乱采滥伐和破坏环境的现象日益严重。云南省第一次森林资源清查时（1961—1963年），全省活立木总蓄积113104.2万立方米，经过长期的森林超限采伐，使森林资源一直处于消耗大于生长的状态，到1990年，森林赤字高达1000万立方米。

资源滥用与环境破坏导致自然灾害和环境损失呈现加速趋势，生态环境急剧恶化。1981—1986年，我国因环境问题平均每年损失12.2亿元，占同期工农业年均总产值的6.8%，且随着社会经济的发展，该损失有同步增长的趋势，例如1993年灾害造成的直接经济损失高达36.6亿元，是多年平均损失的3倍。1986年以来，旱灾发生的频率和造成的损失明显增加。从表7-1可以看出，1978—1991年，云南省的农业受灾面积总体上呈现持续上升趋势。其中，1979年、1983年、1985—1987年、1989年的受灾面积均在百万公顷以上，而且发生的频率越来越高，持续的时间也越来越长。

---

① 云南：从污染治理到生态保护40年坚守换来绿水青山［DB/OL］.［2018-12-20］. http://www.sohu.com/a/283122106_381560.

表 7-1 1978—1991 年云南省农业受灾与成灾面积　　　　单位：千公顷

年份	受灾面积	水灾受灾面积	旱灾受灾面积	风雹灾受灾面积	冷冻灾受灾面积	成灾面积	水灾成灾面积	旱灾成灾面积	风雹灾成灾面积	冷冻灾成灾面积
1978	722.7	92.7	108.7	148	130	386.7	54.7	61.3	82	74
1979	1451.3	135.3	1212.7	90.7	12.7	652.7	51.3	558.7	36	6.7
1980	742.7	41.3	433.3	62	70.7	359.3	23.3	224	32.7	26
1981	434	72	216	114	32	175.3	52	63.3	49.3	
1982	738		471.3	160.7	106	385.3		290.7	50.7	44
1983	1091.3	206	611.3	157.3	116.7	527.3	81.3	330.7	72	43.3
1984	650	175.3	255.3	117.3	102	367.3	47.3	190.7	76.7	
1985	1006	353.3	388	156	108.7	376	246	53.3	55.3	21.3
1986	1556	310	402	34	810	522	114.7	117.3	5.3	284.7
1987	1186	114.7	880	152	39.3	576	31.3	464	52.7	28
1988	624	44	573.3		6.7	284	12	272		
1989	1226	162.7	494.7	102	466.7	504	76.7	182.7	44.7	200
1990	708	198	249.3	94	166.7	234.7	77.3	28.7	43.3	85.3
1991	979.3	302.7	477.3	96.7	102.7	464	184	217.3	45.3	17.3

数据来源：国家统计局官网。

各种灾害中，旱灾对云南农业生产影响最大。尤其是 1979 年，旱灾面积高达 121 万多公顷，占当年各种自然灾害受灾面积的 83.6%。水灾受灾面积的增长速度较快，从 1978 年的 9.27 万公顷上升到 1991 年的 30.27 万公顷，增长了 21 万公顷，为原来的 3.27 倍。自然灾害的成灾面积也呈上升趋势（见表 7-1）。地质灾害也有所增加。20 世纪 50 年代，5 级以上地震的发生次数是 1 次，60 年代为 0 次，70 年代达到 3 次，直接经济损失超过 5.67 亿元[①]。病虫害的损失也在增加。1971—1989 年，云南粮食产量年均增长 1.8%，但病虫害的损失年均达 6.4%，因生物灾害造成的年均粮食损失是全国平均水平的 1.33 倍。农业生物灾害发生面积从 1971 年的

[①] 童绍玉. 云南区域开发研究——云南区域开发的过程与现状 [M]. 昆明：云南大学出版社，2016：287.

88.45万公顷增加到1990年的489.07万公顷，增加了4.5倍[1]。云南干季长雨季短，森林火灾和森林病虫害频发。1949—1990年，全省共发生森林火灾12.8万次，受灾面积达567万公顷[2]。

伴随着高速和粗放式的工业化发展进程，大量工业污染物随意排放，环境污染问题凸显，其中以滇池为代表的高原湖泊污染开始引起公众关注。1987年，滇池出现水质污染迹象，水体富营养化，表征水质状况的主要指标化学需氧量等指标持续升高。

这一阶段，环境保护工作逐渐受到重视，从法律法规的制定、环保机构的设置等多个方面建立和健全环保体系。1979年我国通过《中华人民共和国环境保护法（试行）》，我国环境保护工作开始有法可依，环境保护工作步入法制轨道。1982年12月，第二次全国环境保护会议召开，确立了控制人口与环境保护是我国现代化建设中的一项基本国策，提出"经济建设、城乡建设和环境建设同步规划、同步发展、同步实施"的"三同步"和实现"社会效益、经济效益与环境效益的统一"的"三统一"战略；确定了"预防为主、防治结合、综合治理""强化环境管理"和"谁污染，谁治理"的三大环境政策。1984年，国务院作出了《关于环境保护工作的决定》，环境保护开始纳入国民经济和社会发展计划。1989年，国务院召开第三次环境保护会议，提出环境目标责任制、排放污染物许可证制、污染集中控制、环境影响评价制度、"三同时"制度、排放污染物环境管理制度等。同年底颁布《中华人民共和国环境保护法》，为环境保护奠定了法制基础。正式的机构也逐步建立起来，1982年，在城乡建设环境保护部设立环境保护局。1988年，环境保护局独立出来，更名为国家环境保护局，成为国务院的直属局，地方政府也陆续成立环境保护机构。

随着环境的恶化和国家层面对环境保护的日益重视，云南省的环保工作也逐渐开展起来。一是设立环保机构。环境监测站作为独立的科研事业单位开展工作。1991年，云南省环保局从当时的住建部门开始独立分设，政府对环境保护重视程度日益增强。二是环保由关注"三废"转向关注环

---

[1][2] 童绍玉.云南区域开发研究——云南区域开发的过程与现状[M].昆明：云南大学出版社，2016：287.

境质量。三是植树造林工作得到重视。1979年，第五届全国人大常委会第六次会议决定设立"植树节"，从那以后，云南省人工造林面积开始提高，民间可歌可泣的造林英雄涌现，其中之一是云南省保山市前地委书记杨善洲，1988年退休后回家乡施甸县大亮山种树，经过22年的艰苦奋斗，完成人工造林5.6万亩、杂木林1.6万亩、茶叶7000多亩。另一个感人的故事是陆良县的"八老"，他们从1980年起，在王小苗的带领下，经过30年的努力，在怪石嶙峋的喀斯特地貌上成功造林13.6万亩。四是开始尝试进行生态补偿。1983年昆阳磷矿对每吨矿石开征0.3元资源费，用于采矿区植被等生态破坏的修复，使云南成为我国第一个进行生态环境补偿试点的省份。在国家层面和省内各地环境补偿需求的推动下，云南在矿产资源补偿、"两防"工程和生态公益林补偿、水资源及水环境补偿、耕地补偿和旅游补偿等方面开展了许多工作[①]。五是开展自然保护区建设。1989年，云南全省自然保护区已有36个。

7.2.4 生态环境持续恶化和保护加速发展阶段（1992—1999年）

这一时期，生态环境整体上继续恶化。1993年以后，云南省人均生态赤字不断扩大，从1993年的0.22（gha/cap）增长到2008年的1.09（gha/cap）[②]。1995年，云南森林赤字为全国第一；1996年林地面积降到2179.2万公顷，比第一次森林资源普查时减少了738.84万公顷。从表7-2可见，水环境方面，工业废水排放量从1990年的42422万吨增加到1995年的48937万吨，而同期的工业废水排放达标量却从21720万吨陡降到7033万吨。1985年，云南河流水质总体较好，Ⅰ～Ⅱ类水质的监测断面比重达91.9%，轻度至重度污染仅5.6%，重度污染为0；九大高原湖泊中，除滇池和异龙湖为中度和轻度污染外，其他湖泊水质均为优或良。到2000年，

---

① 云南省再生经济产业开发研究会．再生经济战略与云南产业发展研究［M］．昆明：云南大学出版社，2012：256-260.
② 童绍玉．云南区域开发研究——云南区域开发的过程与现状［M］．昆明：云南大学出版社，2016：301.

河流、湖泊的有机污染很普遍，面源污染日渐突出，滇池等部分湖泊富营养化严重，珠江水系、金沙江水系部分河段污染严重；河流Ⅰ～Ⅱ类水质的监测断面比重降至27.6%，轻度至重度污染升至11.9%，重度污染为5%；九大高原湖泊中，只有泸沽湖、抚仙湖和洱海的水质为优或良，其他湖泊水质均为轻度至中度污染[①]。大气环境中，工业废气排放量从1990年的1561亿标立方米增加到1995年的1674亿标立方米，同期，工业二氧化硫排放量从22.9万吨增加到25.9万吨。"八五"期间，云南省酸雨出现频率在15.1%～18.8%，1990年为57.1%，1995年上升到88%。

表7-2 1990—2008年云南省环境保护情况

指标	1990年	1995年	2000年	2005年	2008年
水环境					
工业废水排放总量/万吨	42422	48937	35117	32928	32996
工业废水排放达标量/万吨	21720	7033	16245	26659	30574
大气环境					
工业废气排放量/亿标立方米	1561	1674	2749	5444	8316
工业二氧化硫排放量/万吨	22.9	25.9	32.4	42.9	42.0
工业烟尘排放量/万吨	29.0	16.1	23.3	17.1	15.2
固体废物					
工业固体废物产生量/万吨	2031	2147	3187	4661	7986
工业固体废物综合利用率/%	8.6	23.2	35.5	35.0	47.8
工业固体废物排放量/万吨	548.0	515.7	530.4	70.7	39.4
生态环境					
湿地面积/万公顷			24.0		
当年造林面积/万公顷	28.4	39.1	43.1		
城市人均公共绿地面积/平方米	4.2	4.3	5.7		6.5
国家和省级自然保护区数/个			121	67	61

---

① 童绍玉.云南区域开发研究——云南区域开发的过程与现状[M].昆明：云南大学出版社，2016：290.

续表

指标	1990年	1995年	2000年	2005年	2008年
自然保护区面积/万公顷			242.3	264.6	227.8
生态示范区数/个			3	21	21
生态示范区面积/万公顷			227.3	747.3	

数据来源：《云南统计年鉴2009》。

1992年，时任国务院总理李鹏同志出席了联合国环境与发展大会。会议第一次把经济发展与环境保护结合起来认识，提出了可持续发展战略，标志着环境保护事业在世界范围内的历史性转变。要求经济增长方式由粗放型向集约型转变，推行控制污染的清洁生产，实现生态可持续工业生产，商品必须达到国际规定的环境指标，整个经济决策过程要考虑生态要求。同年，我国发布了《中国关于环境与发展问题的决定》，大力推进"33211"污染防治工程，启动了退耕还林（草）、保护天然林等一系列生态保护重大工程。1994年，我国发布了《中国21世纪议程——中国21世纪人口、环境与发展白皮书》。1996年，第四次全国环境保护会议召开，提出"九五"期间全国12种主要污染物排放总量控制计划和中国跨世纪绿色工程规划[1]。同年，长江上游、珠江流域防护林体系工程启动实施。1998年，将国家环境保护局升级为国家环境保护总局，大大提升了环境保护部门的社会职能地位。

这一阶段，云南省加大了保护自然资源和生态环境的力度。实施了南北盘江中上游水土流失重点防治区重点治理工程（1992—1996年）、天然林保护工程（1998年起）、退耕还林（草）工程（2000年起）和七彩云南保护行动（"十一五"期间起）等重点生态环境保护工程。人工造林面积从1990年的28.4万公顷增加到1995年的39.1万公顷，城市人均公共绿地面积从4.2平方米增加到4.3平方米。云南开始大力发展生态农业。1995年，国家环保总局批准在云南建设西双版纳州、通海县和永平县三个国家级生态示范区。工业烟尘排放量从29.0万吨大幅度下降到16.1万吨；

---

[1] 环境保护发展三个阶段历程的中国[EB/OL].[1989-12-16].http://www.rx68.com/News-254.html.

工业固体废物的产生量比较稳定，综合利用率得到大幅度提升，从8.6%迅速提高到23.2%。

7.2.5 环境恶化得以遏制和生态文明建设启动阶段（2000—2011年）

2000年以后，云南省的环境恶化势头总体上得以遏制，但局部生态环境继续恶化。2005年，全省河流监测断面重度污染比重达22%，较2000年提高了17个百分点，之后开始下降，2010年降到17.1%。1999年云南水土流失面积仅4.29万平方千米，到2004年激增到13.11万平方千米[①]。人口迅猛增长和传统粗放型耕作方式，都是加剧水土流失的原因。农用化肥和塑料薄膜的使用量增速明显，2010年的亩均使用量分别是2000年的1.48倍和1.58倍。2009—2013年，云南省遭受连续特大旱灾，年均作物受灾面积占总播种面积的27.72%。其中最严重的是2010年，气象灾害和地质灾害造成作物受灾面积达321.5万公顷，占全年作物播种面积的49.94%，受灾人口达3119.6万人，占全省总人口的67.79%。

2002年，可持续发展世界首脑会议召开，提出经济增长、社会进步和环境保护是可持续发展的三大支柱，经济增长与社会进步必须同环境保护、生态平衡相协调[②]。党的十六大以来，我国提出树立和落实科学发展观、构建社会主义和谐社会、建设资源节约环境友好型社会，让江河湖泊休养生息，环境保护是重大民生问题、推进环境保护历史性转变等一系列新理念。2002年、2006年和2011年，国务院先后召开第五次、第六次和第七次全国环保大会，作出了一系列重大决策。将主要污染物减排作为经济社会发展的约束性指标，逐步完善环境法治和经济政策，强化重点流域区域污染防治，提高环境执法监管能力，积极开展国际环境交流合作。

这一阶段，云南省生态建设获得前所未有的机遇：2000年退耕还林工程，2001年野生动植物保护及自然保护区建设工程和速生丰产用材林基地

---

① 李兴峰. 基于生态环境约束下的云南省主导产业选择研究［D］. 昆明：云南大学，2016：13.

② 我国环境保护的发展历程与探索［EB/OL］.［2014-03-17］. http://politics.rmlt.com.cn/2014/0317/244524.shtml.

建设工程、2004年生态公益林工程，生态补偿工作进展迅速。这些生态建设工程的主要补偿措施包括：国家和省级财政的货币补偿；提供劳务或劳动力；基础设施建设补偿；生活补偿和教育补偿；医疗补偿；转移支付或贷款优惠政策；国际项目资助或国际借贷。10年时间内，单是退耕还林工程就实现造林2686.7万公顷，中央财政对退耕还林工程总投入达到4300多亿元。通过一系列工程的实施，云南森林资源快速增加，森林覆盖率提高，至2008年底，共造林1326.4万亩，其中，林业重点工程造林194.601亩，林业系统营林固定投资约70亿元，森林覆盖率提高到40.91%[1]。

2007年，党的十七大报告首次提出建设生态文明的目标。以此为导向，云南省开启了生态文明建设的初步行动[2]。

（1）云南各级政府开始统一环保理念，确立"生态立省，环境优先"的发展战略。以云南生态旅游、抚仙湖—星云湖生态湖建设、丽江环境保护与治理、迪庆和谐生态文明建设为抓手，讨论了云南生态文明建设的远景和目标。

（2）制定规划，成立专业机构，初步践行生态文明建设。2007年，启动并实施了"七彩云南保护行动"，开展了环境法治、环境治理、环境阳光、生态保护、绿色创建、绿色传播、节能降耗七大生态文明建设行动，并率先实施生物多样性保护十大工程。2008年，"滇西北生物多样性保护行动"正式实施。2009年，出台建设"森林云南"的决定，同时颁布了《七彩云南生态文明建设规划纲要（2009—2020）》，围绕生态文明建设"排头兵"的总目标，从生态意识、生态行为、生态制度三方面着手，制定了培育生态意识、发展生态经济、保障生态安全、建设生态社会、完善生态制度五大任务，实施九大高原湖泊及重点流域水污染防治、生物多样性保护、节能减排、生物产业发展、生态旅游开发、生态创建、环保基础设施建设、生态意识提升、民族生态文化保护、生态文明保障体系十大工程。

---

[1] 云南省再生经济产业开发研究会.再生经济战略与云南产业发展研究[M].昆明：云南大学出版社，2012：258-259.

[2] 周琼.云南生态文明建设的历史回顾与经验启示[J].昆明理工大学学报(社会科学版)，2016（16）：22-36.

2010年，云南组建了生态文明建设处，这是我国环保机构中首个生态文明建设的行政机构，负责指导和协调生态文明建设工作。同时，云南省发展改革委设立了云南省生态文明建设领导小组办公室，云南省生态文明建设研究会等也相继成立。云南9个州（市）和40个县（市、区）也全面启动了生态文明建设，并相继开展了"绿色学校""绿色社区"和"绿色宾馆"等系列创建活动。

（3）生态文明建设"排头兵"理念的出台及推行。2008年11月，时任国家副主席的习近平同志视察云南时，对云南提出了"努力争当生态文明建设排头兵"的殷切希望。2009年2月，云南召开了第一次环保工作大会，确定了"争当全国生态文明建设排头兵工作"的环保工作重点。随后，省委省政府出台《关于加强生态文明建设的决定》，提出"坚持生态立省，环境优先，努力争当生态文明建设排头兵"的方针，制定了发展规划，包括十大工程23项考核指标，创建了我国第一个国家试点公园——普达措国家公园。

（4）学界开始多方面研究生态文明建设。一些参与生态文明设计的人员，积极思考云南建设生态文明"排头兵"的优势及条件，从淡水湖泊、生物遗传资源保护、水土保持、民族文化生态村、少数民族生态文化、产业结构与生态环境的关联、少数民族地区的生态环境保护等诸多领域展开了研究和讨论。

（5）制定和实施了一系列生态环境补偿和保护政策。2004年起，云南开展了地方性电力生态环境与资源补偿、大型水电站项目生态环境与资源补偿试点。2007年，启动农村饮用水源生态保护、生活污水处理等试点示范工程，开展全省农村环境保护试点工作。同年，出台并实施《云南省矿山地质环境恢复治理保证金管理暂行办法》，很多采矿企业开展了矿山地质环境恢复工作，一定程度上对生态环境和资源进行了实物补偿。2008年，水利部与云南省人民政府签署《共建山区水利发展与改革示范区合作备忘录》。

这一阶段，云南省环境保护工作呈现加速发展趋势，环境治理取得初步成效。

（1）环境污染投资增长较快。2011年，全省环境污染治理投资总额

100.0亿元，比2007年增长3.3倍。其中，城市环境基础设施投资27.3亿元，增长5.2倍；工业污染源治理投资18.9亿元，增长2.2倍。环境污染治理投资占GDP比重由2007年的0.63%上升到2011年的1.12%。

（2）调整产业结构，提高"三废"处理能力，污染物排放量得到控制。围绕节能减排加大产业结构调整力度，淘汰落后产能[①]，主要污染物减排取得进展。2011年，全省建成污水处理厂117座，污水处理能力达到320.65万吨/日，城市污水集中处理率74.47%，比2007年提高15.15个百分点。建成无害化垃圾处理场115座，形成无害化处理能力16559吨/日，城镇垃圾无害化处理率达73.40%。全省工业固体废物综合利用率由2007年的42.7%提高到2011年的48.9%。

（3）环境质量有所改善。一是水质变好。2011年，全省地表水Ⅰ～Ⅲ类水质的河长达到84.8%，主要水源地总体合格率达到89.2%。九大高原湖泊水污染综合防治全面提速。实施"一湖一策"，快速推进环湖截污、外流域调水、入湖河道综合整治、农业农村面源治理、生态修复与建设、生态清淤六大工程。滇池流域污水处理能力翻番，29条主要入湖河道治理效果明显。洱海建成1万多亩湖滨湿地。二是大气环境质量总体稳定。全省18个主要城市中，11.1%符合空气环境质量一级标准和三级标准，77.8%符合二级标准。酸雨区仅占城市总数的15.8%。三是各地大力整治城市环境噪声，完善城市功能区规划，噪声污染略有下降。

（4）生态环境进一步改善。2011年底，全省森林面积1817.73万公顷，森林覆盖率47.50%（按2002年以前统计方法计算为52.93%）。全省森林面积占全国近1/10，居全国第3位，活立木总蓄积占全国近1/8，居全国第2位。林木生长量明显大于消耗量，森林资源保持增长态势。自然保护区162个，其中国家级17个，基本形成了各种级别、多种类型的自然保护区网络。天然湿地总面积3439平方千米，湿地类型自然保护区17处。设立国家湿地公园4处，即红河哈尼梯田、洱源西湖、普洱五湖、普者黑喀斯特国家湿地公园。

[①] 十七大以来云南环境保护发展报告［DB/OL］．［2012-09-22］．http：//www.stats.yn.gov.cn/phone/tjsj/jjxx/201809/t20180909_794798.html.

（5）城乡环境质量有所提高。全省通过加快城镇和工业园区污水垃圾处理设施建设，启动生态文明示范区建设，使得城市人居环境持续改善。2011年末，全省城市绿化覆盖面积达560.40平方千米，建成区绿化覆盖率达38.73%，比2007年提高7.78个百分点；全省城市人均公园绿地面积10.26平方米，比2007年增加2.82平方米。农村环境保护稳步发展。以农村饮用水水源地保护、生活污水垃圾污染治理、畜禽养殖业污染防治、农业面源污染防治等为重点内容的农村环境综合整治，使农村生态环境明显改善。2011年，农村改水投入111869.50万元，比2007年增长3.3倍，其中，国家投入86289.96万元，增长3.2倍。农村改水受益率为88.1%，农村自来水普及率为66.12%。农村改厕投入42323.06万元，其中，国家投入24724.62万元，集体投入1299.51万元，农村卫生厕所普及率55.73%，比2007年提高5.23个百分点。

7.2.6 生态文明建设阶段（2012年至今）

2012年召开的联合国可持续发展大会，提出"绿色经济"是实现可持续发展的重要手段。同年，党的十八大将生态文明建设纳入中国特色社会主义事业总布局，把生态文明建设放在突出地位，要求将其融入经济、政治、文化和社会建设的各方面和全过程，建设美丽中国，走向社会主义生态文明新时代。这是具有里程碑意义的战略决策，为人与自然的和谐发展指明了方向。

7.2.6.1 各项环保工作全面加速推进

从表7-3可见，2012年以来，云南省各项环保工作全面加速推进。2017年，全省地方一般公共预算支出中，环境保护支出和农林水事务支出分别达到179.48亿元和674.82亿元，分别是2012年的1.77倍和1.30倍。

从表7-4可见，2012—2017年，全省林业投资累计达614.5亿元，生态建设与保护完成投资363亿元，林业支撑与保障完成投资76.6亿元，林业产业发展完成投资78.9亿元，其他投资完成投资77.6亿元。

表 7-3　2012—2017 年云南省环保支出　　　　　单位：亿元

年份	地方一般公共预算支出	其中	
		环境保护支出	农林水事务支出
2012	3572.66	101.12	518.60
2013	4096.51	105.29	538.97
2014	4437.98	108.88	594.45
2015	4712.83	134.08	641.52
2016	5018.86	150.13	712.92
2017	5712.97	179.48	674.82

数据来源：国家统计局官网。

表 7-4　2012—2017 年云南省林业各项投资完成情况　单位：万元

年份	林业投资	生态建设与保护本年完成投资	林业支撑与保障本年完成投资	林业产业发展本年完成投资	其他投资本年完成投资
2012	850074	456436	66697	74562	181951
2013	854863	493739	77968	58284	152074
2014	904811	544312	82849	133286	126602
2015	1210178	627336	111431	303089	145280
2016	1077250	707370	150734	84388	134758
2017	1247752	800894	276295	135333	35230
合计	6144928	3630087	765974	788942	775895

数据来源：国家统计局官网。

从表 7-5 可见，工业污染治理完成投资 122 亿元，治理废水项目完成投资 27 亿元，治理废气项目完成投资 68.3 亿元，治理固体废物项目完成投资 8.5 亿元，治理噪声项目完成投资 0.7 亿元，治理其他项目完成投资 17.5 亿元。

表 7-5　2012—2017 年云南省工业污染治理投资完成情况　单位：万元

年份	工业污染治理完成投资	治理废水项目完成投资	治理废气项目完成投资	治理固体废物项目完成投资	治理噪声项目完成投资	治理其他项目完成投资
2012	197259	101066	56598	5733	575	33287
2013	238930	35224	163633	8768	3115	28190
2014	244003	31218	134079	33521	215	44971

续表

年份	工业污染治理完成投资	治理废水项目完成投资	治理废气项目完成投资	治理固体废物项目完成投资	治理噪声项目完成投资	治理其他项目完成投资
2015	215878	39474	133478	8464	587	33875
2016	127174	16567	93983	15147	755	721
2017	59617	5584	33682	1775	548	18028
合计	1220192	270003	683252	85424	7010	174504

数据来源：国家统计局官网。

7.2.6.2 环保工作成效明显

从表7-6可见，2012年以来，环境保护工作取得明显成效。规模以上工业主要能源消费量中，污染较大的原煤和焦炭大幅度下降。其中，原煤年均消费量从8390.90万吨下降到2017年的7111.89万吨，下降了15.2%；焦炭消费量从1246.61万吨下降到858.16万吨，下降了31.2%。天然气作为清洁能源，其消费量从3.5亿立方米增加到9.4亿立方米，增长了1.69倍；电力消费量从853.28亿千瓦时增加到984.12亿千瓦时，增加了15.3%。规模以上单位工业增加值能耗整体上持续快速下降。从图7-1可以看到，全省废气中主要污染物排放量呈快速下降趋势。其中，二氧化硫排放量从672215.9吨下降到2017年的384449.4吨，氮氧化物排放量从544346.3吨下降到268834.3吨，烟（粉）尘排放量从390645.9吨下降到224154.4吨，分别只有2012年的57.2%、49.4%和57.4%。工业固体废物排放量从43.14万吨下降到2017年的4.29万吨。

表7-6 规模以上工业主要能源消费量

年份	原煤消费量/万吨	焦炭消费量/万吨	天然气消费量/亿立方米	电力消费量/亿千瓦时	规模以上单位工业增加值能耗比上年+/-(%)
2012	8390.90	1246.61	3.5	853.28	-3.19
2013	9435.01	1337.82	3.98	951.33	-3.75
2014	8255.24	1174.70	4.95	987.48	-7
2015	7512.95	853.48	6.27	950.13	-12.8
2016	7442.61	831.91	7.47	958.50	+1.5
2017	7111.89	858.16	9.40	984.12	-5.04

数据来源：根据云南省国民经济和社会发展公报2012—2017年整理而来。

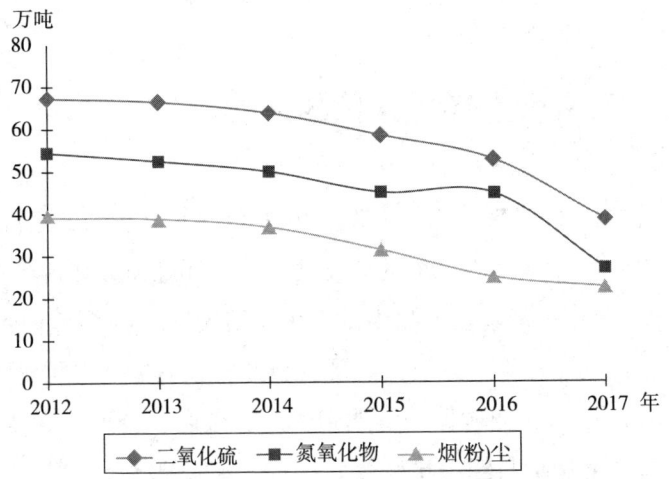

图 7-1　2012—2017 年云南省废气中主要污染物排放量

数据来源：国家统计局官网。

从表 7-7 可见，2017 年，城市污水处理率、生活垃圾无害化处理率有了很大提高，分别达到 90.58%、92.7%；一般工业固体废物处置率达到 44.42%，比 2012 年提高了约 16 个百分点。水土流失治理面积为 8074.45 千公顷，比 2012 年增加了 30.7%；除涝面积略有增长。

表 7-7　2012—2017 年云南省部分环境治理指标

年份	城市污水日处理能力/万立方米	城市污水处理/%	生活垃圾无害化处理率/%	一般工业固体废物处置/%	城市建成区绿化覆盖率/%	水土流失治理面积/千公顷	除涝面积/千公顷
2012	229.7	80.10	82.7	28.74	39.3	6175.57	260.1
2013	233.7		87.6	29.90	37.8	7393.81	261.33
2014	233.5	87.36	92.5	31.91	38.1	7734.45	264.61
2015	245.2		90.0	29.51	37.3	8540.74	276.1
2016	250.9		93.0	30.85	37.8	9004.38	284.93
2017	254.7	90.58	92.7	44.42	38.9	8074.45	270.77

数据来源：国家统计局官网和云南省统计局官网。其中，城市污水处理率根据云南省国民经济和社会发展公报 2012—2017 年整理而来。

7.3 云南生态环境保护的成就

新中国成立 70 年来，尤其是改革开放 40 年来，我国的经济建设欣欣向荣，GDP 以每年 8%～12% 的速度增长，但环境损失却占当年 GDP 的 8%～13%，一系列环境安全事件的发生，给人们敲响了沉重的警钟。无数的事实告诉我们，生态建设与经济发展的关系不是"你死我活"，而是"融合共生"。所以，环境保护渗透到生产、流通、分配、消费的各个领域，努力将环境保护与经济建设融为一体，在保护环境中促进科学发展，成为云南省人民与政府取得的共识。新中国成立 70 年来，云南省生态环境保护取得的巨大成就有以下七方面。

7.3.1 形成了比较健全的生态环境保护的制度建设

只有重视制度建设，才能提高生态环境建设的法治化水平，只有建立完善的生态环境法规体系，目标明确，奖惩得当，才能将生态环境建设纳入法治化管理轨道，才能为云南省生态环境建设提供制度保障。云南是我国较早探索生态建设和环境保护省级顶层政策设计的省份之一，2012 年，云南省发布《云南省生物多样性保护西双版纳约定》，2013 年出台《云南省湿地保护条例》，使云南生态文明制度建设走在了全国的前列，起到了引领和示范作用。2013 年，云南审议通过《中共云南省委云南省人民政府关于争当全国生态文明建设排头兵的决定》，强调在"生态立省、环境优先"的建设过程中，做到经济建设与生态建设同步进行、经济效益与生态效益同步提高、产业竞争力与生态竞争力同步提升、物质文明与生态文明同步前进，确立云南省到 2020 年建设成为"美丽中国示范区"。2014 年，云南发展改革委、云南环境科学研究院联合编制《云南省生态文明先行示范区建设实施方案》，提出"把云南省建设成为生态屏障建设先导区、发展方式转变先行区、边疆脱贫稳定模范区、制度改革创新实验区、民族生态文化传承区，成为全国生态文明建设排头兵"的发展目标。2015 年出台《中共云南省委云南省人民政府关于努力成为生态文明建设排头兵的实施意见》，2016年出台《各级党委、政府及有关部门环境保护工作的责任规定（试行）》对各级政府和部门的责任进行明确和细化，2018年6月29日，《云南省人民政府关于发布云南省生态保护红线的通知》中准确确定生态保护红线边界，将生态保护红线落实到具体地块。要求到2020年底前，完成全省生态保护红线勘界定标工作，基本建立生态保护红线制度。

云南在大气污染防治方面，印发实施《云南省大气污染防治行动实施方案》及《云南省蓝天保卫专项行动计划（2017—2020年）》，深入推进严控高污染、高耗能行业新增产能，重污染企业环保搬迁改造，优化能源结构，淘汰黄标车和老旧车辆等措施，全面完成国家下达的黄标车和老旧车淘汰任务；在水污染防治方面，印发实施《云南省水污染防治工作方案》及《云南省碧水青山专项行动计划（2017—2020年）》，认真组织实施《重点流域水污染防治规划（2011—2015）》，强化县级以上集中式饮用水水源保护，大力开展农村环境综合整治工作，加强水污染防治监督指导，推动地方落实主体责任；在土壤污染防治方面，印发实施《云南省土壤污染防治工作方案》及《云南省净土安居专项行动计划（2017—2020年）》，在全国率先建立云南省土壤环境保护和综合治理联席会议制度，建立云南省土壤污染防治专家委员会，完成土壤环境保护优先区和土壤污染重点治理区划定，制定《云南省土壤污染状况详查实施方案》，启动土壤污染状况详查，深入推进大气、水、土壤污染防治和核与辐射安全监管，建立比较完善的环境保护保障体系，通过这些制度保障，云南将成为我国自然环境最好、生态保护最好的省份之一。截至2017年，云南省累计建成2个国家生态文明建设示范市县、10个国家级生态示范区、85个国家级生态乡镇、3个国家级生态村；1个省级生态文明州、21个省级生态文明县、615个省级生态文明乡镇、29个省级生态文明村；上报生态环境部待命名的国家生态州1个、国家生态县4个、第二批国家生态文明建设示范市县2个、"两山"理论实践创新基地1个；全省建成各级各类绿色学校3182所，绿色社区530家，环境教育基地70个；2人获得首届中国生态文明奖。

7.3.2 云南省生态环境保护工作取得了长足的发展

中华人民共和国成立70年来，尤其是近年来，云南省委、省政府高度重视环境保护，确立了"生态立省，环境优先"的发展战略，通过节能减排、九大高原湖泊的水污染治理，生物多样性保护，城市污水和垃圾处理设施建设，全面开展"七彩云南保护行动"等重大举措，使得云南的生态环境质量不断改善。云南区域环境质量好或较好的比例高出全国平均水平，2017年云南省城市空气质量持续保持优良，16个州（市）政府所在地城市平均优良天数比例是98.2%，居全国第一，高于全国平均水平；境内大江大河水质良好，大部分水质符合地表Ⅰ～Ⅲ类标准，省内主要河流国控、省控监测断面水质优良率为82.6%；2017全省森林覆盖率达59.3%，森林面积占全国1/10，林地面积居全国第2位，活立木蓄积量居全国第3位。经过多年的艰苦奋斗和快速发展，云南综合经济实力显著增强，各族人民获得感、幸福感、安全感明显增强，生态文明建设成效显著，基本形成节约资源和保护环境的空间格局、产业结构和生产生活方式。

通过对九大高原湖泊、重点领域水污染治理，云南省水质恶化趋势得到有效遏制，水污染治理效果明显。2017年，对云南省集中式饮用水水源地水质状况评价结果显示，州（市）级城市集中式饮用水水源地达标率达到100%，县级城镇集中式饮用水水源地达标率达到97.7%，主要河流国控、省控监测断面水质优良率为82.6%，六大水系中红河水系、澜沧江水系、怒江水系、伊洛瓦底江水系水质优，珠江水系、长江水系水质轻度污染。在145条主要河流的253个国控、省控断面检测中，157个断面水质优，符合Ⅰ～Ⅱ类标准，占62%；52个断面水质良好，符合Ⅲ类标准，占20.6%，24个断面轻度污染，符合Ⅳ类标准，占9.5%；6个断面中度污染，符合Ⅴ类标准，占2.4%，14个断面重度污染，劣于Ⅴ类标准，占5.5%。从表7-8可见，云南省主要河流（河段）断面水质检测结果为红河和澜沧江水质优良比率较高，长江水质优良比率较低。

表 7-8　云南省主要河流（河段）断面水质类别表　　　单位：个

水系名称	Ⅰ类	Ⅱ类	Ⅲ类	Ⅳ类	Ⅴ类	劣Ⅴ类	水质优良比率/%
长江	6	37	16	15	3	9	68.60
珠江	2	13	11	6	2	2	72.22
红河	0	32	9	1	0	1	95.35
澜沧江	3	35	11	2	1	2	94.44

资料来源：《2017 年云南省环境状况公报》。

7.3.3　生态环境监管能力显著提高

随着我国生态保护的加强和科技水平的提高，云南工业能源利用效率和清洁化水平不断提高，在化解过剩产能，淘汰高耗能落后设备，降低能源消耗，提升装备技术水平等方面成效显著。云南强力推进中央环境保护督察问题整改，对中央环保督察反馈的具体问题进行细化分解到各州（市）及省级有关部门，对中央环境保护督察反馈问题的整改落实，建立省级环保督察机制，云南省实现对 16 个州（市）环境保护督察全覆盖。根据 2018 年 6—9 月云南省节能监察机构对云南省铜冶炼、镁冶炼、铅锌冶炼、多晶硅、铁合金、磷化工、陶瓷等 206 户重点用能企业进行了节能监察显示，203 户企业的单位产品能耗指标均达到了国家能源消耗限额标准的要求，有 2 户焦化企业和 1 户水泥企业的单位产品能耗指标超过了国家《焦炭单位产品能源消耗限额》（GB21342-2013）、《水泥单位产品能源消耗限额》（GB16780-2012）的要求，有 4352 台（套）属于国家《高耗能落后机电设备（产品）淘汰目录》中明令淘汰的高耗能落后机电设备仍在使用，云南省节能监察机构责令这些企业限期治理、淘汰、改正，逾期不改正的，将依法处理[①]。通过生态问责制、生态考评制及生态环境保护"一票否决"制等一系列制度，云南生态环境监管能力和风险防范能力显著提高，云南省污染排放情况有较大程度好转。从表 7-9 可见，工业固体排

---

① 云南省节能网. 2018 年云南省工业节能监察工作顺利完成［DB/OL］.［2015-10-22］. http://www.ynenergy.gov.cn/Item/3858.aspx.

放量效果明显,从 2001 年的 295.80 万吨下降为 2017 年的 2.00 万吨,并且工业固体废物处置率也从 2001 年的 15.87 万吨提高到 2017 年的 44.42 万吨。

表 7-9　云南省废水、废气、废物排放情况　　　　　　　　单位:万吨

年份	废水排放量	二氧化硫排放量	工业固体排放量	工业固体废物处置率
2001	64152.34	35.75	295.80	15.87
2005	75202.45	52.19	70.66	35.14
2010	91992.68	50.07	36.31	30.99
2015	173333.44	58.37	6.86	29.51
2017	185111.26	38.44	2.00	44.42

资料来源:《云南统计年鉴 2018》。

7.3.4　节能降耗工作成效明显

近年来,云南省各级相关部门,贯彻落实党中央、国务院、省委省政府决策部署,采取有效措施,全力推进节能降耗各项工作,把节能降耗作为推动产业转型升级、实现绿色和谐发展的重要抓手,多策并举,不断提高能源利用效率和效益,全省节能降耗取得显著成效。5 年来,云南省财政资金安排专项资金 2.72 万亿元,支持 250 个项目建设,实现节能量 303 万吨标准煤,5 年来云南单位 GDP 能源消耗累积下降 23%,实现节能量 2945 万吨标准煤,万元工业增加值能耗累计下降 24%,实现节能量 2580 万吨标准煤[①]。从表 7-10 可见,云南省各行业对传统能源——煤炭的消费比重呈逐年下降趋势,对其他能源的消费比重呈逐年递增的趋势,为保卫蓝天作出了重要贡献。

表 7-10　2010—2017 年云南省主要能源消费占能源消费总量比重　　　　%

年份	煤炭	石油	天然气	一次电
2011	55.97	14.88	0.53	27.72
2012	53.16	14.93	0.50	29.87

---

① 云南民族旅游网. 云南节能降耗取得显著成效 云南单位 GDP 能源消耗累积下降 23%[DB/OL].[2019-04-29]. http://www.ynmzly.com/mobile/content/145-10267.html.

续表

年份	煤炭	石油	天然气	一次电
2013	50.63	14.36	0.53	33.05
2014	43.07	14.71	0.54	40.66
2015	40.99	15.45	0.76	41.61
2016	40.24	15.95	0.89	41.69
2017	36.86	16.64	1.06	44.05

资料来源：《云南统计年鉴2018》。

7.3.5 森林覆盖率持续提高

绿水青山就是金山银山，退耕还林可以减少水土流失、改善生态环境，是生态建设的重要组成部分。近些年来，云南省一直致力于开展国土山川绿化，2017年云南省森林面积2273.56公顷，森林覆盖率59.3%；2018年云南省森林覆盖率增加0.6个百分点，达到60.3%；其中森林蓄积量增长3577万立方米，达到19.7亿立方米；天然草原综合植被覆盖度增长0.2个百分点，达到87.81%；湿地保护率提高7.28个百分点，达到46.53%；2018年林业总产值达2221亿元。2019年云南争取新一轮退耕还林（草）任务330万亩，任务量居全国第一。楚雄市提前一年获得"国家森林城市"荣誉称号，石林县糯黑村等5个村获"全国生态文化村"称号。

7.3.6 人们环保意识提高

生态环境保护的实现需要每一个人参与和监督才能实现，所以云南开通了12369环保举报热线，推进公众有序参与环境事务，开通了环境保护厅的微博和微信公众号，微信用户通过手机就可以对污染取证举报，这样让每一个人、每一部手机都能成为环境保护的积极监督者。除此之外，云南通过地球日、环境日等节日进行环境保护宣传活动，以群众喜闻乐见的方式开展环保宣传教育，深入推进环保宣传进机关、进企业、进社区、进乡村、进学校、进家庭活动，进一步使环保宣传贴近实际、贴近生活、贴近群众，让人们体会到人类发展活动必须尊重自然、顺应自然、保护自然，通过环境治理，让人民群众切实感受到"七彩云南"的天更蓝、水更清、山更绿，人与自然更和谐。

7.3.7 促进了生态环境与经济的良性互动

云南生态文明"排头兵"建设被纳入国家生态文明建设的政策及规划中，得到了国家的支持和全社会的响应，在各领域发展中逐渐取得了良好的成绩。通过这么多年的努力，云南生态文明建设取得了阶段性胜利，在全省经济发展整体水平不断提升的基础上，保持了人与自然和谐发展、生态环境优良的状态。良好的生态环境是云南最具优势的自然生态资源禀赋，也是云南经济社会可持续发展的核心竞争力，云南的生态优势使云南具有广阔的发展空间和强大的发展势能。云南良好的生态环境也因此而获得众多赞美之词，成为吸引中外游客的"旅游胜地""养生天堂""梦开始的地方"。良好的生态环境和具有特色的民族风情风貌，吸引大批游客流连忘返，旅游业成为云南省的重要支柱产业，促进了云南省经济发展；而旅游业的发展又促进了云南省产业结构优化升级，使云南省生态环境改善有了产业的支持和保障。

7.4 云南生态环境保护发展面临的挑战

经过云南省政府和人民艰苦卓绝的努力，云南省生态环境取得了明显的成效，环境污染问题得到一定程度的遏制，但依然存在以下问题。

7.4.1 经济相对落后的制约

云南地处边疆，经济社会发展水平相对落后，使得云南面对既要保护生态环境又要加快经济发展以改变贫困落后现状的双重压力，并且相对落后的经济水平一定程度上也使环境保护缺少物质支撑。2018年，云南省人均GDP仅为全国平均水平的57.4%，云南省城镇化水平低，城镇化率仅相当于全国平均水平的79.8%，云南城镇常住居民人均可支配收入相当于全国平均水平的85.2%，农村常住居民人均可支配收入相当于全国平均水平的73.4%[①]。云南一些边远地区、民族地区的脱贫攻坚任务相当艰巨，经济相对落后，除了在生态环境保护上会受到资金约束，还使得云南省产业结构偏重，能耗增长势头强劲，环境污染压力加大。另外，随着工业化、城镇化加快发展和人口的不断增加，云南省面临着经济发展、人们需求增加与节能减排、环境保护的多重压力。以森林生态效益补偿基金为例，云南省是最早启动地方森林生态效益补偿基金制度的民族省份，并于2014年将国家级和省级公益林的补偿政策进行了"三统一"，即统一国家级与省级公益林的补偿标准，统一资金管理办法，统一管护体系。从表7-11可见，民族地区由于受当地经济条件所限，除了少数省级资金有较大增长，大部分省级资金增长缓慢。

表7-11 2016年民族地区省级森林生态效益补偿基金实施情况

省/区	公益林补偿面积/万亩	森林覆盖率/%	启动地方补偿时间/年	数据截止时间/年	省级公益林补偿标准(元/亩·年)
云南	13207	55.0	2004	2016	国有5，个人和集体所有15
贵州	6910	50.0	2007	2011	5
广西	8170	62.2	2006	2016	国有6，个人和集体所有15
内蒙古	515	21.0	2007	2015	不低于3
宁夏	607	13.8	2005	2015	4.5
青海	7441	6.3	2013	2015	2
新疆	10208	4.2	2005	2014	未确定补偿标准
西藏	15169	14.0	未建立	2014	—

资料来源：云南省林业局。

7.4.2 云南特殊与脆弱的生态环境

云南省地理和地质环境复杂，是一个高原山区省份，全省山地高原占94%，地理上呈现西北部高，东南部低，地势从西北向东南倾斜。全省最

[①] 云南省统计局.云南统计年鉴2018[M].北京：中国统计出版社，2018.

高点是迪庆藏族自治州德钦县境内梅里雪山的卡瓦格博峰，海拔高达6740米。最低点是滇东南红河哈尼族自治州河口县境内的南溪河口，海拔76.4米。云南地貌类型复杂，种类繁多，山高坡陡，河谷深切，地势险峻，境内河流水系发达、高原湖泊星罗棋布，长江、澜沧江、怒江、珠江、红河、伊洛瓦底江六大水系纵贯全省，是珠江、红河的发源地，澜沧江、怒江、红河和伊洛瓦底江流经老挝、泰国、缅甸、越南诸国，是南亚、东南亚国家和我国东部、南部发达省区的"水塔"、水源涵养区。特殊的地理位置，复杂的地形地貌，独特多样的气候环境，造就了云南丰富多彩的生态环境，使得云南生态环境的丰富性、特有性十分显著，但同时脆弱性也十分突出。生态系统生态变幅小，特化程度高，分布地域狭窄，分布面积小，物种种群规模小、个体数量少，生态系统的变异敏感度高、空间转移能力强、环境阈值小、抗干扰能力弱、适应性稳定性差，许多生态系统和物种处于濒危状态，一旦被破坏就很难恢复，所以说云南生态环境十分重要却又非常脆弱。云南由于经济及地方社会的发展需要，过去曾经在未进行生态后果论证的前提下，就广泛引进多种经济物种种植于半山区、山区，结果导致土著物种普遍性萎缩灭绝，物种的肆入侵，加重了生态危机。例如云南曾大量引进经济价值较高的橡胶、桉树及其他诸如咖啡、可可等经济作物，由此引发的物种入侵成为当代生态危机的焦点。此外，面积广大的烟草种植也造成生态危机爆发，很多地区的烟草栽种在山地陡坡上，造成了坡地严重的水土、肥力流失，湖库河流淤积。烤烟也对当地森林植被造成了严重破坏。

7.4.3 云南各城市之间生态环境存在差距

云南各地独特多样的生态环境，以及各地经济条件的差异，使得各地区生态环境状况也存在差距。从表7-12可见，云南省的丽江、香格里拉和大理三个城市空气质量较好，排名前3位，曲靖、昭通和昆明3个城市空气质量相对较差，排名靠后，其中昆明城市空气质量最差，是城市化发展带来的结果。由于城市化发展，人们纷纷往城市集中，昆明作为云南省会，是云南经济最发展、各项公共设施最健全的地方，所以吸引了大量人口往昆明集中，造成城市人口膨胀，城市工业、交通密集，使城市以及周围区域生态环境相对要差一些，环境污染更严重一些。

表 7-12 云南 16 个城市环境空气质量排名

城市名称	空气质量综合指数	排名
丽江	2.30	1
香格里拉	2.31	2
大理	2.72	3
文山	2.77	4
泸水	2.80	5
普洱	2.93	6
保山	2.94	7
临沧	3.01	8
楚雄	3.09	9
景洪	3.13	10
蒙自	3.27	11
芒市	3.36	12
玉溪	3.41	13
曲靖	3.58	14
昭通	3.58	15
昆明	3.73	16

资料来源：《云南统计年鉴 2018》。

7.4.4 云南环境保护系统性机制还不健全

一是云南环境管理各部门之间协调机制不健全，有些具有行政审批职能的部门，审批时不审核环境影响，事后监管难度大。比如砂石开采行业审批，按要求要国土、林业、水保、安监、环保五家审核通过才能开工，实际情况是部分业主拿到重要的国土采矿许可证、爆破证就开工，违反林地占用、不做环评情况突出；部分个体工商户、私营企业办理营业执照时不用审核环境影响，逐步做大后造成环境污染，如养猪场、养羊场，有的就建在饮用水水源保护区、基本农田保护区。各个执法机关之间缺乏协调配合，造成一些环境问题积重难返；行使环境行政管理权机构众多，统一监督管理部门和分管部门关系不明确，管理职能重叠交叉，执法职责范围划分不够明确，联合执法难以建立长效机制巩固执法效果，存在有效衔接问题，给一些企业主以可乘之机。二是还有部分企业法人以效益不好、资金短缺为借口，迟迟不建设污染治理设施，将环保治理投资和运行费用当作额外经济负担，超标现象时有发生。此外，有些群众的生态环保意识还不强，觉得生态环保离自己很远，共建、共治的氛围还没有形成。

7.5 云南生态保护发展展望

绿水青山就是金山银山，保护生态环境就是保护生产力，改善生态环境就是发展生产力。未来，云南省各级部门要在深入贯彻落实"生态立省、环境优先"的战略基础上，不断推动全国生态文明建设"排头兵"的工作，推进全省生态文明创建层次和水平不断提升。

7.5.1 实现生态效益、经济效益和社会效益的协调统一

一个国家或地方环境保护应该以生态效益、经济效益和社会效益的协调统一作为目标，云南生态环境建设规划应以科技为主导，以可持续发展为目标，以恢复和扩大森林植被为中心，以遏制水土流失为重点，以改善生态环境、增加农业发展后劲、帮助山区群众脱贫致富，保障国民经济和社会可持续发展为目标，把环境保护与经济发展协调起来。所以，云南省生态建设一方面要以防护林体系、水源涵养林和水土保持林体系为重点，选择好适宜生长的树种，另一方面结合经济林、薪炭林和草山、草坡建设，建立区域性生产系统和生活系统的环境系统，从而达到生态效益、经济效益和社会效益统一。对于种植业、畜牧业、林业、草业等生产部门，应根据其作物的生态特性、空间的容量、物质能量循环利用的需要和生物种群互惠共生、互惠互利的原则，安排生态建设的时空布局。根据生物种群的互惠共生、边际效应等协同作用的原理，对生物的种群结构进行科

学的配置，发展立体种植，提高人工生态系统的模拟水平。继续实施中央确定的"退耕还林（草）、封山绿化、以粮代赈、个体承包"的政策措施，积极探索林草资源建设和保护的新模式。在有条件的地方积极发展"山上种树、山腰种果、山脚种作物"的经济形态，把以粮食换林草同生物多样性保护、扶贫脱困结合起来，使当地人民生活水平得到明显提高。

7.5.2 利用科学技术加大生态环境保护

生态环境建设中，应大力推广先进适用的科技创新。通过科技创新可以促使资源的循环利用，大力降低原材料和能源消耗率，提高资源利用率，开发出新能源和新材料，还可通过科技创新尽可能地把污染物的排放消除在生产过程中，从而实现生产过程的少投入、高产出、低污染。我国企业污染严重和资源消耗大的主要原因，正是由于企业生产过程中技术水平低、工艺落后造成的，因为科技水平的高低、设备的先进程度直接决定了"三废"产生量的大小，所以要大力发展高新技术，推进科技进步和科技创新，促进原料和能源循环利用，降低原材料和能源的消耗和污染。所以云南省要鼓励各类科技研究和开发机构从事生态环境保护和建设工作，对研究成果予以保护，并依法有偿转让。充分调动科技人员的主观能动性，强化先进适用技术的研究、推广应用。重点宣传和普及推广植树造林、种草、水土保持、节水农业、旱作农业、生态农业、中低产田地综合治理技术，包括工程措施、农艺措施和生物措施；推广环境监测、农林混合治理技术、生物多样性保护和建设技术。加强科技兴林示范区和示范工程的建设，重点开展林木造林育种、速生丰产林栽培、森林防火和森林病虫害防治等方面应用技术的研究推广。

7.5.3 完善生态环境保护的市场经济体制

生态环境保护需要成熟完善的市场机制作为基础，云南省市场经济相对不太发达、市场机制不太完善，一定程度上阻碍了生态环境的发展。因此云南在建立生态环境保护体系时，除了相关制度建设和完善政府监督管理，必须要建立和完善市场经济，尤其是要建立和完善生态环境和基本资源作为生产要素进入市场"流通"的机制；建立长江中下游省区，特别是东部发达省市对上游（云南）生态环境保护的补偿制度；建立和完善生态环境和基本资源的产权关系及交易机制；完善生态保护中各利益实体的权利与责任问题、利益分配问题、效率与公平问题；健全资源开发补偿、污染物减排补偿、水资源节约补偿、碳排放权抵销补偿制度；合理界定生态环境权利，健全交易平台，引导生态受益者对生态保护者的补偿；建立健全绿色标识、绿色采购、绿色金融等，为生态环境提供完善的市场体制基础。尤其目前云南正处于工业化的中后期阶段，这也是产生废物、污染最多的阶段，因此必须同时将建立和完善生态保护与市场经济两手抓，在促使云南企业的市场竞争力不断提高的同时，最大限度地减少污染排放和资源利用率。

7.5.4　挖掘民族文化中生态观念

云南少数民族文化中人与自然和谐相处、资源取用有度等传统思想，在少数边疆民族中较好地保存并传承了下来，在人与自然、人与人、人与社会共处时形成了较好的模式，取得了较好的生态效应，可成为当代生态文明建设的样板。云南少数民族形成的传统农耕文化在利用、因势改造环境的同时，对生态基础及环境起到了较好地保护并达到了长效、持续利用的目的。例如，哈尼族、彝族的梯田、傣族稻作等就是人地和谐共处的具有持续发展特性的文化景观，也是高寒山地、炎热河谷区的农业资源利用模式，较适合本地的生态特点，保证了各民族数千年来自然生态和人文生态的平衡和谐、社会经济的持续发展和民族文化的长盛不衰。对民族地区经济社会发展和生产生活进行引导和调整，优化产业结构，对发展方式和生活方式进行变革，在努力走科技含量及经济效益好、资源消耗低、环境污染少、人力资源优势充分发挥的特色新型发展道路时，慎用现当代科技，妥善发掘及运用各民族生态农作技术及传统，创造出一套适合云南不同气候带并可以推广的生态农业发展模式。

7.5.5 统筹城乡环境保护

实施城市环境管理的分类指导。要根据城市的自身特点和发展水平，因地制宜地制定环境保护战略。经济发达的城市，如昆明应逐步采取"环境优先"的总体方针，在环境保护上高标准、严要求，积极争创环境保护模范城市和生态城市；正在快速发展的中小城市要将环境保护规划放在重要位置，注重在发展中保留传统的自然和人文特色，使城市环境基础设施建设与城镇经济和建设同步发展。支持农村污染防治工作，防止城区污染向农村乡镇转移，深入开展农村环境卫生整治活动，整体提升农村公共设施条件和公共服务水平，实现乡村清洁与农村经济社会协调发展，让村民们在保护环境中持续受益形成管护长效机制。

7.6 结论

云南独特的地理环境，使其环境保护工作任重而道远，云南生态文明建设面临生态保护与发展的双重压力，机遇与挑战并存。云南从单纯地治理污染到确立生态立省，争当全国生态文明建设"排头兵"，立志把云南建设成为中国最美丽省份。云南要树立大局观、长远观、整体观，"七彩云南"以生态文明观引领绿色发展，逐步走出了一条经济发展与环境保护相协调的特色之路，引领各族人民用智慧和双手去赢得永续发展的美好未来。

云南与南亚、东南亚毗邻，其生态环境及生态文明状况是云南、中国生态形象的窗口，对中国的生态外交、生态安全影响巨大。只有形成人与自然和谐发展的生态文明新格局，才能推进美丽中国的建设进程，为全球生态安全作出新贡献。

参考文献

[1] 蓝勇.历史时期西南经济开发与生态变迁[M].昆明：云南教育出版社，1992.

[2] 方国瑜.滇池水域的变迁[J].思想战线，1979（1）：33-38.

[3] 曹寿清.探讨泸沽湖旅游开发导致的生态问题及对策措施[J].生态与环境工程，2011（19）：199.

[4] 李兴峰.基于生态环境约束下的云南省主导产业选择研究[D].昆明：云南大学，2016.

[5] 马永排.云南高速公路建设对生态环境的影响及对策分析[J].林业调查规划，2011（3）：112-116.

[6] 何玉芹，欧晓昆.云南省水电站开发对生态环境的影响及保护对策[J].云南环境科学，2006（2）：17-19.

[7] 薛联芳，顾洪宾，李懿媛.水电建设对生物多样性的影响与保护措施[J].水电站设计，2007（3）：33-36.

[8] 王伟营，杨君兴，陈小勇.云南境内南盘江水系鱼类种质资源现状及保护对策[J].水生态学杂志，2011（5）：19-29.

[9] 阮雪梅，侯明明.重视生物因子对环境变化的影响 维护云南生态屏障[J].中国科技信息，2006（2）：85-88.

[10] 高正文.提高认识加强管理开创云南生物多样性保护新局面[J].环境教育，2005（9）：45-47.

[11] 周琼.云南生态文明建设的历史回顾与经验启示[J].昆明理工大学学报（社会科学版），2016（16）：22-36.

[12] 唐勇智.民族地区生态补偿机制研究[M]//郑长德.中国少数民族地区经济发展报告（2016）.北京：中国经济出版社，2016.

[13] 童绍玉.云南区域开发研究——云南区域开发的过程与现状[M].昆明：云南大学出版社，2016.

［14］云南省再生经济产业开发研究会.再生经济战略与云南产业发展研究［M］.昆明：云南大学出版社，2012.

［15］环境保护发展三个阶段历程的中国［EB/OL］.［1989-12-16］.http：//www.rx68.com/News-254.html.

［16］我国环境保护的发展历程与探索［EB/OL］.［2014-03-17］.http：//politics.rmlt.com.cn/2014/0317/244524.shtml.

［17］十七大以来云南环境保护发展报告［EB/OL］.［2012-09-22］.http：//www.stats.yn.gov.cn/phone/tjsj/jjxx/201809/t20180909_794798.html.

［18］云南：从污染治理到生态保护40年坚守换来绿水青山［EB/OL］.［2018-12-20］.http：//www.sohu.com/a/283122106_381560.

［19］建设美丽云南 共享生态文明［EB/OL］.［2018-12-05］.http：//yn.yunnan.cn/system/2018/12/05/030132469.shtml.

［20］黄鹏.云南省自然灾害类型及其防治措施探究［J/OL］.https：//wenku.baidu.com/view/7965c83d52d380eb62946d3a.html.

［21］余航，王龙，等.云南旱灾综合指数时间序列趋势分析［J］.安徽农业科学，2012（4）：2089.

第 8 章　云南金融与发展

王炳霖[①]　张小兰[②]

8.1　引言

金融是现代经济的核心，是稳增长、控物价、调结构、惠民生、抓改革、促和谐的助推器、调节器、稳定器。新中国成立 70 年来，特别是党的十一届三中全会以来，云南省的金融事业不断发展，金融资源总量稳步增长，金融体系日益完善，金融市场逐渐丰富，金融业的发展取得历史性成就，对外金融合作不断深化，金融在经济发展中的核心地位和支撑作用日益凸显，为推进云南省国民经济的持续、快速、健康发展作出了巨大贡献。

8.2　云南 70 年金融发展历程

1949 年 12 月，云南省和平解放，结束了近代云南落后、混乱的金融史，翻开了社会主义金融事业的新篇章。1950 年 2 月，中国人民银行入

[①]　王炳霖（1998—　），女，山东烟台人，现为西南民族大学经济学院金融学本科生。
[②]　张小兰（1971—　），女，安徽马鞍山人，经济学博士，现为西南民族大学经济学院教授，硕士生导师。研究方向：产业经济。

驻云南。1950年3月，中国人民银行云南省分行宣告成立，标志着云南省的金融事业发展进入了新的发展时期。新中国成立70年来，云南省金融体系发展大致经历了六次重大的历史变革，各个时期呈现出不同的历史特点。

8.2.1　初步建立社会主义金融体系阶段（1949—1956年）

这一时期，在中国共产党和人民政府的领导下，中国人民银行云南省分行方面及时接管了南京国民政府在滇的官办银行，取缔外国资本主义在华银行的特权，并逐步完成对商业银行的社会主义改造，建立健全社会主义性质的金融机构。按照中国人民银行总行提出的建行原则，在较短时间内完成了云南省人民银行分支机构的组建工作，建立了农村信用社和其他金融组织，逐步形成了云南省的社会主义金融机构体系。

同时，云南省认真贯彻党中央"慎重稳进"的方针，从实际情况出发，针对不同地区、不同情况，运用了不同的形式，开展了货币斗争。中国人民银行通过发行人民币，清除、收兑旧货币，很快使人民币在全省范围内成为统一的货币；运用多种手段调控市场货币供求，扭转了新中国成立初期云南省金融市场混乱的状况，制止了通货膨胀。同时，金融系统积极配合工商业的调整，采取先主要城市然后其他城市，先禁外币然后禁半开，先汉族地区然后少数民族地区的步骤，由点到线、由线到面，通过灵活调度资金，支持国营经济快速成长，促进了城乡物资交流，为云南省国民经济的恢复与发展作出了重大贡献。到1952年底，云南省共拥有银行机构338家，从业人员6963人，分别比1950年底增长1.5倍、2.1倍。到1957年，银行机构已遍布云南省城乡各地，总数达825家，比1950年增长5.1倍，职工人数达10767人，比1950年增长3.8倍。

8.2.2　建立高度集中统一的金融体系阶段（1957—1978年）

为了适应这一阶段高度集中的计划经济体制，云南省金融建立起了高度集中的银行体制。将多种金融机构合并成为统一的人民银行，取消商业信用，实行信用集中的原则，分步推行指令性的信贷结算制度，实行严格的现金管理和适应物资资金按计划流通的统一的"一般结算方式"。为更好地适应这种体制的需求，云南省建立了集中统一的综合信贷计划管理模式，实行"统存统贷"的管理办法，银行信贷计划纳入国家经济计划，成为国家管理经济的重要手段。资金供应实行长期资金归财政、短期资金归银行；无偿资金归财政、有偿资金归银行；定额资金归财政、超定额资金归银行的体制。这种体制一直延续到1978年，其间虽有几次变动，但基本格局变化不大。"文化大革命"期间，受极"左"路线的影响，否定商品、货币的作用，云南省的金融体系受到了前所未有的大冲击，金融业务停滞萎缩、金融管理分散混乱、干部职工队伍被严重削弱，银行失去了它的完整性和独立性，成为财政和计划工作的"记账、出纳部门"。

8.2.3　金融体制全面改革阶段（1979—1992年）

党的十一届三中全会之后，在邓小平同志的"要把银行办成真正的银行"思想指导下，开始了有计划、有步骤地进行金融体制改革的新时期。一是打破了人民银行"大一统"的银行格局。人民银行重新职能定位；工、农、建、中四大国有专业银行、保险公司相继得以恢复或设立；重新组建了股份制、综合性的交通银行；城市信用社、金融信托投资公司、证券公司等相继成立。二是银行贷款规模和业务领域不断扩大。随着多种金融机构的形成和发展，银行业务的创新与拓展，融资工具和融资渠道逐渐多样化，信贷资金在国民经济发展中的作用和地位日趋重要，开展了票据承兑、贴现、再贴现、信用卡等业务，发展了金融市场，发行了国库券、保值公债、国家建设债券、企业债券，开办了短期资金市场，以满足银行间资金"头寸"的需要。资金分配制度改变为资金借贷制度，对国营企业流动资金管理由财政转到银行，基建投资逐步由财政拨款改为银行贷款，银行改革了"统存统贷"的信贷资金管理体制，实行"实贷实存"的新体制。

8.2.4　金融体制深化改革阶段（1993—2001年）

1992年邓小平南方谈话后，同年10月党的十四大确定把建立社会主义市场经济作为我国经济体制的改革目标。1993年12月，国务院发布了《关于金融体制改革的决定》，拉开了新一轮金融改革的帷幕。《关于金融体制改革的决定》确定我国货币政策的最终目标为"保持货币稳定，并以此促进经济增长"，对我国人民银行多年来实行的"稳定货币、发展经济"的双重政策目标是一项重大的战略性突破。在这种背景下，云南金融领域进行了以下一系列改革。

（1）人民银行职能彻底转换。人民银行的工作重点转移到金融监管、金融宏观调控和金融服务。1998年，撤销人民银行云南省、昆明市分行，设立人民银行昆明中心支行和人民银行成都分行昆明监管办事处。人民银行州（市）分行与所在地县（市）人民银行合并，并更名为"中心支行"。

（2）专业银行转化为商业银行。按照把专业银行办成商业银行的要求，以效益性、安全性、流动性为经营原则，实行自主经营、自担风险、自负盈亏、自我约束。在加强国有商业银行统一法人体制、建立商业银行经营机制、强化内部经营管理和风险控制、改进金融服务等方面进行了一系列改革。1998年，基本完成了4家国有商业银行省分行与省会城市分行合并这一商业银行管理体制的重大改革工作。

（3）组建政策性的银行。实行专业银行和人民银行的政策性业务的分离，组建政策性的银行——农业发展银行云南省分行，并在地、州、市、县设立了87个分支机构，保障了国家农业政策性资金的正常运行。

（4）建立地方性商业银行，引进全国性股份制商业银行机构。1996年12月，以昆明市30家城市信用社为基础，成立了第一家地方性股份制商业银行——昆明城市合作银行。1998年，更名为"昆明城市商业银行"。从1997年开始，广东发展银行、光大银行、华夏银行等一批股份制商业银行开始相继在云南设立分支机构。

（5）规范农村信用社的管理。农村信用社与农业银行脱钩之后，对其实行了自律管理与人民银行监管相结合的管理模式，并按照信用合作制的原则对农村信用社进行规范管理，使其更好地服务于"三农"。

（6）加强银行、证券、保险和信托规范管理。实行分业经营、分业管理，对其有关经营机构进行调整，规范业务范围，并对有关监管机构作出新的构建。1993年，云南省城乡储蓄存款余额达251.07亿元，比1950年的136万元增长了1.85万倍；全省人均拥有的储蓄存款也由1950年的0.08元增至646.23元（其中城镇人均储蓄额1198.66元，农村人均储蓄额232.36元），增长了8078倍。

8.2.5 金融业实行对外开放（2002—2012年）

为适应金融业对外开放的发展大趋势，2008年11月，国务院常务会议决定对广西和云南与东盟的货物贸易开展人民币结算试点。2010年7月，昆明区域性跨境人民币金融服务中心揭牌，这标志着人民币在云南周边、区域和泛亚国际化进程开始加速。2011年5月，《国务院关于支持云南省加快建设面向西南开放重要桥头堡的意见》提出把昆明建成面向东南亚、南亚的区域性金融中心。2011年8月，中国银监会办公厅发布了《中国银监会办公厅关于服务云南桥头堡建设相关事宜的复函》，支持云南大力发展银行业机构，为"桥头堡"建设提供金融支撑和服务保障。2013年，国务院出台《云南省广西壮族自治区建设沿边金融综合改革试验区总体方案》。以昆明区域性国际金融中心为龙头的金融新格局初露端倪。2016年，云南省政府出台《云南省人民政府关于建设面向南亚东南亚金融服务中心的实施意见》，抢抓国家实施"一带一路"倡议、长江经济带发展战略新机遇，加快建设面向南亚、东南亚金融服务中心。在"一带一路""孟中印缅经济走廊""长江经济带"建设背景下，云南沿边金融综合改革试验区建设不断创新，"一心两区"全方位开放合作金融发展新格局初步形成，昆明作为云南省面向南亚、东南亚辐射中心的核心区，"一带一路"倡议和长江经济带战略的重要支点，带动滇中城市经济圈一体化发展的"中央处理器"，正成为沿边金融的新高地。

8.2.6 建立现代金融体系（2012年至今）

2012年11月，党的十八大提出要建立现代金融体系。2013年11月，党的十八届三中全会通过的《中共中央关于全面深化改革若干重大问题的决定》，进一步明确了金融改革的目标和路线图。云南省以实施《云南省广西壮族自治区建设沿边金融综合改革试验区总体方案》部署的十项主要任务为重点，以人民币跨境业务创新、积极探索实现人民币资本项目可兑换的多种途径为主线，深化金融体制机制改革，优化金融生态环境，加强金融基础设施建设，完善金融组织体系，培育发展金融市场，改善融资结构，提高金融规模和交易效率，整合区域性金融资源，深化金融对外交流与合作，全面提升跨境金融服务水平，推动资本市场对外开放和扩大人民币跨境使用，逐步增强人民币在东盟和南亚国家的竞争力、影响力和辐射力。经过努力，逐步建立起多元化现代金融体系。

8.3 云南金融发展成就

8.3.1 金融发展对云南经济发展的贡献不断增强

新中国成立70年来，云南省金融市场运行总体平稳。截至2017年末，云南省全年金融业实现增加值1194.67亿元，占GDP的比重为7.23%，2017年金融机构存款年末余额29963.85亿元，金融业成为全省国民经济发展的重要支柱产业之一。金融业已成为吸纳社会就业的重要渠道，截至2017年末，云南省金融业就业人数达到7.8万人，占到全省第三产业就业人数总量的0.73%。金融业已成为财富创造的重要支柱产业。

8.3.2 云南金融业持续平稳发展

新中国成立70年来，云南省金融业实现了平稳健康发展。银行、证券、保险是衡量金融业发展的三大经济指标，三大金融行业的业务数据，反映了云南金融业的发展成就。

8.3.2.1 银行业不断发展

（1）银行业金融机构不断增多。

截至 2017 年，云南省银行业金融机构本外币存款余额 30160.7 亿元，同比增长 8.0%。从表 8-1 可见，银行机构数量合计达到 5647 个，总从业人员为 78434 人。具体机构类型情况如表 8-1 所示。

表 8-1　2017 年云南省银行业金融机构情况

机构类型	营业网点			法人机构/个
	机构个数/个	从业人数/人	资产总额/亿元	
一、大型商业银行	1601	35444	12437	0
二、国家开发银行和政策性银行	88	2041	5213	0
三、股份制商业银行	436	8275	5047	0
四、城市商业银行	216	4890	2881	3
五、小型农村金融机构	2338	21691	9184	133
六、财务公司	5	119	248	4
七、信托公司	1	212	24	1
八、邮政储蓄	853	3120	973	0
九、外资银行	6	110	52	0
十、新型农村金融机构	102	2457	325	64
十一、其他	1	75	458	1
合　计	5647	78434	36842	206

数据来源：云南银监局。

注：营业网点不包括国家开发银行和政策性银行、大型商业银行、股份制银行金融机构总部数据；大型商业银行包括中国工商银行、中国农业银行、中国银行、中国建设银行和交通银行；小型农村金融机构包括农村商业银行、农村合作银行和农村信用社；新型农村金融机构仅有村镇银行；"其他"仅包括金融租赁公司。

（2）存款不断增加。

新中国成立以来，云南社会经济持续稳定地发展，各族人民生活水平显著提高，城乡群众拥有的储蓄存款也大幅度增加。改革开放之前，由于实行高度集中的计划管理体制，财政分配是社会资金分配的主渠道，资金实行统收统支，企业机动财权很小，企业间的经济往来，虽然也通过银行进行结算，但带有强烈的计划色彩，银行筹集和分配社会资金的职能难以得到发挥。1978年之后，特别1994年金融体制改革以来，银行积极采取各种有效措施吸收存款，广泛开辟资金来源渠道，各项存款余额不断增加，金融机构存款年末余额呈逐年递增的趋势，城乡储蓄存款随国民经济的快速发展而增长。从表8-2可见，2017年末金融机构人民币存款余额达29963.85亿元，是1978年存款年末余额的1050.99倍。

表8-2　1978—2017年金融机构存款年末余额　　　　单位：亿元

年份	存款年末余额	非金融企业存款	住户存款
1978	28.51	8.36	3.24
1988	190.41	70.51	63.84
1998	2076.06	910.64	912.89
2008	8418.94	2882.69	3783.78
2017	29963.85	8707.45	13164.69

资料来源：《云南统计年鉴2018》。

（3）各项贷款业务迅速增长。

1979年以前，受我国当时经济管理体制的制约，贷款的对象和范围都较为狭窄。改革开放以后，金融机构信贷业务有了较快的发展，贷款范围不断拓宽，贷款对象不断增加，云南省金融机构的各项贷款业务发展迅猛，有力地支持了地方经济的发展。2017年末，云南省金融机构人民币各项贷款余额达25398.93亿元。

8.3.2.2　证券业发展迅速

新中国成立70年来，云南省证券业发展迅速，市场规模得以扩大，制度建设得以健全，体系结构得以完善，运用资本市场配置资源的能力得以提高。2017年，云南省新增19家证券分公司、62家证券营业部、13家期货营业部，证券期货经营机构达到223家。从表8-3可见，2017年，云南省上市公司34家，总股本567.71亿股；总市值5125.98亿元。

企业通过发行公司债、次级债、中小企业私募债、并购重组私募债、资产证券化产品融资 409.36 亿元，通过证券市场企业累计融资 583.34 亿元。这显示出云南省证券市场强有力的发展势头，较有力地支持了云南地方经济的发展，资本市场服务地方社会经济发展的能力显著提高。

表 8-3　2012—2017 年云南省辖区证券市场基本情况

项目	2012 年	2013 年	2014 年	2015 年	2016 年	2017 年
上市公司数/家	28	28	29	30	32	34
发行 A 股公司数/家	28	28	29	30	32	34
发行 B 股公司数/家						
A、B 股均发行公司数/家						
境外发行公司数/家	1	1		1	1	
境内、外均发行公司数/家	1	1		1	1	
ST 公司数/家	3	3	3	3	3	3
证券公司数/家	2	2	2	2	2	2
证券营业部数/家	77	113	127	138	153	161
证券投资咨询机构数/家	1	1		1		1
证券投资者资金开户数（累计数）/万户	110.78	117.33	124.84	161.79	188.72	213.32
上市公司当年境内募集资金总额（扣除发行费）/亿元	10.00	255.08	79.51	242.15	279.78	238.98
首次公开发行/亿元			7.94	3.55	10.23	42.21
配股/亿元		42.85			42.98	
增发/亿元		209.73	62.57	107.00	117.57	131.77
可转债及公司债/亿元	10.00	2.50	9.00	131.60	109.00	65.00
市价总值/亿元	1988.50	2066.09	3097.55	3881.62	3928.65	5125.98
证券经营机构证券累计成交量/亿元	6355.11	10461.31	16017.61	42885.43	23066.52	26588.37

资料来源：《云南统计年鉴 2018》。

8.3.2.3　保险业发展异军突起

20 世纪 80 年代，保险业主要服务于企业和地方经济，以财产险为主。1993 年底，云南省三家保险企业是：中国人民保险公司云南分公司、中国太平洋保险公司昆明分公司和中国平安保险公司云南代理处。目前，云南省共引进6家保险省级分公司。依托"云南保监局旗舰店"平台，发布云南重点融资项目信息1200项。2018年12月，全省新增保险资金投资金额1601.65亿元，有效地支持了云南重点建设项目。保险业务不断创新，云南启动小额贷款保证保险试点项目，为中小企业融资提供风险保障服务，截至2018年末，累计支持117家小微企业通过保证保险试点项目融资合计2.6亿元。1980年中国人民保险公司云南分公司恢复办理国内保险业务以来，保险业务种类由初期单一的"老三险"已发展到现在包括财产保险、人身保险、农业保险、责任保险、信用保险及各种附加险在内的200多个险种。为减灾防损，保障社会经济稳定增长、安定人民生活，促进地方经济发展发挥了不可替代的重要作用。

保险业的发展更是表现在保费收入的不断增长上。从表8-4可以看出，2017年底，全年保险公司原保险保费收入613.28亿元。其中，财产险业务原保险保费收入255.14亿元；寿险业务原保险保费收入260.55亿元；健康险业务原保险保费收入77.01亿元；意外伤害险业务原保险保费收入20.58亿元。全年支付各类赔款及给付218.05亿元，比上年增长5.8%。其中，财产险业务赔款115.06亿元，增长3.88%；寿险业务给付59.27亿元，增长5.57%；健康险赔款及给付37.77亿元，增长10.79%；意外伤害险赔款及给付5.95亿元，增长16.67%。

表8-4　1999—2017年全省保险费收入和赔款给付　　单位：亿元

年份	保险费收入	赔款及给付支出	简单赔付率/%
1999	37.46	14.03	37.5
2000	39.72	16.71	42.1
2001	42.70	18.97	44.4
2002	55.44	19.18	34.6
2003	73.75	20.35	27.6
2004	74.22	25.91	34.9
2005	81.03	24.01	29.6
2006	95.29	28.90	30.3

续表

年份	保险费收入	赔款及给付支出	简单赔付率 /%
2007	111.86	47.75	42.7
2008	165.39	63.40	38.3
2009	180.08	65.12	36.2
2010	235.68	66.31	28.1
2011	241.10	79.89	33.1
2012	271.30	100.11	36.9
2013	320.77	122.06	38.1
2014	375.99	150.88	40.1
2015	434.60	173.23	39.9
2016	529.37	206.10	38.9
2017	613.28	218.05	35.6

资料来源：《云南统计年鉴 2018》。

8.3.3 云南省金融体制改革成效显著

8.3.3.1 金融体制改革全面开展

（1）金融管理体制改革不断推行。云南省金融管理体制改革是从 1979 年开始的。1979 年 8 月 1 日，云南省农业银行成立，这是改革后出现的第一家专业银行。1984 年 3 月，中国银行昆明分行从省人民银行分设出去，同年，国家外汇管理则从中国银行划分出来成立国家外汇管理局云南分局与省人民银行合署办公。1984 年 3 月，中国人民保险公司云南省分公司从人民银行分设出来。1985 年 1 月，工商银行云南省分行成立。1986 年，根据中国人民银行、工商银行总行关于保留县级人民银行机构的通知，县级人、工两行又分开，以后又发展了信托公司、融资公司、证券公司、评估公司、城市信用社。1988 年，云南省第一家股份制银行——交通银行昆明分行组建。至此，以中央银行为领导、国有专业银行为主体、多种金融机构并存、多层次、多形式、多功能的社会主义金融体系在云南省已逐步建立起来，并不断完善和发展。1995 年，组建了农业发展银行云南省分行，开始组建昆明城市合作银行。1996 年 12

月,昆明城市信用合作社改组为昆明城市合作银行,1998年10月更名为昆明市商业银行。1999年12月13日,国家开发银行昆明分行成立。基本上形成了以中国人民银行为领导和管理的,商业性金融与政策性金融相分离,以政策性银行和国有商业银行为主体的、多种金融机构并存的金融组织体系。1998年12月31日,人民银行云南省分行被撤销,同时成立了中国人民银行成都分行昆明金融监管办事处和中国人民银行昆明中心支行。此后,云南证监局、保监局、银监局相继成立,标志着"一行三局"监管体系的形成。2005年3月28日,云南省农村信用社联合社正式宣布成立,承担对全省农村信用社管理、指导、协调、服务的职责。它的成立标志着云南省深化农村信用社改革试点工作取得重大进展,农村信用社管理体制改革取得突破性成果。2007年12月7日,中国邮政储蓄银行云南省分行在昆明正式挂牌成立。此后,全省13个州(市)分行组建了331个邮储银行分支机构。同年12月30日昆明市商业银行重组,更名组建"富滇银行",它的组建是云南省金融改革创新的一次成功尝试,对云南省的金融改革发展产生了积极影响。

(2)金融市场不断完善。

资金市场:1988年9月,云南省人民银行成立了融资公司,实行会员制,建立网络基金。在成立省融资公司基础上,相继建立地州的金融市场。1990—1992年是云南省拆借业务迅速发展的三年。总体来讲,云南省拆借市场还比较规范,对整个金融市场的发展和经济建设起到了积极的作用。

证券市场:1988年9月云南省证券公司成立。这是云南省人民银行独资开办的证券机构。1989年以后,根据证券市场发展的趋势,云南省人民银行又批准了几家信托投资公司设立证券营业部。到1997年底,云南省有1家证券公司、16个证券营业部。华夏证券有限公司于1997年底在昆明设立了代表处。与证券营业机构相配套的证券市场中介服务机构有云南省证券登记公司、云南省人行债券信誉评级机构。2002年1月,在云南省原有信托机构信托、证券分业经营,证券机构整顿重组基础上成立了红塔证券股份有限公司,2004年1月太平洋证券有限责任公司成立,两家证券公司的成立提高了云南省证券机构的质量与竞争力。

8.3.3.2 金融体制改革取得了巨大成就

（1）金融组织体系呈现新格局。云南省已形成了国有控股金融机构为主的多种股权结构，涵盖银行、证券、保险和其他非银行金融业务的金融机构组织体系。银行业金融机构多元发展，证券期货机构实现州（市）全覆盖，保险机构稳步增加，地方新金融组织发展迅速。

（2）金融宏观调控和监管取得新成效。云南省已建成了从统一监管到银行业、证券业和保险业分业经营、分业管理的监管体系，再到落实国家"一委一行两会"的金融监管体系逐步完善。金融宏观调控政策措施得到较好落实。金融监管全面加强。

（3）金融服务基本完善。云南省金融系统金融服务水平、信息化水平得到了提升，新型金融产品不断涌现，为投资者提供了多种选择，金融服务质量不断得到改善。

8.3.4 金融业对外开放实现历史性跨越

8.3.4.1 金融业对外开放亮点纷呈

云南省跨境人民币业务成果丰硕。在全国首批试点个人经常项下跨境人民币业务；跨境人民币双向贷款试点实现零的突破；成功启动跨国企业集团跨境人民币资金集中运营；首创经常项下人民币与缅币特许兑换业务，云南德宏、红河、文山成功对外发布人民币兑缅币和越南盾的"瑞丽指数""YD指数"；银行柜台挂牌币种已涵盖周边国家货币。

沿边金融合作成效显著。中国农业银行泛亚业务中心、浦发银行昆明离岸业务创新中心、中国银行沿边金融合作服务中心、建设银行泛亚跨境金融中心相继落户云南。中老两国本外币现钞正式实现双边跨境调运；富滇银行和太平洋证券公司"走出去"战略率先到老挝合资设立老中银行、老中证券公司；共有8家外资银行进驻云南，在西部位居第3位，农业银行、中国银行、建设银行等金融机构相继设立跨境金融、沿边金融、离岸业务等创新合作服务中心。金融市场的对外开放步伐显著加快。

8.3.4.2 区域性交易模式初步构建

云南省边贸人民币结算,从 1979 年开始起步,经历了一个从无到有、从小到大的跨越式发展历程。2004 年以来,国家给予云南边贸人民币结算出口退税的扶持政策,边贸人民币结算实现年均 27.3% 的增长,2010 年已突破 12 亿美元,结算货币已从以美元为主转变为以人民币为主,人民币结算占比由 20% 上升到 90% 以上。同时,多个周边国家的银行与云南省边境地区的多家商业银行也对开了本国货币的结算账户。目前,云南省已初步构建了以银行间市场区域交易为支撑、银行柜台交易为基础、特许兑换为补充的全方位、多层次的人民币与周边国家货币区域性交易模式。

8.3.4.3 沿边金融综合改革试点成就巨大

2013 年云南作为沿边金融综合改革试点以来,以昆明区域性金融服务中心建设为抓手,突出沿边金融、跨境金融、地方金融特色,大胆探索、先行先试,稳步推进各项改革任务,推动沿边综合金融改革取得积极成效,为人民币"走出去"和促进全省经济跨越发展奠定了良好基础。如作为沿边金融改革试验区的楚雄州,按照"非禁即入"的原则最大限度地开放投资领域,鼓励民间资本发起设立小贷公司、资本管理公司等新兴金融组织,完善金融服务体系,促进地方经济发展。2009 年首批(4 家)小额贷款公司开业以来,截至 2015 年 2 月末,楚雄州辖内小额贷款公司已发展至 36 家,平均每年新增 6 家,覆盖全州九县一市,注册资本金累计 11.16 亿元,贷款余额 11.11 亿元,占全州银行业金融机构贷款余额的 2.15%。民营金融的发展,有效填补了楚雄州辖内 13 家银行业机构金融服务的真空地带,优化中小微企业的融资环境,在地方经济发展中发挥了积极作用。

8.3.4.4 昆明区域性国际金融中心建设成就斐然

随着政策支持力度的不断加大,金融生态明显改善,金融外向度也不断提升。许多金融服务机构纷纷到昆明设立机构。在继续发展原有传统业务的基础上,进一步先行先试搭起资金融通的桥梁。数据显示,2014 年 12 月试点跨境人民币双向贷款以来,云南省 19 家企业累计从境外借入 54.69 亿元的人民币贷款,境外平均融资成本在 5% 左右,拓展了企业境外融资渠道。截至 2017 年末，云南省共有 9 家企业搭建跨境人民币资金池，实现了资金统一管理、统筹调配。昆明区域性国际金融服务中心的潜力正在不断被释放。

8.3.5 金融基础服务设施不断完善

8.3.5.1 金融基础设施不断完善

云南省从商业银行清算系统内部全国联网，到商业银行跨行清算全国联网和大额现金支付系统等的建设顺利推进，资金汇划时间由几天缩短到几秒；外汇实盘买卖、网上银行、电话银行、手机银行等新兴业务迅猛发展。移动支付快速发展，经济主体的资金支付和资金结算效率显著提高。

近年来，二代支付系统、支付结算综合业务系统在云南省成功上线，支付系统日均清算资金 1600 亿元，资金汇划效率明显提高。全省银行卡发卡量突破 1 亿张，人均持卡 2.28 张。惠农支付服务点实现所有行政村全覆盖，满足了边远乡村群众小额存取款、转账缴费的基本金融需求。顺利实现财税库银横向联网的全面推广，提升了财政收入入库和支出拨付到账的效率。征信系统覆盖面继续扩大，已为云南省 1776.91 万自然人、16.17 万户企业及其他组织建立了信用信息档案。

8.3.5.2 金融基础服务功能不断增强

云南省金融系统实现了由 ATM 的逐步普及到"金卡工程"原定目标的如期实现和银行联网卡通用平台的投入运行，从商业银行清算系统的内部全国联网，到商业银行跨行清算全国联网和大额现金支付系统、小额支付系统等的顺利建设，极大地保障了资金支付结算顺畅。一些银行还推出了外汇实盘买卖、网上银行、电话银行等业务。客户可以随时通过转账、汇兑、电子支付、开立信用证和承兑汇票等方式进行融资或资金结算，使经济主体的资金支付和资金结算效率显著提高。在外汇管理方面，中央银行创新资本项目外汇管理，改进非贸易外汇管理，开展外汇账户管理改革，扩大经常项目外汇资金使用的自主权，便利了企业投融资活动和经贸往来，降低了结售汇成本，增强了省内企业的国际竞争力。

8.3.6 金融生态环境不断优化

近年来，云南省重视金融生态环境的建设与优化，特别是2006年云南省政府出台了《云南省人民政府关于加强金融生态环境建设的意见》，成立了云南省金融生态建设领导小组，在政府及人民的努力下，云南省的金融生态环境逐年都在优化。

8.3.6.1 建立有序的金融市场秩序

云南省银行业监管逐步走上了专业化道路，实行了以风险监管为主的合规性监管与风险性监管相结合、非现场监测和现场检查手段相结合的银行监管体系，监管效能明显提高，确保了银行业金融机构规范发展；证券业监管在坚持以"夯实基础，创新监管，服务发展"为主线的前提下，实现了监管方式从事后查处为主向事前防范、事中控制、事后查处并重转变，监管态势从被动应急向主动防范转变，确保了资本市场的规范发展；保险业监管严格按照中国银监会"构筑防范风险五道防线"的要求，严格规范公司经营行为，有效地防范了误导宣传，制止了不正当竞争，促进了行业自律，确保了保险市场的规范发展。

8.3.6.2 农村信用体系建设持续推进

云南省上线了农户信用信息管理系统，为全省农村信用体系建设工作的推进和实现农户信用信息的共享奠定了基础。2010年，共为677.1万户农户建立信用档案，评定信用农户298.6万户、信用村1614个、信用乡镇33个，为农村信用贷款发放打下了基础。2011年，云南省人民政府出台了关于推动农村金融产品和服务方式创新、保险业改革发展、农村信用体系建设、股权投资基金发展等10个规范性文件，全省金融发展的制度环境得已进一步改善。

8.3.7 新金融业态发展迅速

近年来，在沿边金融改革的背景下，云南省新金融业态迅速发展，呈现数量持续增长、机构覆盖面越来越广的特点，这对活跃云南金融市场、增加金融供给，对促进社会经济发展发挥了重要的作用，是对云南省金融服务体系建设的一个有益补充。

8.3.7.1 小额贷款公司发展迅速

仅2014年一季度，云南省小额贷款公司就发展到377家，数量位居全国第五，覆盖127个县（市、区），累计发放贷款11.1万笔，金额达902.62亿元，其中支农、支小贷款731.74亿元，占其贷款总额的81.07%，逐渐成为云南"三农"、小微企业提供金融服务的中坚力量[①]。

8.3.7.2 组建村镇银行与农商行

2015年5月16日，云南省首家农村商业银行——瑞丽南屏农村商业银行在瑞丽挂牌成立。该银行的正式运营，是云南省深化农村信用社改革取得的重大突破，也是云南沿边金融综合改革试验区和瑞丽国家重点开发开放试验区建设取得的重大成果。据云南省金融办资料，截至2015年底，云南省已组建36家村镇银行，基本上做到了州（市）全覆盖，随着民营资本参股数的不断增加，注册资本金也在大幅增加。2015年8月，云南省首家村镇银行——玉溪红塔区兴河村镇银行创新小额信贷支农方式，采用联保贷款模式、农业产业链互助担保贷款模式、种植联合担保贷款、政府贴息贷款以及农业专业合作社便利通贷款，以满足各类借款主体的融资需求。

8.3.7.3 成立首个农业网络金融服务平台

从服务"三农"出发，基于"互联网+农业+金融+渠道+技术"的新产业理念，2015年8月8日，云南省首个农业O2O网络金融服务平台——海川坛农专业农业O2O金融服务平台在临沧正式上线运营，它突破了传统的投融资模式，实现线下商务机会与互联网的有机结合。根据云南地方农业产业特点，综合开发了茶易贷、核桃贷、药材贷、其他贷等特色信贷产品，专门为信用记录良好、持续经营能力较强的农业企业发放贷款，支持农业企业短期生产经营周转，为企业提供高效便捷的金融服务。

[①] 中国人民银行调查统计司.中国人民银行统计季报（2014年–4）[M]北京：中国金融出版社，2015：89.

8.4 云南金融业发展面临的挑战

经过新中国 70 年的发展，特别是改革开放 40 年的发展，金融业已成为云南省经济增长的重要推动力量，为云南经济社会的持续健康发展和"桥头堡"建设发挥了积极作用，同时我们也应看到，云南省的金融业在发展过程中还存在亟待解决的问题。

8.4.1 经济发展水平制约金融业的发展

一个地区的金融发展水平很大程度上代表着该地区的经济发展水平。云南省的经济基础相对薄弱，在一定程度上影响了金融业的发展。2017年，云南省 GDP 为 16376 亿元，人均 GDP 仅为 34221.0 元，排名全国倒数第三。经济发展水平的落后，导致缺乏能够吸引金融机构深层次运作的经济土壤。同时，由于受到种种因素的制约，如产业结构不合理、经济发展主要靠投资拉动、对银行资金的依赖性过大等，使得原本就稀缺的金融资源无法得到有效的配置。在市场经济条件下，市场机制会把资金配置到效益最高的企业和部门。银行资金主要流向国有大企业、大集团，非公经济和中小企业往往受制于融资"瓶颈"，云南省经济金融之间尚未形成良性互动的发展格局。

8.4.2 金融业领域发展相对落后

金融业结构有待改善。总体上看，云南省的金融总量小、保障能力弱，内资与外资金融机构发展不平衡，外资金融机构在云南省设立的还不多。

投融资效益有待提高。据有关专家对 1994 年以来云南及全国 GDP、固定资产投资、信贷数据的计量分析，云南 GDP 增长对贷款余额的边际占用系数比全国高 0.13，就是说同样创造 1 块钱的增加值，云南比全国要多投入 0.13 元贷款。

上市公司数量少、规模小。云南省辖区内上市公司总体数量少、规模小、结构不尽合理，在充分利用资本市场进行行业整合、收购兼并、市场化配置资源等方面的运作能力不强，再融资能力有待进一步提高。2010年末，云南辖区内上市公司数量为30家，国内股票市场融资约415.95亿元，云南辖区内上市公司数量和融资额分别占全国的1.36%和1.6%，分别低于全省GPD占全国的比重0.45个百分点和0.21个百分点，低于全省银行业金融资产占全国的比重近0.59个百分点和0.35个百分点。云南证券化率为38.47%，仅为全国平均水平的58%。

8.4.3 金融市场体系成熟度不够，金融创新能力较弱

从金融机构结构来看，云南省的银行类金融机构占比较大，大型银行金融机构体系较为健全；但是，服务地方特色的地方商业银行、农商行等中小金融机构的数量与实力相对偏弱。同时，非银行的金融机构所占比例较小，证券和信托公司资本量小，业务结构比较单一且发展缓慢，市场占有率偏低。

从金融市场结构来看，云南省的货币市场与资本市场发展不平衡，债券、票据、外汇、股票等资本市场发展缓慢，产业融资结构单一，业务创新能力和风险抵御能力较弱。以资源型为特征的产业资本主要依靠银行机构贷款。由于银行存款多为短期存款，银行贷款多为中长期贷款，信贷资金"短贷长用"的期限结构错配问题比较突出，信贷资金主要流向大城市、大企业、大项目，"三农"和中小企业的信贷资金量较小。

从金融资产结构来看，云南省的货币类资产对经济的贡献率较高，信贷推动型的间接融资是云南省的主要融资渠道，股票、债券类直接融资所占比例偏低，证券、保险类资产贡献率相对较低。

由于云南省大中型金融机构的研发权力在总部，所以云南省级及省级分支机构在金融创新和产品设计方面缺乏相应的权力和动力，而小型金融机构在资金实力、研发团队和能力上又往往先天不足，不能很好地根据地方特点研究开发出地方特色金融产品，使得产品同质化较为严重，造成金融机构多是从金融业务和市场占有率方面来提升经济利润。

8.4.4 各州（市）间金融发展不平衡

一是金融机构发展不均衡。云南省地方性金融机构主要集中在经济发达的大中城市，欠发达地区的分布有限，部分县乡存在金融真空和盲点。同时，地方金融机构的资产规模较小，经营管理水平较低，抗风险能力较弱，竞争力有待提高。

二是金融资源配置不平衡。云南省各州（市）的金融资源分布差异较大，昆明、曲靖、玉溪、大理、楚雄等州（市）金融资源集聚优势明显，文山、怒江、迪庆等经济落后地区则金融资源较为匮乏，不能满足其经济发展水平的需求。

三是金融服务地域差异过大。在云南农村，受地理环境的影响，交通条件较差，居住较为分散，金融机构的覆盖面和覆盖深度都不够广泛，金融服务层次与水平较低，金融服务在居民中的渗透不明显，金融深化的程度不高，很难从金融机构获得金融资源。

8.4.5 对外开放力度不大，跨境区域金融中心发展缓慢

2011年7月，昆明跨境人民币服务中心的揭牌，意味着昆明区域金融中心建设正式启动。2012年4月29日，中国昆明泛亚金融产业中心园区启动建设，标志着昆明建设区域性跨境人民币金融服务中心迈出实质性的一步。

但是，由于云南省自身的局限性，以及因周边国家如缅甸、老挝、越南等经济市场发展水平低，他们对金融服务的需求相对不足等因素的影响，云南跨境区域金融中心发展相对缓慢。一是相关政策在实施过程中因市场培育不足，符合相关政策条件的市场主体数量有限，政策作用的发挥受到了一定的限制，政策未能用足用活。二是周边国家金融业发展滞后，深度金融合作难度大，阻碍了跨境人民币业务发展。三是昆明市金融服务中心发展滞后，龙头作用不突出。昆明市虽定位为区域金融服务中心，但其基础设施规划建设滞后，创新措施比较零散，对政策制定的影响力不足，不利于沿边金融改革的深入推进。

同时，云南省的银行业国际化程度较低。在云南境内，跨国经营的主体只局限在商业银行的总行一级，商业银行省级分行尚无跨国经营的主体资格，加上申请跨国经营审批过严等政治性因素的影响，云南省涉足澜沧江—湄公河次区域的商业银行、投资银行队伍尚未形成，业务经营总体规模较小，业务范围受限。

8.4.6 金融生态环境有待优化

由于经济基础薄弱和相关制度建设落后，云南省金融生态环境须进一步优化。据有关资料显示，2013年，云南金融生态环境在除西藏以外的30个省（区、市）中排名第18位，比2006年下降了3位。

不良贷款率作为衡量区域诚信环境体系的重要指标之一，云南省金融业发展相比东部和中部地区偏低，但不良贷款率却高于东部和中部。目前，云南省的诚信建设相对落后，征信体系建设层次不高，征信建设在法律保护方面有所缺失，人们的信用意识相对淡薄，诚信环境有待改善。

8.5 云南金融业发展展望

8.5.1 增强服务实体经济能力，推动金融高质量发展

实体经济是金融存在和发展的基础，金融是服务实体经济发展的重要工具。金融改革发展的根本目的，在于提升金融服务实体经济的能力和水平。金融对实体经济服务质量的高低和供给资金的能力，是实体经济发展和质量提升极为重要的一个因素。

坚持抓好"两个优化"：一是优化金融资源配置。加强货币政策的指引作用，引领金融资源更多地流向云南省实体经济发展的重点领域和薄弱环节，加大对实体经济结构调整和转型升级的支持力度，以提升金融服务实体经济的质量、效率和水平。二是优化融资结构。加快构建多层次资本市场体系，提高云南省直接融资比重，改善间接融资结构，通过直接融资

与间接融资的竞争与互补，形成促进金融向高质量发展转变的源动力。

科技与金融是推动实体经济发展的两大重要引擎。要通过深化改革，促进二者的深度结合，一方面，通过金融手段推动科技产业的发展；另一方面，实现金融服务的科技化。云南省应加快开展向以数字技术产业为主要内容的经济活动。通过数字化技术手段优化金融服务方式，打破时间、空间和成本的制约，提高金融服务实体经济的覆盖范围、效率和精确度。

8.5.2 深化金融供给侧改革，完善现代金融体系

现代金融体系是现代化经济体系的核心。实现金融业高质量发展，必须要有完备的现代金融体系作为重要条件和制度保障。只有形成完备的现代金融体系，才能更好地适应经济转变发展方式、产业结构升级、转换增长动力的新要求，才能顺应全球科技进步和组织方式的新变革，进而为金融业向高质量发展提供有力的支撑。

8.5.2.1 着力推进金融改革创新

积极培育和引进金融中介机构。鼓励境内外资本在云南省发起设立股权投资企业，鼓励商业银行在云南省设立融资租赁公司，鼓励企业集团设立财务公司、专业保险公司等金融机构。支持云南省有实力的金融机构开展金融创新试点，积极发展投资银行、财务顾问等综合性金融业务。大力实施"金融入滇与出滇"工程，引进外资和全国性金融机构在云南设立国际性或区域性管理总部、业务运营总部、后援服务中心和培训基地。鼓励和引导民间资本进入金融服务领域，建立民间融资监测体系，形成民间融资良好秩序。

8.5.2.2 建立有效的金融资源共享体系

建立昆明金融核心区，推动昆明与其他各州（市）在资金流、人才流、物资流及信息流等的互补与共享，努力改变金融资源由农村向城市和由各州（市）向省会昆明单向流动的局面，通过加强区域金融合作、提升金融中介机构功能和完善交通建设等方式，来推动金融资源共享和金融资源双向流动平台的构建。

8.5.2.3 建立多元的现代金融服务体系

目前，云南省农村金融体系存在结构不合理、功能不完善，民间金融

市场混乱，组织不健全，农村金融法律法规体系建设滞后等问题，迫切需要建立适应和满足云南省农村多层次的金融需求、功能完备、分工合理、管理科学、监管有效，且具有可持续发展的现代普惠性金融服务体系。

8.5.2.4 加强信用管理体系建设

积极支持金融、企业和社会信息共享，畅通信息，提高效率。同时，整合各领域信用信息，建立起完善的企业、个人信用数据库，建设包括信用记录、信用评判、信用监督、信息披露以及失信惩戒等一整套制度，形成完善的信用管理体系，优化金融生态体系。

8.5.2.5 金融市场基础设施建设

以"金融开放入口"为目标，搭建试验区金融专用网络，探索金融基础设施闭合管理和区域开放运行的融合点，实现"开放式"金融专用网络的搭建，驱动沿边金融综合改革、服务昆明区域性国际金融服务中心建设。以金融改革为驱动，构建五大应用平台，搭建"云南省电子支付综合服务平台"，支撑跨境支付结算业务、公共服务体系支付业务、电子商务集中结算业务。搭建"云南省企业征信信息服务平台"，建设基于大数据技术的智能化信用平台，实现"互联网+征信体系建设"的高度融合。搭建"金融云计算服务平台"，为境内外金融机构及专网接入机构提供共享计算、共享存储，同时提供开发环境平台搭建等公共技术服务。搭建"移动互联网金融支付安全可信公共服务平台"，利用移动终端的便携性、经济性，通过移动互联网金融支付平台服务沿边贸易、服务偏远落后地区，推动区域金融、跨境金融的发展。搭建"金融信息交互平台"，作为试验区与周边国家金融合作的桥梁、境内外金融机构、企业、民众间经济金融合作交流的桥梁。

8.5.3 加大金融对外开放步伐，推进沿边金融综合改革试验区建设

2013年11月20日，国务院批准同意云南省、广西壮族自治区建设沿边金融综合改革试验区总体方案，给予了云南10个方面的金融改革支持。这是目前我国面积最大的金融综合改革试验区。此前，中国人民银行已批

准云南设立了规模为50亿元的人民币国际投贷基金,这也是继上海之后,全国唯一获准开展人民币国际投贷业务的省份。云南省迎来金融业对外开放前所未有的历史性发展机遇,也是金融资本进入云南,实现产融结合最好的时机。

8.5.3.1 加大金融对外开放步伐

开展跨境金融国际合作。在金融业务方面,在前期取得的成果基础上进一步加大金融业务创新,继续扩大跨境人民币结算业务,为本外币跨境使用提供便利。创新企业融资模式,推出跨境人民币双向贷款业务,支持民间资本进入金融业,发起设立自担风险的民营银行等金融机构,为企业灵活运用国内外金融资源提供条件。搭建辐射南亚、东南亚的跨境金融合作交流平台,充分发挥金融对"辐射中心"的融资支持,进一步促进周边实体经济的发展。加强与周边国家金融监管机构和金融机构的信息交流与区域层次政策合作,为人民币境外使用和昆明金融双向开放创造良好的政策环境。

推动金融机构国际化。支持金融机构"引进来""走出去",加强同国际金融机构合作。鼓励国际金融机构在昆明设立专业子公司、功能性总部、区域性总部和后台服务机构,鼓励国际投资者在昆明设立消费金融、金融租赁以及外资专业健康保险、专业养老保险等各类符合国家相关政策的创新型金融机构。探索昆明地方法人金融机构引入国际战略投资者或财务投资者,完善治理结构,提升经营管理水平。鼓励符合条件的昆明地方法人金融机构"走出去",到国外设立分支机构,不断提升国际化发展水平。

建立金融市场国际化。积极推动建设与国际金融市场相适应的区域监管规则,推进金融市场国际化。研究借鉴发达国家和地区金融发展经验,积极推动金融法制、税收、信用、监管、人才服务等制度和环境逐步与国际先进标准相接轨,尽可能减少境外资本、机构和人才进入昆明所存在的壁垒,加快形成具有国际竞争力的金融营商环境。

8.5.3.2 深入推进沿边金融综合改革试验区建设

继续推进沿边金融综合改革试验区建设。紧紧围绕建设面向南亚、东南亚金融服务中心的定位，突出创新沿边金融、跨境金融的特色，充分发挥云南的后发优势和沿边区位优势，加快形成以沿边金融为载体支撑，跨境金融为重点的金融发展新格局，推动沿边金融综合改革试验区建设实现重点突破。

一是加强金融双向开放合作。强化与东盟国家金融业的交流机制，实现机构、资金、人才、信息、业务等资源的相互流动和相互支持，推进云南金融业的区域化、国际化进程。继续引进符合条件的东盟国家金融机构在云南设立分支机构，同时大力支持地方法人金融机构发展国际业务，与东盟区域内知名大银行建立战略合作关系。

二是加强跨境交流合作。推进与周边国家开展跨境金融合作，制定云南省跨境反假币工作机制，完善跨境人民币流通管理云南模式。依托与周边国家经济合作关系，人民银行昆明中心支行牵头与周边央行开展交流活动，为商业银行间的合作搭建交流平台。

三是加强滇桂金融合作及相互借鉴。建立滇桂两省区联络机制，有效整合区域经济金融资源，形成互利共赢、优势互补的局面。云南与广西在推进沿边试验区的建设上，各有所长，在合作的基础上应相互借鉴，更好地推动沿边金融综合改革试验区的建设。

8.5.4 发挥优势，打造昆明区域性国际金融中心

随着经济全球化和区域经济一体化进程的加快，我国西部大开发和沿边大开放战略深入推进，特别是中国－东盟自由贸易区的全面建成，云南省建设区域性金融中心迎来千载难逢的历史发展机遇。云南省要充分发挥昆明优势，将昆明打造成为依托广西、立足西南中南、服务中国－东盟自贸区及"一带一路"互联互通的区域性国际金融中心。

打造区域性跨境人民币结算中心。依托区域性跨境人民币业务平台以及各商业银行设立的中国－东盟业务中心，进一步拓展海外代理行规模，畅通资金清算渠道，大力发展跨境人民币业务，构建以云南为枢纽的跨境人民币资金"高速路"。

打造区域性货币交易中心。做大做强人民币对越南盾、缅甸元银行间

的市场区域交易平台，争取更多东盟、南亚国家货币在云南开展银行间市场区域交易，在条件成熟的基础上适时引进东盟、南亚国家金融机构参与交易。

打造区域性财富管理中心。充分利用互联网金融产业与高效信息处理技术，建立完善的财富管理服务体系，加强与新加坡等东盟区域财富管理中心交流合作，建设面向东盟区域的财富管理中心。积极围绕财富管理、综合经营、监管等方面开展政策创新。引进更多银行机构总部在昆明设立私人银行，引进财富管理机构。加强与上海黄金交易所合作，建立面向东盟的区域性黄金交易中心。

继续加快推进昆明泛亚金融中心园区建设并积极发挥其作用。2012年，昆明泛亚金融产业中心园区的建立，标志着昆明金融发展史上迎来了新的里程碑，区域性服务中心迈出历史性步伐。目前，昆明泛亚金融产业中心园区已有多家金融机构入驻。要在原有基础上创新金融发展模式，完善金融组织体系，提升金融服务水平，实现经济与金融良性互动发展，加快形成金融市场中心、金融产品创新中心、金融服务中心和金融人才聚集中心，切实将昆明建设成为面向西南开放的区域性国际城市。

8.5.5 推进区域金融的协调发展

云南省应继续给予金融发展落后的州（市）一定的政策倾斜和支持，逐步改变州（市）间、昆明与其他州（市）金融发展的不平衡现状。一方面，要坚持问题导向，采取更加有针对性的扶持政策，推动各州（市）的经济社会实现均衡发展。特别是要抓紧解决制约各州（市）发展的基础设施建设、经商环境等外部环境因素。另一方面，金融机构对其他州（市）的支持力度应持续加大。云南省的金融机构要下沉服务重心，实现服务窗口前移，主动加大对各州（市）的金融支持力度。

8.5.6 建立良好的金融生态环境，促进金融业健康协调发展

明确界定政府和市场的职能。在金融信用基础设施和制度基础建设中，要发挥好政府的促进和规范作用，包括鼓励金融中介组织在云南的发

展。通过政府、金融机构与实体企业之间的密切合作，建立金融机构之间以及金融机构与实体企业之间的良好合作机制。

加强地方金融机构的监管。要在完善法律的基础上，从外资银行的市场准入到业务经营再到市场退出进行监管。继续推动金融企业产权制度深化改革，加强金融企业内部管理和外部监管，创新金融产品，提高经营水平，增强金融业抵御风险的能力。

强化政府信用、企业信用和个人信用建设，形成多层次、立体式、规范的社会信用体系。提升政府在金融公共关系方面的前瞻性和系统性。政府金融办应及时、充分和创造性地开展金融公关活动，充分使用国家出台的金融政策资源。支持各类金融行业自律组织在昆明设立和发展，强化自律管理和服务功能。发挥昆明金融与发展研究院和昆明市金融业联合会等组织的独特优势，优化服务环境，促进信息交流。

8.5.7　加强金融创新的风险管控，建立健全金融改革风险防范机制

推进金融业改革发展，金融机构必须采取有效措施识别、监测和控制创新所带来的风险，坚持两手抓，一手抓金融业务发展，一手抓金融风险防控。切实将金融创新活动所带来的风险纳入统一的风险管理体系。

推动昆明区域金融中心建设，必须重视金融风险的防范。区域金融中心的形成和发展过程时时处于风险中，要维持一个可持续的金融中心，就要建立科学完善的风险监控体系，加强对区域金融中心的各种可能出现的风险进行监管。建立人民币跨境流通监测体系，有效掌握人民币跨境流通的规模与结构。

建立金融机构市场退出机制和风险补偿机制，防范金融风险。完善金融执法体系，严厉打击金融违法犯罪行为。建立国别风险评估长效机制，加强对南亚、东南亚各国金融形势的分析和风险评估。同时，严格的市场监督机制是必不可少的一部分，强有力的监管机制才能保障金融中心运行的安全和有效。

营造良好的金融发展环境。要强化各级政府金融工作部门职能，加强

金融法制建设，探索建立地方中小金融组织监管、规范和引导民间借贷、打击非法金融活动以及加强征信建设等。创新金融支持政策，健全"政金、财金、产金、企金"合作联动机制。以金融信用信息基础数据库为基础，加快推进金融业统一征信平台建设。加强金融宣传教育，增强风险管控能力，严厉打击非法金融活动。

8.6 结论

金融是国民经济运行的核心和命脉。经济运行的每个环节都离不开金融。它能够很好地促进货币资金的高效流通及运用，并合理配置经济资源，对整个国民经济的发展起着重要的循环促进作用。云南省金融业发展与新中国成立70年来我国的国民经济发展、社会发展，以及国家金融业的发展是同步的。其取得的发展成就是巨大的，金融业保持了持续平稳健康发展，对国民经济的贡献越来越大，在全省经济发展中的核心地位和支撑作用日益凸显。但是云南省金融业在发展中存在的一些问题，如经济基础相对薄弱，在一定程度上影响了云南金融业的发展；金融内部结构、融资水平等发展相对落后；金融抑制严重，制度创新受束；云南各州（市）间金融不平衡、服务差异过大等，都是今后云南省金融业发展必须解决的突出问题。

参考文献

［1］李忠民，主编.中国西部金融发展报告（2013-2014）［M］.北京：社会科学文献出版社，2014.

［2］云南省人民政府金融办公室，云南财经大学.云南金融市场发展与资本市场研究［M］.昆明：云南大学出版社，2010.

［3］中国人民银行昆明中心运行课题组.改革开放三十年云南省金

融业发展研究——回顾与展望［EB/OL］.［2016-10-25］. https://www.docin.com/p-1765952057.html.

［4］国务院关于支持云南省加快建设面向西南开放重要桥头堡的意见［EB/OL］.［2011-11-03］. http://www.gov.cn/zwgk/2011-11/03/content_1985444.htm.

［5］云南省广西壮族自治区建设沿边金融综合改革试验区总体方案［EB/OL］.［2016-11-26］. https://baike.baidu.com/item/%E4%BA%91%E5%8D%97%E7%9C%81%E5%B9%BF%E8%A5%BF%E5%A3%AE%E6%97%8F%E8%87%AA%E6%B2%BB%E5%8C%BA%E5%BB%BA%E8%AE%BE%E6%B2%BF%E8%BE%B9%E9%87%91%E8%9E%8D%E7%BB%BC%E5%90%88%E6%94%B9%E9%9D%A9%E8%AF%95%E9%AA%8C%E5%8C%BA%E6%80%BB%E4%BD%93%E6%96%B9%E6%A1%88/12631383?fr=aladdin.

［6］云南省人民政府关于建设沿边金融综合改革试验区的实施意见［EB/OL］.［2014-01-08］. http://www.gxzf.gov.cn/zwgk/zfwj/zzqrmzfwj/20140208-428419.shtml.

［7］云南省人民政府关于建设面向南亚东南亚金融服务中心的实施意见［EB/OL］.［2016-11-14］. http://www.ynjtt.com/Item/49413.aspx.

［8］云南省国民经济和社会发展第十三个五年规划纲要［EB/OL］.［2016-05-04］. http://zzb.km.gov.cn/c/2016-05-04/1317193.shtml.

［9］昆明市"十三五"金融业发展规划 [EB/OL].［2017-01-04］. http://www.km.gov.cn/c/2017-01-04/1675282.shtml.

［10］中国人民银行昆明中心支行课题组.金融业对云南经济增长贡献研究［J］.西部金融，2007（9）.

［11］袁天昂.云南银行业的沿边发展战略研究——兼谈大湄公河次区域的金融合作与展望［J］.时代金融，2013（1）.

［12］杨小平.云南省金融体制改革三十年［J］.西南金融，2008（9）.

［13］吴雁汶.云南省金融生态环境与经济协调发展的评价及对策研究［D］.昆明：云南师范大学，2013.

［14］李莎.为金融服务中心中心建设提供动力和保障——访人民银行

昆明中心支行行长杨小平［N］. 云南日报，2015.

［15］陈彦彤. 发挥金融优势支持云南桥头堡建设至关重要——访人行昆明中心支行行长周振海［J］. 时代金融，2011（22）：16-19.

［16］杜琼：云南沿边金融综合改革试验区建设：条件·问题·策略［J］. 中共云南省委党校学报，2014（9）.

［17］云南行政学院课题组. 改革开放40年云南经济社会发展成就与展望［J］. 中共云南省委党校学报，2018（6）.

［18］云南金融发展迎来黄金期［N］. 春城晚报，2013.

［19］周振海：云南金融业支持西部大开发10年之回顾与展望［J］. 西部开发，2011（11）.

［20］袁天昂. 昆明建设泛亚金融中心的战略构想及对策建议［J］. 经济问题探索，2012（5）.

［21］云南省统计局. 云南金融年鉴［M］. 北京：中国统计出版社，1996—2018.

［22］云南省统计局. 云南统计年鉴［M］. 北京：中国统计出版社，2001—2018.

［23］高午春，张志武，解春明. 建国五十周年云南金融业务发展回顾［J］. 云南金融，1999（11）.

［24］郭剑. "十三五"时期云南省金融改革的路径选择［D］. 昆明：云南财经大学，2017.

第9章 云南科技与发展

彭禹疆[①] 张小兰[②]

9.1 引言

随着知识经济的兴起,科技进步与经济发展呈现相互依存、相互促进、相互融合、协同发展的总趋势。当前,科学技术对经济发展的作用比以往任何时候都更加显著,知识、技术与经济的结合越来越密切,科学物化的速度越来越快,知识、技术转化为生产力的周期越来越短。科技进步成为经济发展中第一重要的决定性因素。

科技进步创造出日益增长的物质财富,创造了更多的经济效益,开辟了新技术新产业,不仅为经济增长方式提供了物质基础,而且突破了经济增长方式转变过程中的各种阻力和困难。随着经济规模的扩张和经济增长的累积,以粗放经营为主的增长方式带来的高投入、高消耗、低产出、低效益的矛盾愈显突出,这就客观上要求增长方式由原来的外延式增长转向通过低投入、高产出、高效率的内涵式增长,而这种转变主要取决于科技的创新和应用,技术创新可以通过提高在经济增长率中的贡献份额来实现经济增长的集约化。因此,科技进步不仅是经济增长的引擎,还是经济增

---

① 彭禹疆(1995—),四川宣汉人,经济学学士,现为西南民族大学经济学院产业经济学硕士生。研究方向:产业经济。

② 张小兰(1971—),女,安徽马鞍山人,经济学博士,现为西南民族大学经济学院教授、硕士生导师。研究方向:产业经济。

长方式的助推器。

云南省的科学技术经历了不同的发展阶段，从新中国成立初期的积极探索阶段到如今的跨越式发展阶段。科技投入稳步增长，2017年全年研究与试验发展（R&D）经费支出157.76亿元，比上年增长18.83%，与国内生产总值之比为0.96%，财政科学技术支出53.42亿元，较上年增加6.56亿元，增长14.00%，占财政支出的比重为0.94%，较上年提高了0.01个百分点。科技人才总量和质量不断提升，2017年全省R&D人员77584人，较上年增长4.05%。截至2017年底，正在运行的国家重点实验室6个，国家工程技术研究中心4个，国家创新型企业5家，国家高新技术产业化基地10个。2017年专利申请数28695件，专利批准数14230件，全省共登记科技成果1224项。获国家科技奖励6项，全省高新技术企业高新技术产品销售收入达3248.97亿元，较上年增长17.64%[①]。

9.2 云南70年科技发展历程

中华人民共和国成立70年来，特别是改革开放的40年，云南省的科学技术事业发展取得了巨大成就。科学技术事业在祖国西南边陲的红土高原上从无到有，从弱到强，不断开拓新的领域，不断创造新的辉煌。云南省科技事业的发展大致经历以下5个阶段。

9.2.1 云南科学技术事业奠基时期（1949—1965年）

中华人民共和国成立之初，云南的科学和技术事业一穷二白，建设白手起家。接管和发展科研机构，组建科技队伍，积极开展科学普及工作。1958—1959年，先后成立了中国科学院云南分院、云南省科学技术委员会、云南省科学技术协会，加强对科技工作的领导，使全省科技工作走入

---

① 云南省科学技术厅网站．2017年云南省科技统计公报［DB/OL］．［2018-08-07］．http://kjt.yn.gov.cn/tjgb/201808070001.htm.

注：以下数据未注明的，皆来自云南省科学技术厅。

正轨。1959年3月召开全省第一届科学技术工作会议。对云南生物资源和地质矿产进行了考察，农业科技围绕"粮食过关"，工业科技在技术革新、引进新技术新工艺方面做了不少工作。1963年编制了《云南十年科技发展长远规划》，加强科研机构的建设。依托中央科研机构和大专院校，结合工农业发展需要，组织开展"百花齐放，百家争鸣"的学术研究和以技术引进、技术革新为主的科技活动。

9.2.2 云南科学技术事业遭受重创破坏期（1966—1978年）

"文革"中，1966—1972年云南的科技事业遭到严重破坏，科技管理机构瘫痪、许多科研机构被撤销、资料流失、设备毁损、科技人员下放，不少知名学者、专家作为"反动学术权威"被批判斗争，甚至被迫害致死。云南的科学技术事业基本瘫痪，损失严重。为了挽回科技事业的严重损失，1972年周恩来总理主持中央日常工作，召开全国科技工作会议。此后，云南科技工作和全国科技工作一道开始复苏。1973年恢复了省科学技术委员会，各州（市）、县也相继恢复或建立了一批科技管理机构，不少科技人员在逆境中坚持科研工作，取得了一批可贵的科技成果。

9.2.3 云南科技事业全面改革发展期（1978—2002年）

1978年召开全国科学大会，消除"文革"对科技事业的影响，云南省提出了加强科技管理工作、科技队伍建设和党对科技工作的领导，做好科技成果推广和科学普及工作等措施。党的十一届三中全会之后，先后恢复了云南省科学技术协会和中国科学院昆明分院，恢复新建了一批科研机构，在全国较早地试行扩大科研所财务自主权、科研合同制、农业技术联产承包责任制等，对科技体制进行了初步改革。1983年以后，云南省经济发展逐步转移到依靠科技进步和加强应用开发研究上来；成立了省科技协调领导小组，加强统一领导和综合协调。1986年省属自然科学技术领域独立科研机构共有151个，初步形成了学科比较齐全，服务于国民经济比较配套，具有一定攻关能力和开发潜力的多类型、多层次的科研开发体系。

1988—1994 年，云南省科委充分发挥综合、协调、组织、服务和参谋助手作用，科技发展逐步适应商品经济发展的要求，贯彻落实科技工作面向经济建设主战场、培育高新技术及其产业化、加强基础研究的战略部署，把资源优势通过科技开发变为新兴产业的经济优势。1997 年省科委进一步提出"解放思想，更新观念；改进作风，加强调研；突出重点，以点带面"的指导思想和工作原则，推动科技体制和科研机构改革，确定了"大力推动农业和农村科技进步""加强研究与发展（R&D）工作"等 8 项重点任务。党的十五大之后，省委和省政府把"科教兴滇"战略实施作为关系云南经济社会发展全局的重大战略来抓，以改革为动力，在解决经济建设面临的大量科技问题、推动国民经济持续快速健康发展和民族文化建设方面发挥科技的重要作用，促进了全省的科技进步。

9.2.4 云南科技事业发展机遇期（2002—2010 年）

随着我国社会主义市场经济体系的建立，为适应社会主义市场经济发展的需要，不断克服计划经济管理的影响，推动产学研结合，促进企业成为科技发展的主体，云南省新型科技体制逐步形成，建立了新的科技计划管理体系，开展了以科技进步和创新加快新型工业化进程、农业综合生产能力和区域经济竞争力提升等工作。2002 年按照"两种资源，两个市场""引进来""走出去""全方位、多层次、宽领域"的总体要求组织开展国际国内科技合作与交流工作；2003 年全省科技工作切实推进科技与经济的紧密结合；2005 年全省科技大会召开，中共云南省委、云南省人民政府印发《关于大力加强自主创新促进经济社会全面发展的决定》；2008 年中共云南省委、云南省人民政府印发《关于实施建设创新型云南行动计划的决定》，提出把提高自主创新能力作为调整经济结构、转变发展方式的核心，全面提升产业竞争力，加快创新型云南建设，实现经济社会又好又快发展的科技工作方针。云南的科技创新工作迎来了新的发展机遇。

9.2.5 云南科技跨越式发展（2010 年至今）

2012—2017 年，云南全省研发经费投入强度从 0.67% 提高到 0.96%，增幅达 43.28%。每万人发明专利拥有量由 0.89 件增长至 2.21 件，增幅达 148.31%。新增国家重点实验室 4 个、国家工程技术研究中心 2 个、国家工程实验室和国家工程研究中心 1 个。新当选"两院"院士 3 人，新增科技领军人才 28 名，引进高端科技人才 36 名，建成院士专家工作站 348 个。通过科技计划实施，突破重大核心关键技术 700 项以上，推动 556 项重大科技成果产业化，研发具有自主知识产权的重大新产品 541 个。2017 年，全省科技进步贡献率达到 48.53%；1239 家高新技术企业实现工业总产值 2351.75 亿元，实现销售收入 2532.89 亿元。2018 年，楚雄省级高新区获批升级为国家高新区。

2019 年 4 月 7 日，中国工程科技发展战略云南研究院在昆明成立。与地方政府共建中国工程科技发展战略研究院，是中国工程院 2018 年提出的建设国家高端智库"顶天立地"战略体系的具体措施。新成立的云南研究院，将承接中国工程院工程科技发展战略咨询研究项目，研究工程科技发展中的重大问题，提出建设性的对策建议，为国家及政府有关部门的战略决策提供咨询服务，承接政府和有关单位的委托，为云南区域经济社会发展中的重大工程科技问题、战略规划等提供咨询服务。

9.3　云南科技发展成就

9.3.1　科技人才总量和质量不断提升

新中国成立时，云南省科技人员不足 2 万人，科研机构中的科技人员不足百人。1955 年云南省委成立知识分子办公室，经过 10 年的培养与发展，1965 年全省全民所有制单位的专业技术人员已达到 15.7 万余人。1979 年，省委、省政府落实知识分子政策，提出了加强科技人员队伍建设的建议和措施，1985 年后云南省专业技术人员在数量上快速增长，2002 年底共有 1373 人享受国务院津贴，共奖励云南省有突出贡献的优秀专业技术人才 1001 人，有 583 名专业技术人员享受云南省政府特殊津贴。2005 年启动创新团队建设试点工作，共遴选省创新团队51个。2007年全省专业技术人员达到95.68万人，高级科技人才中，在滇"两院"院士共9人，全省有"百千万人才工程"优秀专业技术人员26人，国家有突出贡献的中青年科学、技术、管理专家47人。截至2008年引进高端科技人才9名，选拔培养省中青年学术和技术带头人后备人才501名，省技术创新人才培养对象266名①。2014年，全省专业技术人员总量达133.56万人，占人才资源总量的35.7%，其中，具有高级职称专业技术人员11.5万人。截至2016年云南省拥有全国杰出专业技术人才6人、国家百千万人才68人、"国突"人才63人、"国贴"人才1614人、"省突"人才1675人、"省贴"人才1778人，博士后科研流动站和工作站84个，国家级专业技术人员继续教育基地2个，国家级专家服务基地1个，省专家基层科研工作站136个。全省建成国家级高技能人才培训基地11个、省级高技能人才培训基地5个，拥有"云岭首席技师"87人，建成国家级技能大师工作室10个、省级技能大师工作室77个。

2017年，全省R&D人员77584人，较上年增长4.05%。其中企业40884人，增长6.06%；科研机构8563人，下降3.41%；高等学校20292人，增长6.86%；其他7845人，下降3.85%。企业中，规模以上工业企业33180人，增长5.94%。全省R&D人员折合全时当量46575.7人年，较上年增长13.28%。其中企业26979.6人年，增长23.29%；科研机构7611人年，增长4.69%；高等学校7210.1人年，增长3.66%；其他4775人年，下降4.61%。企业中，规模以上工业企业21392.6人年，增长24.62%。2017年，昆明理工大学彭金辉教授和季维智研究员以及中科院云南天文台韩占文研究员3人新当选"两院"院士。2018年，全省有19位科技人才成功入选第三批国家"万人计划"科技领军人才。2012年国家启动实施"万人计划"以来，全省累计入选国家"万人计划"科技领军人才共44位，入选人数连创新高。

---

① 中华人民共和国科学技术部网站.科技部庆祝建国60周年专题［DB/OL］.［2019-11-24］. http://www.most.gov.cn/ztzl/kjzg60/dfkj60/yn/fzzkbj/200911/t20091124_74337.htm.

9.3.2 科技投入稳步增长

据不完全统计，1970—1988年省科委科技三项费和科学事业费共投入3.65亿元；1978—1985年，全省共投入科学事业费和科技三项费4.47亿元。1989—2005年，全省科技三项费实现了大幅度增长，由1989年的3133万元增加到了2005年的57536万元，增长了18倍，年均增长率为20.38%；全省科技三项费占全省财政总收支比例明显提高，1989年全省科技三项费占财政总收入和总支出比例分别为0.5%和0.38%，2005年全省科技三项费占财政总收支比例为0.75%。

2017年，云南省R&D经费支出157.76亿元，较上年增加25.00亿元，增长18.83%；R&D经费投入强度为0.95%，提高0.06个百分点。其中规模以上工业企业R&D经费支出88.56亿元，增长19.38%；规模以上工业企业R&D经费投入强度（与主营业务收入之比）为0.76%，提高了0.03个百分点。按资金来源分，政府资金42.26亿元，较上年增长12.13%；企业资金108.22亿元，较上年增长23.40%；境外资金0.1亿元，较上年下降62.64%；其他资金7.18亿元，较上年增长1.09%。按执行部门分，企业经费107.58亿元，较上年增长23.36%；科研机构经费29.94亿元，较上年增长13.03%；高等学校经费11.16亿元，较上年下降5.16%；其他经费9.08亿元，较上年增长24.37%。按活动类型分，基础研究经费16.27亿元，较上年增长4.54%；应用研究经费19.41亿元，较上年增长16.06%；试验发展经费122.09亿元，较上年增长21.50%。从表9-1可见，除迪庆、怒江外的14个州（市）R&D经费投入都超过1亿元，共投入经费157.12亿元，占全省R&D经费投入总量的99.59%。R&D经费投入强度超过全省平均水平的有昆明和西双版纳2个州（市）。

表 9-1　2017年云南分地区R&D经费投入情况

地区	R&D 经费/万元	R&D 经费投入强度/%
全省	1577604.1	0.95
昆明市	914592.4	1.88
曲靖市	171046.9	0.88

续表

地区	R&D 经费 / 万元	R&D 经费投入强度 /%
玉溪市	90881.6	0.64
保山市	24465.1	0.36
昭通市	19566.0	0.24
丽江市	14662.0	0.43
普洱市	23478.9	0.38
临沧市	23381.6	0.39
楚雄州	33303.2	0.36
红河州	124327.2	0.84
文山州	31608.5	0.39
西双版纳州	43083.4	1.09
大理州	41657.4	0.39
德宏州	15159.1	0.42
怒江州	2630.4	0.19
迪庆州	3760.4	0.19

资料来源：云南省统计局。

从表 9-2 可见，2017 年，云南省财政科学技术支出 53.42 亿元，较上年增加 6.56 亿元，增长 14.00%，占财政支出的比重为 0.94%，较上年提高了 0.01 个百分点。省本级财政科学技术支出（不含直拨州市的财政科学技术拨款）14.03 亿元，较上年增加 0.30 亿元，增长 2.22%，占省级财政支出的比重为 1.28%，较上年下降了 0.37 个百分点。

表 9-2　2017 年全省财政科学技术支出情况

项目	财政科学技术支出额 / 万元	较上年增长 /%
财政科学技术支出	534171	14.00
其中：科学技术管理事务	36734	21.66
基础研究	11318	−10.15
应用研究	47977	−1.79
技术研究与开发	218586	17.55
科技条件与服务	35047	20.07

续表

项目	财政科学技术支出额/万元	较上年增长/%
社会科学	11094	18.78
科学技术普及	42982	3.32
科技交流与合作	1014	−63.21
科技重大专项	20229	30.73
其他科学技术支出	109190	17.88

资料来源：云南省财政厅。

9.3.3 科研基础条件不断改善

1958—1985年，全省已逐步购置大型精密仪器300多台，总价值达711万美元；投入3.02亿元，拨给上万吨钢材和其他物资，建设科研、办公和生活用房112万多平方米。昆明植物研究所、昆明动物研究所、云南天文台、昆明贵金属研究所等中科院下属、中央直属科研机构以及云南省农业科学院、云南省林业科学所等一大批省级科研机构相继成立，1985年全省科研机构已达149家。20世纪90年代，大型科学仪器引进量大幅度增加，并向高档次引进发展。截至2005年全省拥有13大类各种大型科研仪器设备1300多台（套），价值8亿多元。2006年，"全省大型科学仪器共享协作网"开始建设，推动了大型科学仪器设备的共建共享工作。2007年由中国科学院和云南省共同承担建设的"中国西南野生生物种质资源库"落成，成为我国西部地区最重要的大型科技基础设施。

2017年全省独立科研机构情况：中国科学院4个，国务院各部委直属5个，省业务局直属25个，州（市）直属60个。全省共有国家重点实验室6个，省重点实验室52个；国家工程技术研究中心4个，省工程技术研究中心123个；国家大学科技园2个，国家科技企业孵化器12个；国家创新型企业5家，国家创新型（试点）企业8家，省创新型企业232家，省创新型（试点）企业186家；省科技型中小企业5853家；高新技术企业1239家；国家高新技术产业化基地10个，省高新技术特色产业基地18个；院士工作站209个，专家工作站139个。

9.3.4 取得了一批高质量的科技成果

改革开放后,云南省科技活动进入高潮,科技成果大量增加。1985—2005年已统计的科技成果总量为8062项,其中获得国家级和省部级奖励的科技成果共有5132项,获奖率为63.68%,主要包括国家自然科学奖5项、国家技术发明奖20项、国家科技进步奖97项、国务院部委奖励488项、国家星火奖10项;云南省自然科学奖95项、云南省科技进步奖及云南省科学技术奖励3419项。1985年我国开始实行专利制度,1986—2005年全省获授权的专利14133件,其中发明专利1419件,实用新型专利7943件,外观设计专利4763件。

从表9-3可见,2017年全省专利申请28695件,其中发明专利7801件,较上年分别增长21.03%和-1.34%;专利授权14230件,其中发明专利2259件,分别增长18.27%和6.31%;全省有效发明专利拥有量10551件,增长17.09%。2017年全省高新技术企业高新技术产品销售收入达3248.97亿元,较上年增长17.64%;新产品产值达729.76亿元,新产品销售收入达741.01亿元,分别增长31.35%和32.37%。拥有有效专利16880件,其中发明专利4409件,分别增长19.03%和12.13%;申请专利4582件,其中发明专利1559件,分别增长15.44%和4.84%;获专利授权3121件,其中发明专利746件,分别增长6.3%和-9.47%。

表9-3 主要年份专利申请和批准数　　　　　单位:件

年份	专利申请数	专利批准数
1990	461	362
1995	959	569
2000	1710	1216
2005	2556	1381
2010	5645	3823
2015	17603	11658
2017	28695	14230

资料来源:《云南统计年鉴2018》。

2017年，全省共登记科技成果1224项，获国家科技奖励6项。从表9-4可见，全省科学技术奖励196项（人），其中，杰出贡献奖1人；自然科学奖一等奖5项、二等奖12项、三等奖17项；技术发明奖一等奖2项、二等奖1项、三等奖6项；科技进步奖特等奖4项、一等奖13项、二等奖27项、三等奖108项。2017年全省技术市场交易共认定登记各类技术合同3504项，较上年增长34.25%，合同成交额84.99亿元，较上年增长45.61%。其中卖方类别为企业法人的2461项，合同成交额73.42亿元，分别占总项目数的70.23%和总成交额的86.39%；买方类别为企业法人的1840项，合同成交额27.69亿元，分别占总项目数的52.51%和总成交额的32.58%。

表9-4 主要年份自然科学研究成果获奖统计　　单位：项

年份	申报数	获奖数	一等奖	二等奖	三等奖
1985	455	149	3	22	124
1990	179	90	—	11	79
1995	293	182	1	19	162
2000	444	193	6	24	163
2005	404	242	15	50	177
2010	401	174	14	35	125
2015	310	180	26	38	116
2017	340	196	25	40	131

资料来源：《云南统计年鉴2018》。

9.3.5　科技创新能力显著提高

1978年全国科技大会后，随着对"科技是第一生产力"认识的日益增强，云南省科技活动步入大发展阶段。20世纪80年代，科技创新活动主要集中在农业领域，90年代开始，全省科技创新活动蓬勃发展，在矿冶、电子信息、机械制造、农业、医疗、动物疫病、环境安全等领域开展了大量科技创新活动，取得了一大批重大成果，其中不乏达到国际或国内先进水平的技术与产品，全省科技创新能力和科技实力迅速增强。党的十七大以来，云南省深入贯彻落实科学发展观，大力促进科技与经济的紧密结合，全省创新能力总体水平大幅跃升，生物、冶金、烟草等优势特色领域在科研基础、技术装备和成果应用等方面具备较强的科技实力，具有自主知识产权的技术和产品不断涌现，创新能力居于全国领先水平。花卉新品种、重大冶金工艺技术及装备的开发应用，新材料产品的开发，有色金属及稀贵金属资源利用，物流自动化设备和金融电子装备，大型铁路养护机械，红外光电子设备制造，磷化工和煤化工深加工技术等具有云南特色的技术创新在全国优势突出。

2016年以来，云南省深入实施创新驱动发展战略和建设"创新型云南"行动计划，发挥科技在产业转型发展中的支撑引领作用，突破关键技术279项，带动投资40多亿元。2016年，云南省围绕"十三五"科技发展重点领域，组织实施重大科技专项，在信息技术、智能制造等产业领域组织实施和策划238个带动性强的科技计划项目。在工业领域，带动了工业机器人、数控机床、光电子、稀贵金属新材料等产业发展壮大，促进了"北斗"卫星技术在云南现代物流、精准农业等领域的推广应用。在农业领域，通过实施"奶业现代化关键技术集成与产业化""云南高原粳稻种业产业化关键技术研究及应用""互联网+花卉关键技术集成创新与产业化示范"等重大专项，实现奶牛平均年单产达7.2吨，较云南省平均水平增长20%；获得授权花卉新品种9个、登记保护新品种9个；育成水稻新品系9个、获国家植物新品种权2个；常规粳稻年生产繁种面积从1.2万亩提高到2万亩、生产良种数量从700万公斤提高到1200万公斤。在社会发展领域，脊髓灰质炎减毒活疫苗糖丸（人二倍体细胞）获得药品生产注册批件，熊果苷系列医学护肤品获得国产特殊用途化妆品批件；同时，在"九湖"水污染综合防治、新生儿产前诊断及筛查、食品安全性鉴定、丽江古城监测预警、华宁陶高档工艺品开发、东巴文化数据库建设等方面研究开发并推广应用了一批惠及民生的科技成果。

科技创新在云南省新发展的生物医药和大健康产业方面发挥的作用较为突出。2016年云南省对该产业投入科技经费2.2亿元，设立规模10亿元的云南生物医药和大健康成果转化及产业化投资基金，支持企业开展科技创新，产生了良好的经济效益。

2008—2018年，共发表 SCI、EI、ISTP 收录的国际科技论文约 1.7 万篇，产生了一批获得国际同行认可的一流成果。云南省的专利授权量从 2008 年的 2021 件上升到 2015 年的 20340 件，增长了约 10 倍；技术合同成交额从 5.2 亿元上升到了 89.61 亿元，增长了 17 倍多，区域创新能力有所提升。[①]

9.3.6 科普活动丰富多彩

1951 年，云南省科学技术普及协会筹备委员会成立，1956 年正式成立云南省科学技术普及协会。至 2005 年全省共有各种专门学会、协会、研究会 123 个，会员 15.54 万人。20 世纪 90 年代以来，以城镇社区居民为主要对象的社区科普逐渐兴起，农村科普进入新的发展时期，全省科普组织网络建设与发展不断增强。1996 年 12 月，第一次全省科普工作会议召开，贯彻全国科普工作会议精神，明确了科普工作的方向和目标。2001 年首次开展全省科技活动周工作以来，每年以主题形式组织开展了形式丰富多样的科普活动。2003 年 7 月 1 日《云南省科学技术普及条例》正式施行，为科普工作提供了法律依据。据统计，2000—2005 年全省共组织"科技下乡" 5918 次，科普讲座、报告 1485 场，举办科普展览 1131 次，展出科普展板 17000 块，放映科普电视 1705 部，发放科普宣传资料 1006.7 万份，编印科普期刊 20 余种发行量 176 万册、科普小报 15 种年发行量 112.6 万份、各类科普图书 554 种 50 余万册，对提高全社会公众，特别是广大农民的科学素质起到了积极作用。近年来也开展了一系列科普展览、科技竞赛活动，组织"百名专家科技下乡活动"为群众提供科技服务。2011—2015 年，全省共举办科普（技）讲座近 20 万场次、科普（技）专题展览 3.5 万余次、科普（技）竞赛 4600 余次、科普国际交流 260 多次，组织实用技术培训 40 多万次；全省各地各有关部门共开展各类科普活动 20000 多次，编发各类科普宣传资料 2000 多万份，开展科技咨询 10000 多

---

① 中华人民共和国科学技术部. 借力国家基金建立多元投入 夯实云南科技创新基础［DB/OL］.［2019-04-22］. http://www.most.gov.cn/dfkj/yn/zxdt/201904/t20190422_146187.htm.

次，举办实用技术培训 4000 多次，受益群众达 1500 多万人次。中国流动科技馆先后在临沧、大理、德宏等 13 个州（市）、58 个县（区）开展以"体验科学"为主题的巡展活动，参与活动人数达到 161 万人次。开展了青少年科技创新大赛、青少年机器人竞赛、科学之旅城市科学节等青少年科技活动。举办了 36 期"云南科学大讲坛"，举办了两届"云南省科普讲解大赛"。组织以"携手建设创新型国家""科技创新·美好生活""科学生活·创新圆梦""创新创业·科技惠民"为主题的科技活动周。组织实施"边境地区禁毒防艾科普行动"。启动实施"彩云科普网络传播行动"。开发了"探究性科研实践课程"并在云南率先试点启动实施。

2017 年 4 月，省科技厅以"医疗义诊百姓，健康防止返贫"为主题，在扶贫点木令村委会开展 2017 年"科技下乡"集中示范活动，目的在于进一步提高木令村广大群众科学文化素质，更加有效地防止返贫现象的发生。2017 年 5 月，云南省科技厅、中共云南省委宣传部、云南省科学技术学会、玉溪市人民政府主办的 2017 年云南省科技活动周在玉溪市举行，省科技活动周组委会组织策划了玉溪市博物馆"科学之夜"主会场活动。旨在推动普及科学知识、弘扬科学精神、传播科学思想、倡导科学方法，在全社会形成讲科学、爱科学、学科学、用科学的良好氛围。2018 年云南省实施了"互联网＋科普"行动计划。开发了网络科普宣传新模式，培育了一批有影响力的品牌科普网站、客户端、微博、微信公众号，广泛推动数字科技馆、科学技术类博物馆、健康馆建设，打造科普宣传新平台。继续组织实施了科技活动周、文化科技卫生"三下乡"、云南科学大讲坛、公众科学日、中国航天日、科普日、院士专家科普巡讲、科学使者校园行等品牌科普活动。深入开展"科普文化进万家"和"科普中国、百城千校万村"行动，最大化地实现了科普惠民服务。

9.3.7 国际科技合作日益扩大

1978 年中共十一届三中全会以后，云南对外科技合作逐步恢复并日益扩大。1980—1988 年云南省对外科技合作项目共 42 项，合作经费约 300 万美元。1992 年大湄公河次区域经济合作启动。云南省作为中国参与大湄公河次区域经济合作的主要省份，在双方具有相同资源的领域（如锡业、橡胶业、热带作物业、水电建设等），立项支持了以"中缅千亩甘蔗、万亩水稻丰产示范"为代表的13个国际合作计划项目。创造了有国际声誉的替代罂粟种植的"勐海禁毒模式"。

2017年2月22日，云南省科技厅厅长徐彬在省科技厅会见了新西兰皇家植物与食品研究院生物技术及育种亚洲部经理艾伦·怀特（Allan White）和高级顾问路易斯·戴格（Lewis Dagger）。艾伦表示新西兰皇家植物与食品研究院会持续跟进参加对接会的中方企业、科研院所的合作需求，建立良好的沟通渠道，促进双方尽快开展实质性合作。双方重点讨论了在昆明合作共建联合研究院的建设方案，省科技厅联合研究院由云南省科学技术院、中国科学院昆明植物所和新西兰皇家植物与食品研究院三家单位共同建设的意见。联合研究院将本着互利共赢的原则，旨在建立一个在国内及国际上具有影响力的一流科研机构，发挥双方各自优势，开展以作物资源为重点的研究开发活动，实现更好的市场和经济价值，进一步促进中国与新西兰建立长期、稳定、多领域、深层次的合作关系。

2017年5月10日，中国—南太平洋岛屿国家科技合作与技术转移国际研讨会在昆明成功举行。研讨会以"聚焦科技合作 服务一带一路"为主题，通过嘉宾演讲、研讨交流等形式，围绕科技应对气候变化经验与成果分享、新能源与可再生能源技术的开发与推广、国际技术转移的机制与模式等议题进行了深入的研讨和交流。2017年6月2日，南亚、东南亚国家主要作物病虫害综合防治技术国际培训班在昆明成功举行。此次培训班专门针对目前中国与南亚、东南亚国家在农作物病虫害区域共发现象日趋频繁、危害日趋严重的情况举办的。来自巴基斯坦、斯里兰卡、孟加拉国、菲律宾、老挝、泰国、柬埔寨7国的20名从事农业研究、生产的专家和一线工作者参加培训。2017年6月12日，东盟科技企业孵化器建设国际培训班在昆明成功举办。此次培训班旨在帮助东盟国家培养一批熟悉科技企业孵化器建设、运营管理以及科技型中小企业创新发展的专业化人才及创业导师队伍，共同搭建中国与东盟各国开展科技交流、合作的载体和促进科技型企业孵化、培养的基地，挖掘中国与东盟各国企业的合作需求，推动中国与相关各国之间科技创新能力的提升。2017年11月，云南省科技厅厅长徐彬作为中国代表团成员参加在菲律宾塔雅台市举行的中国—菲律宾科技合作联合委员会第14次会议并取得积极成果。

9.3.8 科技规划和计划体系不断健全

从新中国成立至1958年，云南未建立省级统一的科学技术管理机构，也没有省级科技规划和科技计划。这一时期科技规划和科技计划的编制、实施和管理，主要由各有关厅局、各地区、各单位自行安排。表9-5列出了1958年到2020年的主要科技规划。1958年底云南省科委成立后，从编制《云南省科学研究初步规划（1958—1962）》开始，根据中央各个时期、各个阶段的方针、任务，围绕云南经济发展需要，结合工作实际，提出科技发展的战略思想，统一编制了各个时期的科技发展规划。全省科技计划根据不同时期发展规划的目标和工作实际进行动态管理和调整，1986年以前没有设置明确的科技计划，主要是针对具体科技需求组织科研项目。从1987年起，设立了相对规范的科技计划体系，主要有科技重大（攻关）计划、软科学研究计划、星火计划、应用基础研究计划、科技成果试验示范计划和火炬计划等。应用基础研究方面设立了云南省自然科学基金。"八五"期间，云南省科技计划继续坚持"依靠、面向、攀高峰"的方针，强调科技与经济的紧密结合，促进科技与教育，对计划设置进行了适当调整。1995年省委、省政府召开全省科技大会，做出了加快科技进步的决定，"九五"省科技计划围绕促进科技与经济结合的关键环节，以推动科技成果转化为核心，精心组织"面向经济建设主战场、发展高新技术及产业化、加强基础性研究"三个层次的科技计划工作，在原有计划的基础上新增了国际科技合作计划、省院省校科技合作计划、科技型中小企业技术创新、新药研究开发和优质农产品开发示范等专项计划。"十五"期间，省科技计划工作全面贯彻科学发展观，在参照国家科技计划体系设置的基础上，结合云南科技工作实际需要，将科技计划体系调整为应用基础研究、科技合作、技术创新、科技创新条件及产业化环境建设四个板块。"十一五"以来，省科技厅按照体现政府目标、加强统筹协调的要求，以加强自主创新为核心,围绕实施五大创新行动和十个重大专项,设立了科技创新强省、重点新产品开发、社会发展、科技条件平台建设和科技富民强县五大科技计划,着力培育一批创新型重点企业,支持一批对云南经济社会发展有支撑引领作用的重大项目。

"十三五"规划强调了"五大理念、一条主线、两个坚持、五个着力"的指导思想。"五大理念",即创新、协调、绿色、开放、共享的发展理念;"一条主线",即深入实施创新驱动发展战略、支撑供给侧结构性改革;"两个坚持",即坚持自主创新、重点跨越、支撑发展、引领未来的指导方针,坚持创新是引领发展的第一动力;"五个着力",即着力夯实创新基础,着力改造提升传统动能、培育发展战略性新兴产业,着力支撑引领经济社会发展,着力扩大科技开放合作,着力推动大众创业、万众创新。2016年12月26日,云南省政府正式印发《云南省"十三五"科技创新规划》,该规划明确,到2020年,力争区域创新能力排名全国中等、西部前列,进入创新型省份行列。到"十三五"末全省创新能力大幅提升、科技支撑引领作用显著增强、创新创业生态更加优化。科技进步贡献率超过60%,研究与试验发展经费投入强度力争达到全国平均水平,规模以上工业企业研发经费支出占主营业务收入比例达到1%以上,每万名就业人员中研发人员达到25人年以上,每万人口发明专利拥有量达到3.5件以上,知识密集型服务业增加值占国内生产总值比例达到15%,高技术产品出口额占商品出口额的比重达到30%。

表 9-5　云南省主要科技规划

《云南省科学研究初步规划(1958—1962)》
《云南省科技发展十年规划(1963—1972)》
《云南省"三五"科技创新规划和远景规划(1966—1970)》
《云南省科技发展"四五"规划(1971—1975)》
《云南省科技长远发展规划纲要(1978—1985)》
《云南省科学技术"六五"规划和十年设想》
《云南省"七五"科技创新规划(1986—1990)》
《云南省"八五"科技创新规划(1991—1995)》

续表

《云南省"九五"科技创新规划（1996—2000）》
《云南省"十五"科技创新规划（2001—2005）》
《云南省"十一五"科技创新规划（2006—2010）》
《云南省"十二五"科技创新规划（2011—2015）》
《云南省"十三五"科技创新规划（2016—2020）》

资料来源：根据相关资料整理。

9.3.9 科技政策法规环境逐步完善

党的十一届三中全会以来，云南省委、省政府逐步加强了对科技工作的领导，从政策法规、管理体制等各个方面营造科技创新的大环境，加快法制建设进程，为科技进步提供制度保障。地方立法工作逐步加强，一系列地方性科技法规相继出台。云南省在科技政策建设方面也在逐步加强。1985年以来，省委、省政府先后颁布了《云南省科研院所改革的若干暂行规定》《云南省人民政府贯彻国务院关于深化科技体制改革若干问题的决定的规定》《云南省人民政府关于放活科技人员的若干政策规定》《云南省关于促进科技成果转化为现实生产力的若干暂行规定》《关于进一步推动科技人员和党政机关工作人员到经济建设第一线的意见》等一系列科技体制改革的政策措施。1995年12月，省委、省政府在全省科技大会上做出了《中共云南省委云南省人民政府关于贯彻落实〈中共中央国务院关于加速科学技术进步的决定〉的实施意见》，提出了实施"科教兴滇"战略的指导思想、基本原则和目标，战略重点和八大科技工程，深化科技体制改革、加强科技队伍建设、坚持第一把手抓第一生产力等政策措施；1998年11月，全省高新技术产业工作会议召开，省委、省政府做出了《关于加快发展高新技术产业的决定》，明确了云南省发展高新技术产业的总体思路、指导原则、发展目标和重点领域及相关的政策措施；1999年12月，省委、省政府在《关于加快高层次人才培养引进的决定》中，提出要加快培养一批跨世纪的学术、技术带头人和一批高层次企业经营管理人才的培养，并明确了目标和具体政策措施。2000年全省科技创新大会上，省委、省政府做出了《中共云南省委云南省人民政府关于贯彻落实〈中共中央国务院关于加强技术创新，发展高科技，实现产业化的决定〉的实施意见》，提出以企业技术创新为主体，以创新创业人才开发为基础，以科技成果转化为重点，以产品创新为突破口，坚持有所为有所不为相结合、技术引进与自主创新相结合的科技工作方针；2005年，全省科技大会召开，中共云南省委、云南省人民政府印发《关于大力加强自主创新促进经济社会全面发展的决定》；2008年，中共云南省委、云南省人民政府印发《关于实施建设创新型云南行动计划的决定》，提出把提高自主创新能力作为调整经济结构、转变发展方式的核心，全面提升产业竞争力，加快创新型云南建设，实现经济社会又好又快发展的科技工作方针。

2015年9月30日，云南省科技厅厅长办公会议通过了《云南省科学技术奖励实施细则》，自2015年12月16日起施行，适用于云南省科学技术杰出贡献奖、云南省自然科学奖、云南省技术发明奖、云南省科学技术进步奖、云南省科学技术合作奖的推荐、评审、授奖等各项活动。2018年10月24日，云南省人民政府印发《云南省技术转移体系建设实施方案》。该方案提出，要优化技术转移体系基础架构，从激发创新主体技术转移活力、培育发展技术市场、大力发展技术转移机构、壮大专业化技术转移人才队伍等方面加强云南省技术转移基础建设。要拓宽技术转移通道，从依托创新创业促进技术转移、深化军民科技成果双向转化、推动科技成果跨区域转移扩散等方面拓宽云南省技术转移通道，推动科技成果有序、高效流动。要完善政策环境和支撑保障，从树立正确的科技评价导向、强化政策衔接配套、完善多元化投融资服务、强化知识产权保护和运营、强化信息共享和精准对接、营造有利于技术转移的社会氛围等方面提供支撑保障。该方案明确，到2020年，建成全省统一的线上线下相结合的技术交易平台，建设省级科技成果转移转化示范区1~2个，力争国家科技成果转移转化示范区在云南省落地；全省技术合同交易额突破120亿元。到2025年，全省结构合理、功能完善、运行高效的技术转移体系全面建成，技术市场充分发育，技术转移体制机制更加健全，科技成果的扩散、流动、共享、应用更加顺畅，构建政产学研多方协同推动科技成果转化和创新创业新格局；全省技术合同交易额突破200亿元。

9.4 云南科技发展面临的挑战

新的发展时期，区域经济的增长主要来源于科技进步和高新技术的发展，只有加强高技术含量、高附加值产品的开发并逐步使之产业化，才能产生巨大的经济效益。大力发展高新技术企业不仅能够培育新的经济增长点，而且对于保持经济活力、提高效益、促进创造发明、提高自主创新能力有着十分重要的作用。然而，目前云南省高新技术企业在区域分布、规模、创新能力、管理体制等方面还存在明显的不足，面临着以下几个方面的主要问题。

9.4.1 区域分布失衡

云南省高新技术产业企业的区域分布失衡，从高新技术企业的分布情况看，经认定的324家高新技术企业中，滇中地区（包括昆明市、曲靖市、玉溪市、红河州、大理州、楚雄州、丽江市7个）达到314家，占全省的96.9%，而滇东、滇南、滇西合计所占的比例只有3.1%；在高新技术企业经济指标上，滇中地区高新技术企业总收入所占比例达到98%以上、出口创汇的比例高达99%。

9.4.2 参与国际竞争的能力弱

近年来，虽然云南省高新技术企业的规模正在不断壮大，但总体来说，规模仍然偏小，真正有能力参与国际竞争的高新技术企业屈指可数。目前，年总收入超过100亿元以上的有2家、10亿~100亿元的有7家，收入超过1亿元的高新技术企业只有64家，占全省认定高新技术企业总数的比例仅为20%。

9.4.3 自主创新能力不足

近年来,云南省高新技术企业创新能力得到较大的提升,但自主创新能力总体上仍然比较弱,水平较低。高新技术企业大专以上科技人员占年末从业人员总数的比例仅为31.5%,全省高新技术企业新产品平均产值、高新技术企业平均拥有发明专利数、专利授权数均低于全国平均水平。

9.4.4 宏观协调管理有待进一步完善

由于全省各地所处区域环境、发展基础等方面的差异,目前许多地方对高新技术企业的管理体制还不够完善,各级政府对高新技术企业的管理、引导、协调和支持力度有待进一步加强。近年来,云南科技取得了巨大的成就,推动了经济社会的全面发展,但是,云南省的科技发展还存在一些体制机制的问题,如R&D经费投入过低,投资结构失调;科技向现实生产力转化的能力薄弱,科技与经济脱节;高新技术产业化程度低;企业尚未真正成为技术创新的主体等。

9.5 云南科技发展展望

9.5.1 建立科技支撑稳定增长机制

科技投入不足是制约云南省科技创新能力提升的"瓶颈"。因此,建立财政科技投入稳定增长的机制,加大金融服务和信贷的支持力度,充分发挥政府的投资导向作用,引导企业和社会资本向科技领域聚集。一体化推进创新源头供给、技术研发、集成应用和产业化示范。围绕生物医药和大健康产业、信息产业、新材料产业、先进装备制造业等重点新兴产业部署创新链,在体制机制上先行先试,全链条设计,协同攻关,集中力量实施重大科技专项,培育一批具有核心竞争力的大产品、大品牌、大企业,培育壮大重点产业,有力地支撑产业优化升级。同时,围绕脱贫攻坚、公共服务提升、创业促进就业等民生工程的科技需求,部署一批专项研究和工作，推进重大新技术研发、成果转化和产业化。

9.5.2　进一步完善企业创新体系建设

重点突破核心技术。围绕生物医药和大健康产业、信息产业、特色现代农业、新材料产业、先进装备制造业等重点新兴产业，立足资源特色和市场需求推出一批新产品、新技术，重点攻克一批行业共性技术，突破一批关键核心技术，鼓励和引导企业围绕行业前沿和重大领域进行前瞻性研究。

9.5.3　打造科技创新的领军企业

将创新理念渗透于企业的文化中，使企业成为技术创新、投入研发、成果转化的主体，相关部门要加大各项激励政策，鼓励企业加大科技创新经费的投入。打造一批引领产业高端发展和传统产业改造升级的龙头企业。一是围绕战略性新兴产业和主导产业，对技术领先的创新型企业重点扶持，形成国际或国内知名品牌。二是把传统产业高新化作为供给侧结构性改革的重要内容，加快传统企业改革改造建设改组与创新创业结合，放弃"僵尸"企业，让更多的土地、资金和创新要素流向科技型企业。

9.5.4　加快培育重点方向科技人才

推动优势资源开发和特色产业发展，选拔、培养和引进各级各类产业发展亟需的高层次人才。如围绕特色农牧业，建立各具特色的省级专家服务基地，选择符合各地发展实际、有较高科技含量和成熟技术、有较强推广应用价值的项目，依托基地和项目聚集一批农业产业化实用人才。在规模较大的科技含量较高的企业可以建立"博士后流动工作站"，增强产学研结合的力度。

强化专业科普人才队伍建设。壮大专业科普人才队伍，合理优化科普人才队伍结构。着力培养一批科普场馆建设与运行管理、科普创作与设计、科普研究与开发、科普宣传与策划、科普产业经营等方面的科普管理人才。加强科普宣传队伍建设，把更多知科学、会科学、懂科学的专业人员吸纳到宣传队伍中，让更多有专业背景的科普记者参与涉及科学问题的新闻报道。培育一批"互联网+科普"专业运营和内容创作人才队伍，鼓励社会团体和个人积极参与"互联网+科普"创新创作工作，探索建立从事"互联网+科普"工作的专业人才激励机制。发挥行业协会、企业的自身优势和教育资源，加强继续教育和职业培训，培养造就适应创新发展的科普人才。加强青少年科技辅导员和科技教师队伍建设，培养一批科技辅导员和科技教师，在每年新招聘的教师中安排一部分教师担任科学教师，继续组织开展"百千万科技教师培训工程"。

9.5.5 积极向落后地区输送优秀人才

加大对落后地区人才支援力度，建立人才柔性流动机制，鼓励、支持、吸引省直部门和内地科技人员采取挂职、兼职、短期服务、合作研究、承担委托项目等形式，到落后地区发展创业、贡献才智。紧贴落后地区经济社会事业发展，从科研院所、企事业单位选派一批急需人才到民族地区服务；组建落后地区发展专家服务团，到民族落后地区开展智力咨询和技术服务，并提供良好的平台，提高人才的待遇。

培养农村科普宣传员和农村科普带头人。根据农村科普工作实际需要，培训配备一批村级科技（科普）宣传辅导员，依托农技协、农函大、农广校、农职校及农业技术推广机构，壮大农村科普人才队伍，开展知识更新培训，提高科普水平。

9.5.6 激发民间的科技创新活力

一方面大力发展"众创"空间和网络"众创"平台。2017年云南省每万人发明专利拥有量为2.21项，仅为全国平均水平的23.3%。拓展"双创"空间，为更好地利用市场机制配置研发资源创造条件，打造大中小企业和高等院校、科研院所"多方协同"的"众创"平台，提供开放共享服务，促进创新要素流动，吸引更多人参与创新创造，拓展创业就业新空间，培育尊重知识、崇尚创造、追求卓越的文化环境。尽快形成"政府为引导、企业为主体、社会为补充、外资为关键"多元化科技投入机制。另一方面，鼓励支持高校、科研院所以科研成果为资本，充分吸纳国有及社会资本参与创办科技型企业。综合考虑研究成果的价值，在充分调动科技人员创新创业积极性的基础上，兼顾研究、转化、实施产业化等各方面人员的利益，破除从科学家、教授、研究员到企业家的障碍，推动科技成果产业化。

9.5.7 通过科技创新助力脱贫攻坚

深入实施创新驱动助力精准扶贫工程，推进科技成果产业化，提升农村人口素质。结合贫困地区的发展现状和产业基础，探索将技术资源、项目资金、金融资本与贫困地区特色产业发展、公民素质提升等结合的模式，推广应用新技术、新品种、新模式，切实提高科技服务全面脱贫全面小康的实效。重点要组织专业技术人员到贫困地区指导实用技术的普及应用和服务，借助互联网平台，培养农村科技致富带头人，帮助贫困地区培育扶植适合当地资源的技术和产业，帮助贫困户掌握脱贫致富的实用技术和技能，提高贫困群众依靠科技脱贫致富奔小康的能力。

积极引导科普产业发展。以公众科普需求为导向，以多元化投资和市场化运作的方式，推动科普展览、科技教育、科普展教品、科普影视、科普书刊、科普音像电子出版物、科普玩具、科普旅游、科普网络与信息等科普产业的发展。鼓励建立科普园区和产业基地，探索发展"科普创客空间"，培育科普设计制作、展览、服务型企业。鼓励举办科普产品博览会、交易会。大力发展科普民族文化、科普高原特色现代农业、科普动漫、科普影视、科普会展等相关产业。每两年举办一次云南科普产品博览会，搭建科普产品研发与创新的交流服务平台。

9.6 结论

新中国成立 70 年来，尤其是改革开放 40 年来，云南省的科技事业取得了很大的发展。1978 年，云南科技事业进入了全面改革发展期；1988

年，科技工作转向经济建设主战场；1995年实施了科教兴滇战略；2008—2017年实施了两轮建设"创新型云南"行动计划。40年来，云南省科技体制改革不断深化，科技投入大幅增加，科技创新能力不断提升，为云南经济社会发展提供了强有力的科技支撑。40年的发展进程中，云南科技取得了一大批重大科技成就，包括：澄江动物群化石研究回答了寒武纪生命大爆发的重大科学疑难问题；《中国植物地理》等重大科学著作为中国自然区划、农业区划等提供了科学理论依据；2007年吴征镒院士获国家最高科学技术奖，张亚平院士成为第一个荣获"生物多样性领导奖"的亚洲学者；"克隆猪"领域创造了多个世界第一；新材料产业形成了一批在国内外领先的创新成果；自主研发的世界首个Sabin株脊髓灰质炎灭活疫苗获批上市；"云岭牛"成为我国首个自主培育的三元杂交肉牛品种；花卉新品种数和种类居全国第一等。党的十八大以来，云南省科技体制改革工作持续向纵深发展。确定了"到2020年进入创新型省份行列""到2030年跻身创新型省份中上水平""到2050年建成全国科技创新强省"三步走战略。围绕创新战略规划、科技体制改革、创新体系建设、推动"双创"等方面出台了30余项科技创新政策，基本形成了较为完善的科技体制改革政策体系。

70年来，云南省的科技发展带来的巨大影响显而易见，科技发展极大地推动了云南省经济增长与人民生活水平的改善，但同时云南科技发展也存在一些不足，和全国其他地区总体水平相比云南省的科技发展相对滞后，尤其是云南省的区域发展不平衡，科技投入不足等问题比较突出，因此在今后的发展中需要结合云南省自身的优劣势，不断创新科技发展。

参考文献

［1］云南省统计局．云南统计年鉴2018［M］．北京：中国统计出版社，2018．

［2］云南省科技厅网站［DB/OL］．［2019-05-11］．http://kjt.yn.gov.

cn/.

　　[3]云南省人民政府网站[DB/OL].[2019-05-11].http://www.yn.gov.cn/.

　　[4]中华人民共和国科学技术部网站[DB/OL].[2019-05-11].http://www.most.gov.cn/.

　　[5]杨婷娜,等.云南省科技成果转化的现状与思考[J].经济师,2018(6):152-156.

　　[6]蔡正达,杨银贵,陈朔阳.如何发挥云南重点产业科技创新平台服务功能的几点思考[J].农业工程技术,2018(39):31-32.

　　[7]安华轩,等.对云南省科技成果应用转化情况的分析[J].云南科技管理,2017(3):37-42.

　　[8]夏思良,潘荣翠.简谈云南省科技经费管理改革的建议[J].云南科技管理,2019(1):15-17.

　　[9]张鸿勋,朱新祥,冯艳.云南省科技创新创业人才培养研究[J].企业改革与管理,2018(7):75-76.

　　[10]罗靖,武卫.云南省生态文明建设科技创新战略对策研究[J].价值工程,2018(31):85-86.

第10章 云南教育事业与发展

张小兰[①]

10.1 引言

新中国成立后,云南教育事业获得了突破性的发展。各级各类教育质量和水平不断提高,各族群众的教育获得感明显提升,为社会培养了大量的高素质劳动者,在推动云南省经济社会发展中发挥了不可代替的支撑作用。2017年底,云南省共有幼儿园8286所,在园人数139.43万人;共有义务教育阶段学校12854所,在校生562.49万人;有高等学校79所,在校生人数105.8万人,普通高校在校生人数比1978年翻了近50倍。建立了云南省高等学校少数民族预科教育基地;有中等职业学校413所,高职院校45所,中高职院校在校生为93.38万人;有民办学校共5119所;在境外举办孔子学院15所。云南省国家财政预算内教育经费总投入从1978年的1.86亿元增长到2017年的1152.94亿元,翻了620倍,初步形成了从学前到博士的教育体系。

[①] 张小兰(1971—),女,安徽马鞍山人,经济学博士,现为西南民族大学经济学院教授、硕士生导师。研究方向:产业经济。

10.2 云南70年教育事业发展历程

云南省教育事业的发展可以分为3个阶段：

10.2.1 云南省教育事业的初步发展阶段（1949—1978年）

1949年前，云南的教育事业非常落后，新中国成立初期云南省文盲占全省人口的比率高达85%，并且数量稀少的初高等教育学校几乎都分布在城镇等这些经济与交通都相对发达的地区，而偏僻的边远地区、民族地区几乎没有任何学校，适龄儿童的入学率仅为20%，学生仅占总人口的1.3%[①]，一些民族地区、边远地区甚至没有上学的学生。一些经济稍微发达的白族、纳西族、彝族、回族等少数民族，虽然有些人接受过教育，但能读到中学的少之又少，能上大学的更是凤毛麟角。新中国成立后，以法律形式确立了社会主义教育权利，如1949年《中国人民政治协商会议共同纲领》规定：新中国的文化教育是民族的、科学的、大众的文化教育。政府在云南省各地区，包括边远地区、民族地区掀起学习文化、授受文化教育的热潮，并在少数民族地区广泛办起识字班、学习夜校，开展扫盲教育和识字教育，从根本上改变了新中国成立前的教育制度，实现了向社会主义教育的转变，确立了新型的社会主义教育制度。到1978年，云南省有幼儿园371所，在园幼儿人数4.08万人；普通教育小学66672所，小学生436.03万人；普通教育中学1476所，在校学生128.54万人；普通高等教育高校15所，在校学生1.59万人[②]。

10.2.2 云南省教育事业的发展起步阶段（1979—2000年）

改革开放以来，我国的教育政策与民族教育政策给云南省教育发展带

---

① 杨国才. 云南少数民族女性的教育和发展[J]. 云南师范大学学报, 1999（12）: 108-112.
② 云南省统计局. 云南统计年鉴2018[M]. 北京: 中国统计出版社, 2018.
注：以下未注明数据皆来自《云南统计年鉴2018》。

来了翻天覆地的变化，云南省政府把民族教育纳入现代化建设的重要组成部分，20世纪80年代云南省提出了"教育为本，科技兴滇"的发展方针，加大了教育投资，云南省的教育事业与教育发展水平有了大幅度的提升。从表10-1可见，2000年幼儿园学校数是1980年的2.99倍，幼儿园在校学生数是1980年的5.85倍；普通教育中学数2000年是1980年的1.56倍，在校学生是1980年的1.92倍；普通高等教育高校数2000年是1980年的1.33倍，在校学生是1980年的4.99倍。

表10-1 1980—2000年云南省各类学校数与在校学生数

年份	幼儿园学校数/所	幼儿园在校学生数/万人	普通小学数/所	普通小学在校学生数/万人	普通教育中学数/所	普通教育中学在校学生数/万人	普通高等教育高校数/所	普通高等教育在校学生数/万人
1980	591	10.32	59499	424.39	1435	96.86	18	1.81
1985	1981	19.68	58484	514.66	1765	101.99	26	3.23
1990	1434	30.06	53556	446.86	2030	123.95	26	4.35
1995	1340	51.74	24612	462.41	2225	127.25	26	5.14
2000	1770	60.35	22151	472.06	2236	185.97	24	9.04

资料来源：《云南统计年鉴2018》。

注：1979年数据有缺失，所以从1980年开始。

除此之外，云南省的职业中学、中等专业学校，也有了相当大规模的发展，例如职业中学从1980年的59所、在校学生0.54万人，到2000年已经发展到199所、在校学生15.85万人。中等专业学校也从1980年的100所、在校学生4.02万人，到2000年已经发展到127所、在校学生11.92万人。经过几十年的建设，云南省建立起包括普通高等院校、中等专业学校、普通中学、职业中学、小学不同层次、结构较完整的教育体系。

10.2.3 云南省教育事业的发展快速阶段（2001年至今）

2000年全省基本普及了六年义务教育，2010年全省普及了九年义务教育，2017年全省有97个县实现县域义务教育基本均衡。按照国家要求，云南从2005年开始全面落实"两免一补"政策，适龄儿童入学率大幅度提高，2010年国家和云南省加大了对贫困寄宿生的生活补助力度，设立专项资金，尤其是精准扶贫政策以来，云南民族地区、贫困地区的小学入学率达到近99.82%。通过义务教育学校绩效工资政策全面落实，提高了教学质量，民族地区基础教育水平得到了跨越式发展，云南省民族地区、边远地区人们的文化水平、科技意识得到显著提高，劳动力的文化程度也显著提升。

从表10-2可见，2017年幼儿园学校数比2001年增加了4.42倍，幼儿园在校学生数增加了1.22倍；可能由于计划生育与教育体制改革的原因，普通小学数与在校学生数有所减少；普通中学数目有所减少，但在校学生数2017年比2001年增加了0.35倍；普通高等教育高校数2017年比2001年增加了1.75倍，在校学生数增加了4.94倍。

表10-2 2001—2017年云南省各类学校数与在校学生数

年份	幼儿园学校数/所	幼儿园在校学生数/万人	普通小学数/所	普通小学在校学生数/万人	普通教育中学数/所	普通教育中学在校学生数/万人	普通高等教育高校数/所	普通高等教育在校学生数/万人
2001	1530	62.70	21315	450.50	2276	200.46	28	11.90
2005	2247	77.27	18747	441.23	2257	238.88	44	23.21
2010	3790	98.69	14059	435.21	2183	270.63	61	43.69
2015	6540	129.40	12413	377.78	2144	276.60	69	61.46
2017	8286	139.43	11186	375.21	2175	270.69	77	70.59

资料来源：《云南统计年鉴2018》。

10.3 云南教育事业发展成就

经过70年的努力，云南省的教育事业有了长足的进步，给云南省和全国的经济发展提供了人才资源。纵观云南省教育事业的发展，取得如下成就。

10.3.1　云南省各级各类教育都有很大水平的提升

全省学前教育、义务教育、普通高中教育、职业教育、特殊教育、高等教育、民办教育、民族教育等各级各类教育发展水平均大幅提升。学前教育：截至 2017 年底，全省共有幼儿园 8286 所，在园人数 139.43 万人。义务小学教育：截至 2017 年底，全省共有义务教育阶段学校 12854 所，在校生 562.49 万人，专任教师 35.62 万人。特殊教育：特殊教育也得到全面发展。1978 年，全省只有昆明有 1 所盲哑学校。2017 年，全省共有特殊教育学校 64 所，专任教师 1605 人，在校生 34075 人；其中特殊教育学校学生 9070 人，在普通小学、初中随班就读、送教上门和附设特教班残疾学生 25005 人。全省已建设特殊教育资源中心 146 个，实现省、州（市）、县（市、区）三级全覆盖；建设随班就读资源教室 350 个。全省残疾儿童入学率 95.3%。普通高中教育：2017 年，全省普通高中共有 509 所，在校生 83.4 万人，专任教师 5.66 万人。其中，一级高中 143 所，在校生 45.39 万人，占普通高中在校生总数的 54.4%。职业教育：2017 年，全省有中等职业学校 413 所，高职院校 45 所，中高职院校在校生为 93.38 万人，比 1978 年增长了 29 倍。高等教育：2017 年，全省有高等学校 79 所，其中本科院校 32 所、专科学校 45 所、成人高等学校 2 所，博士学位授予学校 8 所，硕士学位授予学校 11 所。在校生人数 105.8 万人，其中博士研究生 2721 人、硕士研究生 33888 人、本科生 41.38 万人、专科生 29.20 万人、成人高等学校在校生 20.3 万人。普通高校在校生人数比 1978 年增长了近 50 倍。2016 年新建滇西应用技术大学并成功招生；2017 年云南大学被列入国家"双一流大学"建设行列。

10.3.2　义务教育普及率明显提高

2017 年，云南省小学毛入学率 107.91%，初中毛入学率达到 106.89%，九年义务教育巩固率达到 93.6%，高中阶段教育毛入学率 76.05%，高等教育毛入学率 37.70%。2018 年，云南省基础教育普及普惠将加快推进，基本完成"全面改薄"五年规划任务，义务教育学校"20 条底线"达标率

99.97%，九年义务教育巩固率预计达 93.8% 左右。目前，云南省"每个县至少有 1 所一级示范幼儿园""每个乡镇至少有 1 所中心幼儿园"的目标已经实现。2018 年有 23 个县迎接国家义务教育基本均衡验收。到 2019 年，全省将全部实现义务教育基本均衡，并逐渐向优质均衡迈进[①]。并且在义务教育阶段，可以发现女童接受教育比例与男童不差上下，如 2017 年学龄儿童小学入学率，男生是 99.83%，女生是 99.80%；2017 年初中阶段毛入学率，男生是 106.68%，女生是 107.13%，这表明在云南民族地区、偏远地区，女童获得了公平教育的机会。

10.3.3　高等教育取得了较快的发展

云南省高等教育学校从 1978 年的 15 所，增长到 2017 年的 77 所，增长了 5.13 倍；在校学生数从 1978 年的 1.59 万人，增长到 2017 年的 70.59 万人，增加了 44.396 倍，增速比较明显。除了本科教育，云南还培养了一大批硕士与博士，从表 10-3 可见，硕士学位毕业生数 2017 年达到 0.99 万人，比 1985 年增加了 99 倍；云南省博士学位教育从 1995 年开始招生，到 2017 年毕业生有 400 余人。高等教育不仅给国家培养了各式各样的人才，更是给云南民族地区培养了大量的民族干部人才。普通高等学校通过少数民族预科班、民族班等途径培养了大量的民族人才，还有部分高校通过定向招生、定向分配的方法，使边疆民族地区的学生获得了接受高等教育的机会。

表 10-3　1985—2017 年培养研究生数　　　单位：万人

年份	硕士学位毕业生数	博士学位毕业生数
1985	0.01	
1990	0.02	
1995	0.02	
2000	0.05	0.01
2005	0.21	0.02
2010	0.57	0.03

---

① 云南网.云南教育现代化迈出新步伐：2019 年将确保高中阶段教育毛入学率达 84% [DB/OL].[2019-01-25].http://edu.yunnan.cn/system/2019/01/25/030187254.shtml.

续表

年份	硕士学位毕业生数	博士学位毕业生数
2015	0.93	0.03
2017	0.99	0.04

资料来源：《云南统计年鉴2018》。

10.3.4　各种技术培训力度加大

2017年，云南省职业教育中学毕业生5.19万人，比1978年的0.11万人增加了47.18倍。成人高等教育2017毕业生，包括函授、业余和脱产共计6.80万人，成人中专0.12万人，成人小学16.46万人。

除了职业教育、成人教育，云南针对一些地区人口技能差、观念落后等情况，结合当地自然条件，推广适合当地生长的草果、核桃、蔬菜和猪、鸡、牛、羊的种植养殖管理技术，有目的地进行就业培训、农村实用技术培训，并且根据受训对象是少数民族群众的实际，针对性地采用"双语"的教学模式，用民族语言进行实用技术培训，促使农村剩余劳动力的转移，帮助村民掌握一定技术，从而脱贫致富。

10.3.5　民办教育发展迅速

根据云南省教育厅公布《2015年云南教育事业发展统计公报》显示，2015年云南省共有各级各类民办学校（教育机构）4617所，比上年增加199所；招生50.16万人，比上年增加3.51万人；各类教育在校生达118.09万人，比上年增加8.80万。[1]《2016年云南教育事业发展统计公报》显示，2016年云南共有各级各类民办学校（教育机构）4843所，比上年增加226所；招生51.23万人，比上年增加1.06万人；各类教育在校生达124.36万人，比上年增加6.28万人[2]。民办教育利用体制灵活的特点，专业

---

[1]　云南省教育厅.2015年云南省教育事业发展统计公报（全文）[EB/OL].[2016-06-19]. http://cn.chinagate.cn/reports/2016-09/18/content_39320536_3.htm.

[2]　云南省教育厅.2016年云南省教育事业发展统计公报（全文）[EB/OL].[2017-03-23]. https://www.sohu.com/a/129853704_115092.

设置紧贴实际需要，逐渐在办学体制、专业与就业方面形成自己的特色，逐步走上良性发展的道路。

10.4 云南教育事业发展面临的挑战

新中国成立后，特别是改革开放以来，云南教育事业发生了巨大变化，但是由于各种原因，云南省教育事业还存在一定的问题。

10.4.1 教育水平与教育质量不高，差距较大

由于云南省地处西部边疆，经济相对落后，财政能力相对薄弱，再由于云南一些边疆地区、民族地区自然环境恶劣、地广人稀、居住分散、交通不便等因素的影响，办学成本较高，需要更多的投入。在这种情况下，教育投入受到种种限制，使云南省教育体系中，如生均校舍建筑面积、生均仪器设备值、生均图书册数、生师比、高一级学历教师比例等，都低于全国平均水平。从表10-4可见，2017年云南人均生产总值只占全国的57.4%，云南城镇化率占全国的79.8%，云南普通高等学校在校学生数占全国的2.6%。云南与东部省份江苏相比，可以看出云南人均生产总值、城镇化率都远远低于江苏省。教育主要发展指标仍处于全国较后位置，普通高等学校在校学生数，云南与江苏相比，差距仍然较大。教育资源总量不足，城乡、区域、学校之间教育发展不平衡，民族、边远、贫困地区教育发展相对滞后，云南面临规模扩大和质量提高的双重压力。

表10-4 2017年云南与江苏经济数据占全国比重

项目	全国	云南	云南占全国的比重/%	江苏	江苏占全国的比重/%
人均生产总值/元	59660	34221	57.4	107189	179.7
城镇化率/%	58.52	46.69	79.8	67.7	115.7
普通高等学校在校学生数/万人	2753.60	70.6	2.6	176.79	6.4

资料来源：《云南省统计年鉴2018》。

10.4.2　义务教育师资力量薄弱，发展不平衡

云南义务教育教学质量整体偏低，总体低于全国平均水平。城乡、区域、学校之间教育发展不平衡，民族、边远、贫困地区教育发展明显滞后。一些边远地区、农村地区、民族地区教师相对紧缺、教育质量亟待提高，存在农村乡镇教师地位待遇偏低、素质不高，教师老龄化，教学能力不强，流失严重等问题。素质较强、能力较高教师不愿意到边疆民族地区任教，除当地条件艰苦、待遇低外，还由于地理、语言、习俗、升职潜力等原因，使得他们很难融入当地环境，而且难以有上升空间，所以导致优秀教师"留不住，招不来"的现象。另外，由于义务教育阶段缺乏双语教学教师，民族地区学生普通话较差，在进入高等学校学习后，面临较大障碍，致使在理论、知识和技能的掌握方面产生很大困难。义务教育基础薄弱，办学水平较低，也导致云南民族贫困地区高考录取率特别是重点大学录取率较低。

10.4.3　职业教育吸引力不足，不能有效满足市场需求

国家已经将职业教育作为解决就业问题，提升劳动力素质的重要内容。但目前职业教育吸引力不足，很多人认为接受职业教育是考不上大学的无奈选择，所以职业教育存在"招生难、生源差"等问题。另外，现有的职业教育体系不能有效对接市场需求，培养的学生不能满足用工岗位需求，产教融合、校企合作深度不够。所以存在企业招工难和职业学校毕业生就业难的"两难"问题。职业教育人才培养模式还不适应经济社会发展对各类型、各层次人才的需要。究其原因，一方面是职业教育没有摆脱普通教育模式，专业设置不合理、实习实训投入少、"双师型"教师不足，学生动手能力和实践能力不强；另一方面是云南职业教育办学定位于东部追赶策略，偏离了地方需要，云南经济发展也无法为职业教育发展提供平台，造成了职业教育与云南社会发展脱节的尴尬局面。

10.4.4 高水平高等教育学校较少，培养的学生没有彰显服务当地社会经济发展功能

目前云南高水平大学较少，只有云南大学被列入国家"双一流大学"建设行列，高等教育建设缺乏强有力的科研、人才、项目支撑，一流大学和一流学科建设任重而道远。高校里的高层次人才队伍也亟待充实提高，这种状况直接影响云南高层次人才培养、科学研究和社会服务水平，以及毕业学生的就业能力。由于受到个人功利主义思想影响，很多人接受教育的目的就是离开穷山沟，去大城市发展，所以培养出的高校毕业生有很多人"东南飞"，没有服务到当地的社会经济建设中去。

10.5 云南教育事业发展展望

教育事业发展是促进云南省实现脱贫解困与经济快速发展的重要保证，云南省要抓住"一带一路"的发展战略和全面脱贫全面小康的契机，推进教育内涵发展，全面提高教育质量，扩大教育资源总量，加快一流大学、一流学科建设，提高职业教育吸引力，提高云南教育的影响力和竞争力。

10.5.1 发挥教育精准扶贫作用

云南省很多地区属于边疆地区、边远山区，交通不便，扶贫攻坚任务重、问题多、难度大，所以要充分发挥教育在云南扶贫工作中的作用。教育扶贫能提高人口素质、克服贫困恶性循环，具有可持续性、长期性、彻底性的优势。在教育精准扶贫中，要关注到各个地区城乡教育差距的共性和差异性问题。当前云南很多地区面临农村劳动力转移带来的农村学校空心化和流动儿童上学难的问题，也有农村教育思想观念变化、农村教育政策的制度缺陷等带来的农村留守儿童教育、农村教育发展转型等难题，这些问题都是乡村社会变迁和社会经济发展的必然结果。教育精准扶贫瞄准

单元下移至乡村，将靶向指向农村教育，促进民族地区教育公平，提高教育发展质量和效率，发挥教育对提升云南省社会经济发展水平的带动作用。

10.5.2 义务教育优质均衡发展

目前义务教育师资力量薄弱，发展不平衡，限制了义务教育质量的全面提高，所以要提高义务教育的教师的社会地位，激励优秀的高中毕业生报考师范专业，激励教师安心农村教育，激励优秀教师向农村逆向流动。尤其是到边远地区、民族地区从教的优秀教师，政府应提高他们的收入水平，以及对教学骨干、学科带头人的培养选拔，培养一批教学名师。建立农村中小学教师培训制度，减免培训费用，使教师业务素质与时俱进。并促使优质教育资源共享，建立城镇教师支持农村教育制度，城镇学校帮助帮扶农村学校教师改进教学方法，提高教育教学水平，推进城乡校长教师交流轮岗制度化、常态化。采取各项措施，扩大优质教育资源覆盖面，提升边疆、民族、农村及薄弱地区义务教育质量。

10.5.3 加快职业教育发展

加快职业教育发展是全面贯彻落实科学发展观，提高劳动者素质的迫切需要。提高中等职业教育水平，应该多渠道筹措资金，加大对中等职业教育的投入力度，鼓励支持民办职业教育发展；加强实训基地建设，增强学生的实践动手操作能力，提高中职学生动手操作能力。高等职业教育探索发展本科层次职业教育，扩大以提升职业能力为导向的专业学位研究生规模，将符合条件的技师学院纳入普通高等学校范畴。为了提高职业教育为云南省发展提供各类型、各层次人才的需要，应深化产教融合、校企合作，指导职业院校主动聚焦云南省八大重点产业，根据优势、特色产业和战略性新兴产业等产业结构调整与发展需要，面向市场需求调整专业设置，加强特色专业建设，形成中职、高职、应用型本科、专业学位研究生相衔接的专业链和专业集群，增强职业教育人才培养的有效供给。

10.5.4 促进高等教育优化发展

合理规划云南省高校布局与定位，使各个层次、各个类型的高校明确自身发展方向与目标，并突出特色，为云南省经济社会发展提供相适应的人才，加强高等学校创新创业教育，推进人才培养模式综合改革，构建产学研用相结合的人才培养体系。为提高云南省高校吸引力，要积极参与国家大学"双一流"建设，加快推进一流大学和一流学科建设，推动区域内高等学校建设高水平大学和优势学科，积极探索不同类型、不同层次的高等学校的一流建设之路。在云南高校学课设置上，要积极培育与战略性产业有关的新兴学科和交叉学科，以服务云南省八大重点产业为重点，培育和发展与云南省经济社会发展相适应、与现代产业体系建设相匹配的优势特色专业，构建结构合理、优势互补、特色鲜明的专业结构体系。

10.5.5 完善特殊教育、继续教育等教育体系

持续加大特殊教育经费投入力度，推进特殊教育学校标准化建设，实施国家特殊教育学校课程标准，完善特殊教育课程体系，加强残疾学生职业技能、就业能力培养。继续教育方面，完善政府主导、多元投入的继续教育保障机制，大力发展现代远程教育，创新继续教育人才培养模式，以云南开放大学办学系统为基础，在云南省各州（市）、县（区）建立地方、行业开放学院和学习中心，依托各种社会资源，开展成人高等教育和远程网络教育，实行宽进严出的注册入学制度。大力发展面向社区、农村和民族地区的继续教育，努力形成覆盖城乡的继续教育网络，满足社会成员学习多样化、个性化、职业化需要。

10.6 结论

新中国成立70年来，云南省的教育事业发生了翻天覆地的变化，无论是义务教育还是高等教育，都获得了极大的突破与发展。尤其是改革开

放40年来，云南省城乡学校办学水平差距不断缩小，全省各级各类学校、幼儿园办学条件极大改善，各级政府对教育的投入大幅增加，办学水平持续提升。并且在云南省70年的教育发展中，教育也成为摆脱贫困代际传递的重要措施，成为我国脱贫攻坚的重要保障，也体现了教育公平，成为我国与云南省70年跨越发展的伟大成就的体现。尽管云南省教育事业与东部和全国比较，有些地方稍显落后，还存在许多待完善的地方，还有很多要努力奋斗的地方。但展望未来，我们相信云南省教育事业将会进一步发展完善，因为这不仅是提升全民素质的必经之路，更是云南省政治、经济全面发展的后备积蓄之力。

参考文献

[1] 叶飞. 从"外源型"均衡走向"内生型"均衡——论城乡教师资源均衡发展路径 [J]. 教育理论与实践, 2013 (2): 29-32.

[2] 师诺. 内生发展：现代教育技术融入边境民族地区薄弱学校的路径研究 [D]. 重庆：西南大学, 2015.

[3] 张环宙. 黄超超, 周永广. 内生式发展模式研究综述 [J]. 浙江大学学报（人文社会科学版）, 2007 (2): 61-68.

[4] 解垩. 高等教育对经济增长的贡献：基于两部门内生增长模型分析 [J]. 清华大学教育研究, 2005 (5): 74-80.

[5] 李祥, 陈恩伦. 民族地区教育优先发展法律保障研究 [M]. 北京：中国社会科学出版社, 2016.

[6] 钱宁. 文化建设与西部民族地区的内源发展 [J]. 云南大学学报（社会科学版）, 2004 (1): 38-46.

[7] 孙杰远. 文化共生视域下民族教育发展走向 [J]. 教育研究, 2011 (12): 64-67.

[8] 邓磊, 杜爽. 我国供给侧结构性改革：新动力与新挑战 [J]. 价值理论与实践, 2015 (12): 18-20.

[9] 韩震.论国家认同、民族认同及文化认同——一种基于历史哲学的分析与思考[J].北京师范大学学报（社会科学版），2010（1）：106-113.

[10] 杨小云.试论协调中央与地方关系的路径选择[J].中国行政管理，2002（3）：63-64.

[11] 毛寿龙，景朝亮.近三十年来我国政府职能转变的研究综述[J].天津行政学院学报，2014（4）：12-18.

[12] 朱祥贵，聂武莲.少数民族受教育权的基础理论探析[J].民族教育研究，2009（4）：5-9.

[13] 宋海彬，许仁顺.少数民族教育的民族性与少数民族受教育权保障的国家义务[J].甘肃政法学院学报，2015（2）：43-50.

[14] 梁立新.超越外生与内生：民族地区发展的战略转型——以景宁畲族自治县两个村庄为例[J].浙江社会科学，2015（7）：88-93.

[15] 云南省统计局.云南统计年鉴2018[M].北京：中国统计出版社，2018.

[16] 罗群，等.云南省经济史[M].太原：山西经济出版社，2016.

第11章 云南卫生事业与发展

张小兰[①]

11.1 引言

新中国成立70年来,云南省医药卫生事业取得了显著成就,疾病防治能力不断增强,卫生科技水平迅速提高,人民群众看病就医条件明显改善,医疗卫生方面取得了丰硕的成果。截至2017年底,全省共有医疗卫生机构24688个,实现了乡村和社区全覆盖;卫生技术人员36.92万人;医疗卫生机构拥有床位数27.48万;社会力量办医加快发展,全省医疗服务供需矛盾得到明显缓解。2017年,孕产妇死亡率、婴儿死亡率和5岁以下儿童死亡率创造了历史最低。2017年云南省在城市已初步形成以三级公立医院为龙头的58家医疗联合体,在县域建成医共体201个、专科联盟192个,远程医疗协作网覆盖182家省市县乡医疗机构,在全国率先出台互联网医疗服务价格标准,分级诊疗服务体系已基本形成,云南省医疗、预防、保健等医疗卫生服务体系基本建立,人民群众"看病难、看病贵"的民生问题得到明显改善。

[①] 张小兰(1971—),女,安徽马鞍山人,经济学博士,现为西南民族大学经济学院教授,硕士生导师。研究方向:产业经济。

11.2 云南70年卫生事业发展历程

云南省卫生事业的发展可以分为以下三个阶段:

11.2.1 云南卫生事业初步发展阶段（1949—1978年）

新中国成立前，云南省各族人民生活极端贫困，疾病连年不断，此地一向被称为"蛮烟瘴雨"之地。历史上，云南省所有县（市、区）均为疟疾流行区，例如1919年滇南思茅疟疾大流行，辗转绵延30年，造成人口大量死亡；1933年滇西云县疟疾大流行，死亡3万余人。新中国成立后，党和政府带领全省各族人民开展了轰轰烈烈的卫生建设，较大程度上改变了云南旧社会疾病连年猖獗流行的落后面貌。但是又经历了十年浩劫折腾，云南卫生事业百废待兴。1978年，云南省卫生防疫机构149个，从业人员3604人；妇幼保健机构142个，从业人员1194人；医院病床数5.41万张，卫生技术人员6.55万人，医生3.11万人，每千人口拥有卫生技术人员2.12人，拥有医生1.01人[①]，可见，在改革开放前，云南省医疗卫生服务机构虽然初具规模，但医疗卫生机构数量上严重不足、人员数量严重不足，难以满足人民群众日益增长的医疗保健需求，出现了看病难、住院难、手术难等问题。

11.2.2 云南卫生事业改革起步阶段（1979—1999年）

改革开放给云南省经济带来了飞跃，同样云南省的卫生保健事业也有了长足的发展。从20世纪80年代初起，随着地方经济的不断发展，各类医疗保健机构进行了扩建、增建和新建，引进了现代化仪器与设备，各级各类卫生医疗机构不仅数量上增多，而且质量上也有明显提高。20世纪90年代以后，云南经济与社会更加飞速发展，卫生事业改革不断深化，医

---

① 以下未注明数据皆来自《云南统计年鉴2018》。

学教育和科研取得大量成果，卫生立法不断完善。2000 年，云南基本修复健全了千疮百孔的医疗卫生服务体系，并大力推进医药卫生体制改革，在重大传染病防治、农村卫生工作、公共卫生服务体系建设、医疗服务体系建设、基本药物制度改革等方面取得了明显成效，群众健康水平也同步得到了大幅提高。从表 11-1 可见，卫生医疗机构的卫生技术人员从 1978 年的 6.55 万人增长到 2000 年的 12.41 万人，增加了 0.89 倍；医生从 1978 年的 3.11 万人增加到 2000 年的 6.26 万人，增加了 1.01 倍；卫生防疫机构从 1978 年的 149 个增加到 2000 年的 160 个，增加了 0.07 倍；卫生防疫机构从业人员从 1978 年的 3604 人增加到 2000 年的 7574 人，增加了 1.10 倍；妇幼保健机构 1978 年床位数 82 个，2000 年 2356 个，增加了 27.73 倍；妇幼保健机构从业人员从 1978 年的 1194 人增加到 2000 年的 5017 人，增加了 3.20 倍；每千人口拥有卫生技术人员数从 1978 年的 2.12 人增加到 2000 年的 2.93 人，增加了 0.38 倍；每千人口拥有医生数从 1978 年的 1.01 人增加到 2000 年 1.48 人，增加了 0.47 倍。云南省医疗保健事业的发展，有效地促进了云南省经济与社会稳定发展，在促进社会进步、促进精神文明建设，保持边疆稳定与繁荣方面发挥了重要作用。

表 11-1　1978—2000 年云南省卫生医疗机构、卫生防疫机构、卫生保健机构发展情况

年份	卫生医疗机构的卫生技术人员/万人	卫生医疗机构的医生/万人	卫生防疫机构/个	卫生防疫机构从业人员/人	妇幼保健机构床位数/个	妇幼保健机构从业人员/人	每千人口拥有卫生技术人员数/人	每千人口拥有医生数/人
1978	6.55	3.11	149	3604	82	1194	2.12	1.01
1985	8.73	4.27	159	4931	524	2108	2.56	1.25
1990	10.16	5.39	150	5930	928	3001	2.72	1.44
1995	11.25	5.95	158	6962	1510	4197	2.86	1.49
2000	12.41	6.26	160	7574	2356	5017	2.93	1.48

资料来源：《云南统计年鉴 2018》。

11.2.3　云南卫生事业全面深化发展阶段（2000 年至今）

没有全民健康，就没有全面小康。2000 年后，中国向着全面建成小康

社会的奋斗目标越走越近,全民健康成为保障和改善民生的一道新课题,云南省委、省政府继续全面贯彻落实党中央、国务院全面深化改革的重大决策部署,把推进"健康云南"建设作为保障和改善民生的重大工程,全力加强卫生健康服务体系建设,奋力推进医药卫生体制改革。云南省卫生与健康事业取得巨大成就,人民群众健康水平显著提高,为实现"人人享有基本医疗卫生服务"的目标夯实基础。从表 11-2 可见,从 2001—2017 年,卫生医疗机构的卫生技术人员从 12.30 万人增长到 28.39 万人,增加了 1.31 倍;医生从 2001 年的 6.23 万人增加到 2017 年的 9.36 万人,增加了 0.50 倍;卫生防疫机构从 2001 年的 175 个,减少到 2017 年的 153 个,减少了 0.13 倍;虽然卫生防疫机构有所减少,但卫生防疫机构从业人员从 2001 年的 7810 人增加到 2017 年的 8473 人,增加了 0.08 倍;妇幼保健机构 2001 年床位数 2588 个,2017 年 6894 个,增加了 1.66 倍;妇幼保健机构从业人员从 2001 年的 5124 人增加到 2017 年的 14397 人,增加了 1.81 倍;每千人口拥有卫生技术人员数从 2001 年的 2.89 人增加到 2017 年的 5.91 人,增加了 1.04 倍;每千人口拥有医生数从 2001 年 1.46 人增加到 2017 年 1.96 人,增加了 0.34 倍。云南省卫生健康事业在 21 世纪后,特别是党的十八大以来,发展迅速,使得云南基本形成了基础设施较为齐备、医疗保健体系较为完善的卫生服务体系,使人民群众"看病难、看病贵"的民生问题得到明显改善,人民群众的健康水平和生活质量有了明显的提高。

表 11-2 2001—2017 年云南省卫生医疗机构、卫生防疫机构、卫生保健机构发展情况

年份	卫生医疗机构的卫生技术人员/万人	卫生医疗机构的医生/万人	卫生防疫机构/个	卫生防疫机构从业人员/人	妇幼保健机构床位数/个	妇幼保健机构从业人员/人	每千人口拥有卫生技术人员数/人	每千人口拥有医生数/人
2001	12.30	6.23	175	7810	2588	5124	2.89	1.46
2005	11.84	5.58	153	7590	3521	5641	2.66	1.25
2010	14.17	6.21	150	7929	4704	6152	3.08	1.35

续表

年份	卫生医疗机构的卫生技术人员/万人	卫生医疗机构的医生/万人	卫生防疫机构/个	卫生防疫机构从业人员/人	妇幼保健机构床位数/个	妇幼保健机构从业人员/人	每千人口拥有卫生技术人员数/人	每千人口拥有医生数/人
2015	22.80	7.96	150	8225	5834	9359	4.81	1.68
2017	28.39	9.36	153	8473	6894	14397	5.91	1.96

资料来源：《云南统计年鉴 2018》。

11.3 云南卫生事业发展成就

云南省卫生事业从1949年到现在，获得的进步与成就有目共睹。从常见病、多发病的救治发展到集医疗、科研、教学、传染病防控、卫生应急、基本公共卫生服务、医养结合和计划生育等服务为一体的卫生健康服务，切实缓解人民群众看病难、看病贵、因病致贫、因病返贫等难题，为"两不愁、三保障"中的医疗有保障奠定较为扎实的基础。70年来，云南省在卫生事业领域取得了巨大的成就。

11.3.1 医疗卫生服务能力不断增强，着力解决"看病难"问题

为解决人民群众看病难的问题，从1978年改革开放开始，云南抓住卫生领域供需严重失衡的主要矛盾，不断深化和完善农村医疗体制改革，加大农村医疗卫生的投入，加快农村卫生服务体系建设，完善医疗设施配套建设，提高乡村医疗卫生服务能力，提升基本公共医疗卫生服务水平，加快构建优质高效的医疗卫生服务体系，着力提升基层医疗卫生服务能力和质量。加大了医疗卫生基础设施投入，新建一批村卫生室，扩建一批乡镇卫生院，使得人民群众的就医条件有很大改善。截至2017年底，全省医疗卫生机构拥有床位数27.48万张，卫生技术人员36.92万人，社会

力量办医加快发展,民营医院占到全省医院总数的66.05%,床位总数的29.45%,全省医疗服务供需矛盾得到明显缓解。2017年,云南省在城市初步形成以三级公立医院为龙头的58家医疗联合体;在县域建成医共体201个、专科联盟192个,远程医疗协作网覆盖182家省市县乡医疗机构,在全国率先出台互联网医疗服务价格标准,分级诊疗服务体系已基本形成,持续增加的卫生资源为云南省医疗服务能力的提高打下了坚实基础[①]。

11.3.2 实施新型合作医疗,着力解决"看病贵"问题

为了不让无钱看病成为群众健康的"拦路虎",云南不断筑牢全民医保体系。2003年全省新型农村合作医疗制度试点启动,2007年新农合制度覆盖全省农村居民。参加新农合人数从2003年的648.58万人提高到2016年的3265.55万人,2016年参加新农合的比率达到了98.47%。从2017年1月1日开始,新农合整合到城乡居民基本医疗保险制度,整合后,农村居民和城镇居民一样可以使用社会保障卡看病就医,并将逐步实现现场结算。整合后城乡居民报销药品达到2888种,农村居民报销药品增加了1476种,城镇居民增加了442种。可报销诊疗项目达到5003种,农村居民报销诊疗项目增加了1203种[②]。随着城乡居民医保制度的实施,农村和城镇居民公平享受医疗保障待遇,看病就医费用结算更加便捷,个人负担逐步降低,广大人民群众切切实实感受到医疗卫生事业发展带来的实惠。

11.3.3 深化医药卫生体制改革,卫生健康事业快速发展

云南省大力推进医药卫生体制改革,在重大传染病防治、农村卫生工作、公共卫生服务体系建设、医疗服务体系建设、基本药物制度改革等方面取得了明显成效。紧紧围绕卫生体制改革这个中心工作,切实加大以"非典"、禽流感、霍乱、鼠疫、艾滋病、结核病、麻风病、疟疾为主

[①] 人民网-云南频道.云南卫生事业40年蓬勃发展:实现医疗卫生机构全覆盖[DB/OL].[2018-11-24]. http://yn.people.com.cn/n2/2018/1124/c378439-32326619.html.

[②] 云南新闻.2017年云南新农合正式并入城镇医保报销药品增多就医最高报销90%[DB/OL].[2017-01-25]. http://jiangsu.china.com.cn/html/2017/ynnews_0125/9114305.html.

的传染病监测、预防控制力度，加大对重大疾病尤其是重大传染病的防控力度，通过加强对高危人群的行为干预、防艾知识的宣传及各类人员的培训，城乡居民艾滋病防治知识知晓率明显提高，云南已从艾滋病重灾区转变为全国综合防治示范区。

云南连续将"妇幼健康计划"和"关爱妇女儿童健康行动"列入省政府"十件惠民实事"。2017年，全省助产机构出生人口70.5万达到历史新高，孕产妇死亡率、婴儿死亡率和5岁以下儿童死亡率创造了历史新低，艾滋病母婴传播率远远低于全国平均水平。云南省孕产妇死亡率、婴儿死亡率和5岁以下儿童死亡率分别由2012年的28.01/10万、9.35‰和11.89‰下降至2017年的19.65/10万、6.70‰和8.79‰，已达到或接近全国平均水平[①]。

破除了实行60余年的以药补医机制，2017年云南省所有公立医院全部取消药品加成，切实降低药品虚高价格。所有二级以上公立医院实行药品、耗材零差率销售。多次调整医疗服务价格，构建合理比价关系，体现技术含量，突出医务人员劳务价值，变"灰色收入"为"阳光报酬"。

云南将基本公共卫生服务均等化作为一项长期制度安排持续推进，人均补助标准从2010年的15元增长到2018年的55元，服务项目由9项增加到14项。2017年，全省居民个人卫生支出占卫生总费用的比重降至28.72%。超过1/3的群众有了家庭医生，90%的群众有了个人健康档案[②]。

云南将改革融入全省脱贫攻坚大局，加大医保政策向贫困地区贫困人口倾斜力度，强化城乡居民基本医疗保险、大病保险、医疗救助、医疗费用兜底保障机制"四重保障"措施。2017年，建档立卡贫困人口100%参保，住院实际报销比例达90.26%，年内实现因病致贫返贫人口脱贫8.3万户、32.2万人，对全省脱贫攻坚贡献率达27.9%。群众因没钱而"小病拖、大病扛"已经成为历史[③]。

[①][②][③] 人民网－云南频道.云南卫生事业40年蓬勃发展：实现医疗卫生机构全覆盖［DB/OL］.［2018-11-24］.http://yn.people.com.cn/n2/2018/1124/c378439-32326619.html.

11.4 云南卫生事业发展面临的挑战

经过长期的发展,云南省已经建立起了由医院、公共卫生机构、基层医疗卫生机构等组成的覆盖城乡的医疗卫生服务体系。但与建设健康中国、健康云南的战略目标、云南经济社会发展和人民群众日益增长的医疗卫生服务需求相比,云南省医疗卫生服务体系还存在以下问题。

11.4.1 云南省医疗卫生事业与全国和东部相比存在着差距

经济不发达与"边疆、民族和山区三位一体",共同构成了云南的省情特点,并成为国民经济与社会发展中诸多矛盾的根源,所以相应地云南省的医疗卫生事业也相对落后。从表11-3可见,云南卫生机构病床数、卫生技术人员和全国及东部相比,数量上较少,只占全国的3.5%和3.2%。与发达地区江苏相比,存在较大的差距,江苏卫生机构病床数是云南的1.71倍,江苏卫生技术人员数是云南的1.93倍。截至2017年底,我国培训合格的全科医生已达25.3万人,每万人口拥有全科医生1.8人,而2017年云南省每万人口拥有的全科医生仅1.09人,远远低于全国平均水平。

表11-3 2017年云南与江苏卫生机构病床数、卫生技术人员数据占全国比重

	全国	云南	云南占全国的比重	江苏	江苏占全国的比重
卫生机构病床数/万张	794.0	27.48	3.5%	46.98	5.9%
卫生技术人员/万人	897.8	28.39	3.2%	54.80	6.1%

资料来源:《云南省统计年鉴2018》。

11.4.2 云南省医疗卫生事业质量相对不高

随着人们生活水平的提高,人们对医疗保障的需求提出了更高的要求,而云南省医疗卫生事业不仅数量上与全国和东部相比存在差距,而且质量上也存在差距。云南具有全国影响力的医院和医生相对比较缺乏,对

于恶性肿瘤、心脑血管疾病、内分泌代谢疾病、罕见病等一些疑难杂症的疾病诊疗水平有限，对于新技术、新设备、新器械、新材料和新药物等的研发与应用等尖端医学领域研究成果较少。由中华医学会、中国医师协会的超过4000名专家参与评审的中国医院排行榜，每年11月公布，从公布的前100名医院中，我们发现没有一家云南省的医疗机构，从表11-4可见，2017年中国医院排行榜中前十名除了一家在四川，其余都分布在北京与上海，没有一家云南省的医疗机构。

表11-4　2017年中国医院排行榜

综合排名	医院名称
1	北京协和医院
2	四川大学华西医院
3	中国人民解放军总医院
4	上海交通大学医学院附属瑞金医院
5	空军军医大学西京医院
6	复旦大学附属中山医院
7	中山大学附属第一医院
8	华中科技大学同济医学院附属同济医院
9	北京大学附属第三医院
10	北京大学附属第一医院

资料来源：中国医院排行榜，http://rank.cn-healthcare.com/rank/general-best。

11.4.3　基层医疗卫生机构相对落后

云南省很多村寨地理位置偏远，农村基层医疗和公共卫生服务保障相对落后，而要想提升基层医疗卫生诊疗水平和服务能力，人才是关键。但长期以来，基层卫生人员缺乏、素质不高、待遇偏低、队伍不稳定，特别是基层全科医生严重缺乏，乡村医生保障机制不完善。2017年，云南省基层医疗卫生机构人员是12.01万人，只占全省医疗卫生机构人员总数的32.52%。云南省129个县中，只有60个县各有一所县级公立医院能达到县医院医疗服务能力基本标准，这就导致在健康扶贫要求集中救治的9类15种大病中，县级公立医院只能承担少数疾病的治疗，大多数疾病救治需要转至上级医院。

11.4.4 云南省医疗卫生资源分布不均、结构不合理

云南省已基本建成覆盖城乡的医疗卫生服务体系，但云南省优质医疗资源与发达地区相比相对不足并且分布不均，地区之间差异大，云南省93%的省办医院、46%的三级甲等医院、30%的执业（助理）医师和注册护士集中在昆明，地县级医院高层次医学人才、专科人才较为匮乏。

11.5 云南卫生事业发展展望

70年来，云南医疗卫生事业取得了翻天覆地的变化，云南不仅修复健全了新中国成立前千疮百孔的医疗卫生服务体系，而且还建成了覆盖城乡的全民医保体系，使得群众健康水平也同步得到了大幅提高。展望未来，可以预见云南省卫生事业将会更加完善、更加合理、更加健全。

11.5.1 逐步缩小地区间医疗卫生服务能力的差距

为了逐步缩小各类地区间医疗卫生服务能力的差距，提高基本医疗卫生服务可及性，云南省政府官网发布的《云南省医疗卫生服务体系规划（2016—2020年）》提出，结合云南省实际，控制省办和州（市）办医院床位增长速度，将每千常住人口省办和州（市）办医院床位数控制在0.33张和0.88张，低于全国规划0.45张和0.9张的水平；将县办医院和基层医疗卫生机构每千常住人口床位数确定为1.94张和1.25张，高于全国规划1.8张和1.2张的水平。综合考虑经济发展情况、人口密度、地理交通环境、现有医疗卫生资源分布和利用等多个因素，将全省16个州（市）分为控制发展、适度发展、鼓励发展三类地区，科学设置各级各类医疗卫生机构，优化配置各种医疗卫生资源。到2020年，全省医疗卫生机构床位总数控制在29.5万张左右；全省每千名常住人口医疗卫生机构床位数控制在6.0张、公立医院床位控制在3.25张；执业（助理）医师数达到2.5人、

注册护士数达到 3.14 人；专业公共卫生人员数达到 0.83 人；每万名常住人口全科医生数达到 2 人，建成"坝区 15 分钟健康服务圈"和"山区 30 分钟健康服务圈"，县域内就诊率达到 90%，全面提高全省基本医疗卫生服务公平可及性[①]。

11.5.2　优化医疗卫生机构及配置医疗卫生资源

针对云南省基层医疗卫生机构相对落后、医疗卫生机构与医疗卫生资源分布不均的情况，《云南省医疗卫生服务体系规划（2016—2020年）》提出，对行政区域内不同隶属关系和所有制形式的医疗卫生资源进行统一规划和布局，科学合理地确定各级各类医疗卫生机构的数量、规模及布局。针对医疗卫生资源分布不均的问题，该规划将全省 16 个州（市）分为：控制发展地区（昆明市）、适度发展地区以及加快发展地区。要求控制发展地区控制各类资源增长速度，引导社会办医做精做细，鼓励州（市）办医院和县办医院探索新型服务模式，逐步压缩床位。到 2020 年，建设 1~3 个国家区域性医学诊疗中心，40 个专科达到国家级临床重点专科标准，疑难危重疾病救治能力显著提高。到 2020 年，初步建成互联互通的全省人口健康信息服务体系，实现卫生计生一网覆盖、居民健康一卡通、政府社会资源大融合[②]。

11.5.3　构建更加合理的医疗卫生体系

为了构建更加合理的医疗卫生体系，《云南省医疗卫生服务体系规划（2016—2020 年）》提出，构建滇中、滇西、滇东南、滇西北、滇西南、滇东北 6 个医疗卫生服务区域，统筹各区域内优质医疗卫生资源，互动发展，打造区域医疗卫生中心，整体提升全省医疗卫生服务水平。根据州（市）级行政区域依据常住人口数，每 100 万~200 万人口，服务半径一般为 50 千米左右，设置 1~2 个州市办综合性医院（含中医类医院），各州

---

①②　云南省政府. 云南省人民政府办公厅关于印发云南省医疗卫生服务体系规划（2016—2020 年）的通知［DB/OL］［2016-10-31］. http://www.yn.gov.cn/yn_zwlanmu/qy/wj/yzbf/201610/P020161031626558590423.pdf.

（市）至少设置1所州（市）办综合性医院和1所中医类医院。在省级行政区域，依据常住人口数，每1000万人口规划设置1~2个省办综合性医院。将省办医院建设成为立足云南，面向南亚、东南亚的医学高地。在基层医疗卫生机构设置方面，要求到2020年，在每个乡镇办好1所政府举办的乡镇卫生院，在每个街道办事处范围或按照每3万~10万居民规划设置1所政府举办的社区卫生服务中心。选择1/3左右的乡镇卫生院提升服务能力和水平，建设中心乡镇卫生院。原则上每个行政村应设置1个村卫生室，每个社区应设置1个社区卫生服务站[①]。

11.5.4 引导社会资本举办医疗机构

社会资本的引入，将会打破医疗行业的垄断性，增强医疗资料的流动性，带来医疗产业的快速发展，所以《云南省医疗卫生服务体系规划（2016—2020年）》提出，到2020年，按照每千常住人口不低于1.5张床位为社会办医院预留规划空间，同步预留诊疗科目设置和大型医用设备配置空间。引导社会办医院向高水平、规模化方向发展，鼓励社会办医院提升基础设施建设，发展专业性医院管理集团。支持社会办医院合理配备大型医用设备[②]。

11.6 结论

新中国成立70年来，特别是改革开放40年来，云南医疗卫生事业快速发展，让人民群众共享改革开放成果。随着云南主动融入国家"一带一路"倡议，努力建设成为我国民族团结进步示范区、生态文明建设"排头兵"、面向南亚东南亚辐射中心的推进，老龄化程度的不断加剧以及生育政策的调整，云南省医疗卫生服务体系面临着前所未有的机遇和挑战。未

[①②] 云南省政府. 云南省人民政府办公厅关于印发云南省医疗卫生服务体系规划（2016—2020年）的通知［DB/OL］.［2016-10-31］. http://www.yn.gov.cn/yn_zwlanmu/qy/wj/yzbf/201610/P020161031626558590423.pdf.

来云南省医疗改革的方向是：更加注重预防为主和健康促进，更加注重工作重心下移和资源下沉，更加注重提高服务质量和水平，实现发展方式由以疾病为中心向以健康为中心转变，显著提高人民群众健康水平，只有人人健康，才有全民健康；只有人人幸福，才有全民幸福。推进健康云南建设，以全民健康助力全面小康，必将为云南人民带来更大的福祉。

参考文献

[1] 张萌，张丽娜，郭淑英. 我国乡镇卫生院人力资源的现状分析及建议[J]. 中国初级卫生保健，2008，1（22）：37-39.

[2] 陈资. 全国农村卫生人力资源状况分析与思考[J]. 中国农村卫生事业管理，2005，25（7）：6-8.

[3] 朱子寒. 卫生人力资源配置现状和对策分析[J]. 中国医疗前言，2010，5（19）：84.

[4] 杜克琳，罗家洪，胡守敬，等. 云南省新型农村合作医疗试点工作现状研究[J]. 卫生软科学，2004，5：89-92.

[5] 李金林，李鲁，王红妹. 我国卫生人力资源发展变迁[J]. 中华医院管理杂志，2008，24（9）：612-616.

[6] 杨霞，等. 云南省2005—2014年卫生资源状况分析[J]. 卫生软科学，2016，30（3）：152-156.

[7] 邹宇华，张弛，张冬梅. 社区居民就医意向与卫生服务利用研究[J]. 中国卫生经济，2004（12）：16-17.

[8] 云南省统计局. 云南统计年鉴2018[M]. 北京：中国统计出版社，2018.

[9] 罗群，等. 云南省经济史[M]. 太原：山西经济出版社，2016.

图 索 引

图 1-1　1978—1990 年云南省第三产业生产总值指数 …………………… 8
图 2-1　云南省人口出生率、死亡率和自然增长率变化情况 …………… 45
图 3-1　2013—2018 年云南省电信业务增长 ……………………………… 73
图 4-1　1978—2017 年云南省人均 GDP ………………………………… 104
图 5-1　1960—2017 年云南省城镇化率 …………………………………… 134
图 5-2　2004—2017 年云南省城市建设各项指标 ………………………… 135
图 5-3　2012—2017 年云南省固定资产投资额（不含农户）及其增长速度 …………………………………………………………………… 136
图 5-4　2011—2016 年云南省户籍人口城镇化率与常住人口城镇化率 … 142
图 5-5　1999—2018 年云南省和全国城镇化率比较 ……………………… 145
图 5-6　2017 年西南 12 省（区、市）及全国城镇化率 ………………… 146
图 7-1　2012—2017 年云南省废气中主要污染物排放量 ………………… 205

表 索 引

表 1-1	1949—1978 年云南省生产总值	5
表 1-2	1979—1990 年云南省生产总值	7
表 1-3	云南省农业总产值及其农、林、牧、渔总产值	7
表 1-4	1991—2000 年云南省生产总值及其构成	11
表 1-5	2001—2010 年云南省生产总值及其构成	14
表 1-6	2001—2010 年云南进出口情况	15
表 1-7	云南省废水、废气、废物排放情况	16
表 1-8	2011—2017 年云南省三次产业发展情况	17
表 1-9	2011—2017 年云南省交通运输线路长度	17
表 1-10	2011—2017 年云南省主要能源消费占能源消费总量比重	18
表 1-11	2011—2017 年云南省边境贸易进出口总额	19
表 1-12	2017 年云南第一、二、三产业生产总值及占全国的比重	20
表 1-13	2017 年云南省主要工业产品及占全国比重	21
表 1-14	2017 年云南省工业企业主要经济数据	22
表 1-15	2017 年云南省主要经济指标占全国的比重	23
表 2-1	云南省农业生产总值	36
表 2-2	云南省主要年份机械拥有量	37
表 2-3	云南省主要年份粮食产量	38
表 2-4	云南省人口状况	44
表 2-5	云南省人口社会就业情况	45
表 2-6	云南省旅游发展情况	46
表 2-7	2017 年云南省生产总值分布情况	49
表 3-1	主要年份公路运输线路长度	62

表 3-2	2012—2017 年铁路营业里程和机车拥有量	66
表 3-3	主要年份能源生产和消费总量	71
表 3-4	2013—2018 年全省电信业务情况	73
表 3-5	2013—2018 年云南省邮政行业发展情况	76
表 4-1	1949—1978 年云南省三次产业的产值及其结构	86
表 4-2	1949—1978 年云南省农业生产条件	89
表 4-3	1949—1978 年云南省主要工业产品产量	91
表 4-4	1979—1990 年云南省产业结构	94
表 4-5	云南省轻、重工业产值结构演变	96
表 4-6	1979—2000 年主要年份云南省主要工业产品产量	96
表 4-7	1991—2000 年云南省生产总值及其构成	99
表 4-8	2001—2010 年云南省生产总值及其构成	101
表 4-9	云南省主要年份主要农业产品产量及其增长率	105
表 4-10	1978—2017 年云南省农业总产值及其结构	105
表 4-11	云南省主要工业产品产量及其增长速度	108
表 4-12	云南省游客人数及旅游收入	109
表 4-13	云南省主要年份进出口额	110
表 4-14	云南省主要年份交通运输线路长度及货物周转量	111
表 4-15	云南省对外承包工程和劳务合作	112
表 4-16	2005—2017 年云南省非公经济增加值	112
表 4-17	云南省与全国产业结构对比	113
表 4-18	2017 年云南省按工业行业划分的规模以上企业工业增加值及其构成	115
表 5-1	1949—1959 年云南省城镇化率	128
表 5-2	1960—1977 年云南省城镇化率	129
表 5-3	1978—2000 年云南省和全国城镇化率	130
表 5-4	2001—2018 年云南省和全国城镇化率	132
表 5-5	2017 年云南省主要基础设施固定资产投资额（不含农户）及其增长速度	137

表 5-6	云南省城镇基础设施和服务设施的发展	138
表 5-7	云南省城镇数量变化	140
表 5-8	2011—2016 年云南省户籍人口城镇化率与常住人口城镇化率	141
表 5-9	2013—2018 年云南省城乡居民收入对比	143
表 5-10	2017 年末云南省各州（市）人口数及常住人口城镇化率	147
表 5-11	2000—2017 年云南省的工业化率、城镇化率与 IU	148
表 6-1	1980—2000 年云南省进出口贸易总额	160
表 6-2	1980—2000 年主要贸易方式进出口总额	162
表 6-3	1987—2000 年引进利用外资概况	164
表 6-4	2001—2010 年云南省进出口贸易总额	166
表 6-5	2000—2010 年主要贸易方式进出口总额	167
表 6-6	2000—2010 年引进利用外资概况	168
表 6-7	2011—2017 年云南省进出口贸易总额	169
表 6-8	2010—2017 年主要贸易方式进出口总额	170
表 6-9	2010—2017 年引进利用外资概况	171
表 6-10	2017 年分行业利用外商直接投资情况	175
表 6-11	2017 年各州（市）进出口总额	177
表 6-12	2007—2017 年云南省对外贸易额	178
表 7-1	1978—1991 年云南省农业受灾与成灾面积	193
表 7-2	1990—2008 年云南省环境保护情况	196
表 7-3	2012—2017 年云南省环保支出	203
表 7-4	2012—2017 年云南省林业各项投资完成情况	203
表 7-5	2012—2017 年云南省工业污染治理投资完成情况	203
表 7-6	规模以上工业主要能源消费量	204
表 7-7	2012—2017 年云南省部分环境治理指标	205
表 7-8	云南省主要河流（河段）断面水质类别表	209
表 7-9	云南省废水、废气、废物排放情况	210
表 7-10	2010—2017 年云南省主要能源消费占能源消费总量比重	210
表 7-11	2016 年民族地区省级森林生态效益补偿基金实施情况	213

表 7-12	云南 16 个城市环境空气质量排名	215
表 8-1	2017 年云南省银行业金融机构情况	229
表 8-2	1978—2017 年金融机构存款年末余额	230
表 8-3	2012—2017 年云南省辖区证券市场基本情况	231
表 8-4	1999—2017 年全省保险费收入和赔款给付	232
表 9-1	2017 年云南分地区 R&D 经费投入情况	259
表 9-2	2017 年全省财政科学技术支出情况	260
表 9-3	主要年份专利申请和批准数	262
表 9-4	主要年份自然科学研究成果获奖统计	263
表 9-5	云南省主要科技规划	269
表 10-1	1980—2000 年云南省各类学校数与在校学生数	281
表 10-2	2001—2017 年云南省各类学校数与在校学生数	282
表 10-3	1985—2017 年培养研究生数	284
表 10-4	2017 年云南与江苏经济数据占全国比重	286
表 11-1	1978—2000 年云南省卫生医疗机构、卫生防疫机构、卫生保健机构发展情况	295
表 11-2	2001—2017 年云南省卫生医疗机构、卫生防疫机构、卫生保健机构发展情况	296
表 11-3	2017 年云南与江苏卫生机构病床数、卫生技术人员数据占全国比重	300
表 11-4	2017 年中国医院排行榜	301

后 记

本书对云南70年的发展成就做了系统的梳理,从云南省的经济政策、基础设施建设、产业结构、城镇化、对外贸易、环境保护、金融、科技、教育、卫生等十余个方面,系统地梳理了云南省经济社会生活在70年的发展历程与巨大成就,总结了70年的发展给云南人民生活方方面面带来的巨大变化和影响,分析了云南省在这些领域里存在的挑战与短板,并对云南省未来的发展提出展望。

本书由西南民族大学经济学院张小兰教授设计整体框架,承担全书主要写作、统稿、补充、后记等工作。各章撰写人员为:前言、第1章、第10章、第11章,作者张小兰;第4章、第5章,作者唐勇智;第7章,作者唐勇智、张小兰;第2章、第3章、第9章,作者彭禹疆、张小兰;第6章,作者袁苏湘、张小兰;第8章,作者王炳霖、张小兰。感谢全体成员的辛勤付出。

感谢西南民族大学经济学院领导的支持和关心!感谢西南民族大学发展规划与学科建设处、科技处的支持!感谢中国经济出版社的编辑老师们为本书出版付出辛勤劳动!特别感谢西南民族大学经济学院郑长德教授、黄毅教授等同人在该书写作过程中的支持和关心。本套丛书得到的资助是:中央高校建设世界一流大学(学科)和特色发展引导专项资金和国家民委人文社科重点研究基地——西南民族大学中国西部民族经济研究中心2019年项目"跨越的70年——民族地区经济发展研究"。同时还得到经济新常态下西部民族地区优势产业与生态保护协调发展研究(项目编号:2015SZYQN161)等的资助,在此表示感谢!

张小兰
2018年5月29日于成都